RELIGIONS
DE
L'ANTIQUITÉ.

PARIS. — IMPRIMERIE DE BIGNOUX ET Cⁱᵉ
RUE DES FRANCS-BOURGEOIS-SAINT-MICHEL, 8.

RELIGIONS DE L'ANTIQUITÉ,

CONSIDÉRÉES PRINCIPALEMENT DANS LEURS FORMES
SYMBOLIQUES ET MYTHOLOGIQUES;

OUVRAGE TRADUIT DE L'ALLEMAND

DU Dʀ FRÉDÉRIC CREUZER,

REFONDU EN PARTIE, COMPLÉTÉ ET DÉVELOPPÉ

PAR J. D. GUIGNIAUT,

Professeur à la Faculté des Lettres de l'Académie de Paris, Directeur
de l'École Normale.

TOME DEUXIÈME,
SECONDE PARTIE.

Première section : grandes Divinités de la Grèce, et leurs analogues en Italie.

PARIS,
TREUTTEL ET WÜRTZ, LIBRAIRES,
RUE DE LILLE, N° 17.
A STRASBOURG, MÊME MAISON DE COMMERCE.

M DCCC XXXV.

AVIS DE L'ÉDITEUR

POUR

CETTE SECONDE PARTIE DU TOME DEUXIÈME.

Cette seconde partie du tome deuxième, annoncée dans l'avertissement pour la seconde livraison de cet ouvrage, devait paraître immédiatement après la première partie, et être accompagnée d'un cahier de planches considérable, se rapportant au tome entier. Il n'a fallu rien moins que les circonstances de plus en plus impérieuses où le traducteur s'est trouvé engagé depuis la fin de l'année 1829, pour mettre une lacune si longue dans une publication avancée, importante, et qu'il a toujours eu à cœur de terminer sans la tronquer. Sur le point de retrouver une partie des loisirs que les devoirs de l'administration de l'École normale, joints à ceux de l'enseignement, lui avaient complétement enlevés, depuis près de sept ans, il s'empresse de donner au public un premier gage de son retour à ses études favorites, à son travail de prédilection. Il adresse donc aux amis de l'antiquité et de la mythologie, pour renouer avec eux un commerce qui lui fut toujours cher, ce que les rares intervalles de ses pénibles fonctions lui ont permis de livrer à la presse de loin en loin. C'est le sixième livre des Religions de l'antiquité et l'une des parties les plus développées de l'ouvrage de Creuzer. Nous pouvons d'autant mieux la donner à part qu'elle complète le texte du tome second, et conduit la traduction proprement dite de la Symbolique aux deux tiers. Notre intention est de faire suivre sans interruption le dernier tiers, c'est-à-dire le texte de la troisième livraison, formé des livres VII et VIII, qui comprennent les religions mystérieuses de Bacchus et de Cérès. Nous y trouverons le double avantage de mettre plus promptement dans les mains de nos souscripteurs l'ensemble de ce grand monument d'érudition, aujourd'hui encore la base la plus large et la plus profonde de toutes les recherches sur le même sujet, et de pouvoir apporter plus de suite, d'ordre et de clarté, dans la publication qui nous restera à faire et que nous ferons d'un seul coup : celle de la récapitulation générale de l'ouvrage, ou du livre IX, des éclaircissements sur le texte des tomes II et III, des planches nombreuses qui s'y rattachent, et qui, jointes au cahier déjà publié, formeront le tome IV; de la table générale des matières et de la table des planches, le tout accompagné du discours préliminaire. C'est là plus spécialement l'œuvre propre du traducteur, œuvre depuis long-temps commencée, mais qu'il a maintenant l'espoir fondé de conduire à sa fin d'ici à deux années. Quant au texte du tome III, formant un volume considérable, nous le mettons sous presse, et nous comptons pouvoir le publier dans un an au plus tard.

Ainsi que nous l'avons déjà fait précédemment pour la dissertation sur le dieu Sérapis, réunie comme appendice au tome Ier des Religions de l'antiquité, nous joignons ici, comme appendice au tome II, une nouvelle dissertation du traducteur, sur la Théogonie d'Hésiode, destinée à éclairer par avance l'une des plus graves questions qui soient touchées dans la première partie de ce tome.

ouvrir depuis longtemps, et il est regrettable
qu'aujourd'hui encore le journal établi a ...
la détermination déjà un ... il termine ...
ce volume par … d'... ... ...
Apaisées, et nous complétons … ... ...
jusqu'à plus tard.

Ainsi que nous l'avons dit, nous n'ap-
portons aucune légèreté à nos remarques ; nous
croyons apporter un certain … signale l'on
publiera, nous laissons très rarement apprendre qu'
celui-là, nous pouvons en convenir en toute fran-
chise, l'Hégémonie Chinoise, dont … a éclatée par
évidence, l'une des plus sages que nous qui restait
déployées dans la grande fraternité de ce monde.

TABLE
DES CHAPITRES ET ARTICLES
CONTENUS DANS LA SECONDE PARTIE DU TOME DEUXIÈME,
PREMIÈRE SECTION.

LIVRE VI.

GRANDES DIVINITÉS DE LA GRÈCE, ET LEURS ANALOGUES EN ITALIE.

Pages.

CHAP. Ier Zeus ou Jupiter ....529—589

I. Origines du culte de Zeus ou Jupiter, et ses centres principaux en Arcadie, à Dodone et en Crète : naturalisme primitif, p. 531. — II. Jupiter, selon les dogmes des prêtres, et, par suite, selon les systèmes des philosophes : panthéisme plus ou moins physique, plus ou moins rationnel: Jupiter, principe et unité du monde réel, dispensateur du temps et de la destinée, p. 548. — III. Jupiter, dans la religion tant publique que privée des Hellènes, centre de toute la vie politique, civile et domestique; roi et père, chef de la cité et de la famille, source et garantie de tout pouvoir, de tout droit et de toute justice; protecteur du mariage, de tous les liens sociaux, de l'hospitalité et du serment; conservateur de la propriété et des foyers en général : point de vue moral et politique, p. 556. — IV. Jupiter, roi de l'Olympe et père des dieux, de plus en plus personnifié, et descendu sur la terre par l'œuvre d'Homère et de Phidias ; jeux Olympiques fondés en son honneur. Notion de l'Olympe analysée et rapportée à son origine. Jupiter Olympien devenu le grand dieu national, le modèle et le roi des Hellènes. Union des trois points de vue, physique (et astronomique), intellectuel et politique, dans l'intuition primitive, p. 572. — V. Jupiter transformé en un personnage tout-à-fait humain et historique ; décadence des idées religieuses, système d'Évhémère. Appendice sur le Jupiter des peuples italiques, p. 584.

CHAP. II. Héré ou Junon .... 590—624
I. Étymologie des noms de la déesse; idée de ses attributions, et ses rapports généraux avec l'Orient ; Héré ou Junon de Samos, son temple et ses idoles mystérieuses, ses rapports plus déterminés avec l'Assyrie et la Syrie, ses attributs principaux, p. 590. — II. Junon du Péloponnèse et de la Grèce moyenne ; ses aspects divers ; rapports à la terre, à l'air, à la lune, à la nuit et à la mort. Junon Argienne et ses trois différentes statues ; son idéal, trouvé par Homère et réalisé par Polyclète, comme reine des dieux et de l'Olympe, p. 601. — III. Junon de l'ancienne Italie ; ses épithètes caractéristiques ; régit, comme la Héra Grecque, tout ce qui concerne les femmes, au physique et au moral ; type de l'épouse par excellence. Junon armée, en Italie et en Grèce. Résumé général : idée physique, métaphysique et morale

de Junon, divinités italiques analogues à Junon, et qui ne sont que ses différents points de vue personnifiés, p. 615.

Chap. III. Poseidon ou Neptune. . . . 625—639

Origine punique ou libyque de ce dieu, ses épithètes et attributs caractéristiques, son empire sur la mer et ses prétentions à celui de la terre; le cheval, un des principaux attributs de Poseidon; mystérieux rapports avec Déméter ou Cérès et sa fille; le dauphin, autre animal consacré à Neptune; rapports non moins mystérieux avec Bacchus et avec Apollon, idées et symboles analogues. Famille de Poseidon, sa demeure, ses temples et ses représentations figurées. Coup d'œil sur le Neptune et le Consus de l'antique Italie. Point de vue philosophique.

Chap. IV. Arès ou Mars. . . . . 640—650

Origine septentrionale de ce dieu, ses plus antiques symboles, son idée primitive; le mystérieux Arès des Pélasges devenu exclusivement dieu de la guerre chez les Hellènes; sa légende, ses épithètes caractéristiques, son cortège; le Mars romain plus fidèle à la conception originelle; représentations figurées.

Chap. V. Aphrodite ou Vénus. . . . . . 651—670

I. Origine orientale de cette divinité; propagation de son culte en Cypre, à Cythère, à Cnide, dans toute la Grèce et jusqu'en Sicile; différentes Vénus locales de la Grèce propre; p. 651. —

II. Généalogie d'Aphrodite, son idée fondamentale, sa légende poétique, ses épithètes et ses attributs principaux, ses images et son cortége; un mot sur la Vénus romaine et sur celle des philosophes, p. 656.

Chap. VI. Hermès ou Mercure................671—693
I. Rapports antiques et primitifs de ce dieu avec les divinités orientales qui lui sont analogues; son idée fondamentale, d'où dérivent ses principales attributions; son rôle dans les vieilles religions pélasgiques, à Samothrace, en Béotie et en Arcadie; Hermès Ithyphallique, Souterrain, dieu des troupeaux et père de Pan, p. 671. — II. L'Hermès hellénique, dans les traditions propagées d'Arcadie et développées par l'épopée; son caractère, ses attributs, ses épithètes et ses images. Le Mercure des Romains. Divers rapports d'Hermès-Mercure avec l'Occident; p. 678.

Chap. VII. Hestia ou Vesta...............694—706
Origine asiatique et probablement persique de cette divinité; son idée fondamentale et ses principales attributions; foyer, centre et base, tutélaire de la famille, de la cité et de toutes choses. Culte de Vesta en Grèce et particulièrement à Rome, temple, autel, prêtresses, Vestales et leurs fonctions. Rapports de Vesta avec plusieurs autres divinités; point de vue mystique et philosophique, idées des Orphiques, des Pythagoriciens et des Platoniciens; représentations figurées.

Chap. VIII. Pallas-Athéné ou Minerve........707—818
I. Origines et caractères généraux du

culte de cette déesse sage et guerrière, son aspect élémentaire et cosmogonique; Minerve Tritogénie en Libye et en Grèce, ses rapports avec Poseidon ou Neptune et avec Jupiter, p. 707. — II. Minerve unie à Vulcain et mère d'Apollon, suivant les traditions de l'Attique; déesse de la pure lumière, source de la force et de la stabilité; rapports avec les doctrines égyptiennes, p. 713. — III. Minerve, puissance conservatrice, en qualité de Pallas; le Palladium, rapports avec Palès et avec la doctrine du Phallus sous une forme épurée; alliance des religions de l'Inde et de l'Égypte dans Pallas-Athéné; diverses étymologies de ces noms et de celui de Minerve, p. 719. — IV. Religion du Palladium, combien antique et répandue; à Rhodes avec Danaüs et les Danaïdes; à Troie, à Athènes; rapprochement de Cérès Thesmophore et de Pallas-Athéné; tribunal près du Palladium d'Athènes; divers autres Palladiums; rapports possibles du culte de Minerve avec l'Assyrie et la Perse, plus certains avec la Phénicie par l'intermédiaire de Cadmus, p. 731. — V. Idées fondamentales et principaux attributs de Minerve en Grèce: comme Onka et Tritonis, particulièrement en Béotie; comme Glaucopis, Gorgo, Alalcoménéenne, Ogygienne; rapports à l'eau, à la lune, à l'air, au feu, aux révolutions physiques, p. 743. — VI. Minerve Itonienne en Thessalie et en Béotie, mythes représentant la lutte de la lumière et des ténèbres; Minerve Sitonienne, en rapport avec Cérès et avec Hermès-Trophonius: conceptions à la fois agraires, cosmogoniques et mystérieuses, p. 750. — VII. — Famille des enfants de la lumière en Attique; Érechthée, Cécrops et ses filles, le serpent, le crocodile, le hibou, le cerf, le feu éternel; personnifications astronomiques et physiques, ou attributs significatifs rattachés à Minerve Poliade, avec trait à la première culture et à la première civilisation du pays, p. 757. — VIII. Athéné Héphæstoboula ou Hygie, en rapport avec Pan, Esculape et divers autres dieux de la médecine; Minerve-Médica, p. 765. — IX. Minerve Erganè ou l'ouvrière, déesse du travail, inventrice et protectrice des arts, particulièrement de l'art des tissus; point de vue supérieur de cet ordre d'idées; Minerve-Pacifique, représentations figurées, p. 770. — X. Minerve Coryphasia, Coria et les Corybantes, ou la vierge pure et purifiante, née de la tête de Jupiter; mythe de Céphale et de l'Aurore, ou Procris, et autres analogues; rapports d'Athéné-Cora avec Apollon, Artémis, Proserpine et les Corybantes, p. 776. — XI. Différentes Minerves du Péloponnèse; Minerve Aléa ou Hippia, sauvant à la guerre, soit par la fuite, soit par la résistance; asile éthéré, refuge pour tous les dangers, p. 789. — XII. Minerve Pronæa et Pronœa, gardienne des temples et Providence, p. 801. — XIII. Idées des philosophes sur Minerve et leurs rapports avec les croyances populaires; récapitulation des attributs de cette divinité, suivant la foi des derniers Païens, p. 805. — XIV. Temple, représentations figurées, et fêtes de Minerve à Athènes; les Panathénées et leurs cérémonies; procession du Péplus, idée constamment dominante du combat de la lumière contre les ténèbres, p. 810. — XV. Minerve à Rome, ses temples, ses images, ses épithètes caractéristiques, relation étroite avec Jupiter Capitolin, p. 816.

sophes sur Mittera, et leurs rapports avec les croyances pontiques recueillies des attributs de cette divinité suivant la foi des devotes. Patras, p. 305. — XIV. Temple, représentations des Ménades et fêtes de Minerve à Athènes; les Panathénées et leurs cérémonies, leur origine; du Peplus; idée consolante dominante du combat de la noix à partir des ténèbres. p. 310. — XV. Minerve à Rome, ses temples, ses prêtres, ses épithètes, ses colonies, sa religion étroite avec Jupiter Capitolin. p. 316

LIVRE SIXIÈME.

GRANDES DIVINITÉS DE LA GRÈCE, ET LEURS ANALOGUES EN ITALIE.

CHAPITRE PREMIER.

ZEUS ou JUPITER.

VUE GÉNÉRALE DU SUJET.

Nous allons maintenant analyser dans le détail les principaux objets de la croyance des Grecs, exposer ses progrès, et faire saillir ses nombreux rapports avec celle des peuples Italiques, surtout des Romains. C'est dans l'examen comparé des grandes divinités nationales de la Grèce, devenues celles de Rome, qu'il faut chercher avant tout et ces rapports et ces progrès. Zeus ou Jupiter et Athéné ou Minerve sont, parmi ces divinités, celles qui offrent les traces les plus frappantes du développement des idées religieuses. C'est donc à elles que nous devons nous attacher principalement dans ce livre, et, sans donner à notre exposition toute l'étendue que réclameront, dans les suivans, les religions plus importantes encore de Bacchus et de Cérès, nous tâcherons de ne rien omettre de ce qui est nécessaire pour bien faire comprendre et les conceptions fondamentales et les attributs essentiels, soit du père des dieux et des hommes, soit de la vierge merveilleuse sortie tout armée de son cerveau. Nous considérerons d'abord Jupiter sous un point de vue entièrement local : nous verrons son culte originaire de la Phénicie, de l'Égypte, de l'Orient en général, se naturaliser en Grèce et s'y propager dans certaines contrées, où se retrouvent jusqu'aux derniers temps les vestiges de son origine étrangère. A ces localités antiques viennent se rattacher étroitement les grandes intuitions naturelles, fondement de ce culte, et source première des croyances mystérieuses qui l'élèvent peu à peu. Ces croyances, aussi bien que les opinions des plus anciens philosophes, dérivées immédiatement des dogmes sacerdotaux, appelleront ensuite notre attention. Mais bientôt Jupiter se montrera à nous sous un aspect tout-à-fait humain. Se mêlant à toutes les relations, soit publiques, soit privées des Hellènes, nous le verrons tellement pénétrer dans la vie réelle, qu'il prend en quelque sorte une existence historique, et qu'à la fin les peuples ne savent plus s'ils honorent en lui un roi ou un dieu. C'est ici que nous mettrons à nu le scepticisme religieux qui, maître des esprits, depuis le siècle d'Alexandre, s'attaqua à cette grande idée nationale de Jupiter, comme à tant d'autres, pour la dépouiller de toute sa dignité héréditaire et tâcher de l'anéantir. Telle est la carrière que nous avons à parcourir dans ce chapitre. Le lecteur pourra suppléer à l'omission d'un grand nombre de détails, où le plan de cet ouvrage ne nous permet point d'entrer, en consultant la savante monographie de Böttiger [1].

---

[1] Böttiger, *Kunstmythologie des Zeus*, Dresden, 1809. — Elle doit former le second tome de l'ouvrage intitulé : *Ideen zur Kunstmythologie*, dont le premier a paru en 1826, et se termine par un coup

CH. I. ZEUS OU JUPITER.

I. Origines du culte de Zeus ou Jupiter, et ses centres principaux en Arcadie, à Dodone et en Crète : naturalisme primitif.

En suivant les données de Cicéron, dans son traité de la Nature des Dieux [1], nous trouvons un triple Jupiter, ou, pour mieux dire, trois Jupiters différens dans différentes contrées de la Grèce : deux en Arcadie et un en Crète. Homère est plein du nom de Jupiter; mais le passage le plus remarquable est celui du seizième livre de l'Iliade, où il l'appelle Dodonéen et Pélasgique. Nous y reviendrons plus loin et plus d'une fois. Commençons par le Jupiter d'Arcadie, qui se présente double, en quelque sorte, ayant deux généalogies différentes : d'abord fils de l'Éther et père de Proserpine; ensuite fils de Cœlus ou du Ciel, et donnant le jour à Minerve. L'Arcadie, et c'est un fait d'une haute importance pour nos recherches, n'éprouva pas, à beaucoup près au même degré que les autres parties de la Grèce, la métamorphose hellénique que subirent la plupart des peuples de ce pays. Sa position géographique, et cette ceinture de montagnes qui en font comme un entonnoir au centre du Péloponnèse, la préservèrent long-temps des révo-

---

d'œil général sur le cycle mythique de Jupiter, suivi de prolégomènes qui en forment l'introduction. Le premier volume de l'*Amalthea*, recueil publié par le même auteur, renferme le premier chapitre de cette monographie. On trouvera l'analyse de la théorie de M. Böttiger, et de quelques autres systèmes sur Jupiter, dans la note 1re sur le livre VI, à la fin du volume.   (J. D. G.)

[1] III, 21, p. 584 sq. ed. Creuzer., *ibi* collat. Clemens Alexandr. Protrept. p. 24 Potter., alii, et impr. J. Laur. Lydus de Mensib. p. 45 Schow., p. 226 Rœther.

lutions politiques, et surtout de ces grandes invasions du Nord dont le reste de la Grèce fut bouleversé de bonne heure [1]. Aussi le Jupiter arcadien est-il encore l'ancien dieu pélasgique, et son culte porte le caractère de la contrée montagneuse et sauvage qui l'adopta. Les pasteurs et les chasseurs, qui, jusqu'à nos jours, en ont été les principaux habitans, adoraient, dans les temps anciens, le *Jupiter des montagnes* [2]. Cependant il faut bien qu'à une époque déjà reculée, quelque colon, venu d'Égypte ou de Phénicie, ait introduit dans ces lieux agrestes une culture plus avancée et des croyances meilleures. Ce dut être, il est vrai, le partage d'un petit nombre d'esprits, capables d'instruction : la masse du peuple demeura dans sa barbarie primitive, et garda ses grossières superstitions. Quoi qu'il en soit, des traces nombreuses et frappantes d'idées égyptiennes se montrent en Arcadie. Jupiter y portait le surnom de *Lycœus*, épithète qui nous rappelle un des emblèmes les plus significatifs de l'écriture hiéroglyphique. En effet, comme nous l'avons vu ailleurs [3], le loup était en Égypte un symbole de la lumière; c'était l'animal consacré à Horus aussi bien qu'à Osiris, le souverain des morts. Nous trouvons encore le Jupiter arcadien en rapport avec un roi nommé *Lycaon*, qui avait souillé du sang d'un enfant l'autel du dieu, et, pour ce crime, avait été changé

[1] Pausan. II, Corinth., 13 *init.*; Diodor. fragm., vol. II, p. 635 Wesseling.; Marx ad Ephor. fragm., p. 57 sqq.

[2] Ζεὺς ἄκριος.

[3] *Ci-dessus*, livre IV, p. 108, 121 sq., et les passages du tome Ier, où il est renvoyé là même.

en loup : punition réservée, suivant la tradition populaire, à quiconque osait goûter de la chair humaine[1]. Il est aussi question des jeux *Lycéens*, dont l'établissement était attribué par quelques uns au même Lycaon. C'étaient des fêtes pastorales, fondées sur d'antiques croyances qu'elles furent destinées à entretenir, et fort rapprochées des Lupercales de l'ancienne Rome. Elles se célébraient, pour ainsi parler, entre chien et loup, c'est-à-dire entre la lumière et les ténèbres, au printemps, quand les rigueurs du sombre hiver semblent céder devant des influences plus douces. Dans ces solennelles expiations, les Pélasges, comme les Romains, abjuraient aussi pour des mœurs plus douces, pour une vie meilleure, des criminelles habitudes du passé, et se convertissaient eux-mêmes, en quelque sorte, des ténèbres à la lumière. Il se pourrait qu'à ces fêtes, dans les scènes emblématiques ou dans les chants religieux qui y avaient place, le loup, ennemi des troupeaux, ait joué son rôle en contraste avec le chien, leur protecteur, et que l'homme-loup Lycaon ait été proposé comme un terrible exemple aux descendans des barbares qui sacrifiaient des victimes humaines. Jupiter et ses prêtres, sous ce double point de vue, portaient le surnom de *préservateurs du loup*[2].

Ce dieu en rapport avec le loup, qui se trouve en même temps le dieu élevé, le dieu des sommets ou des

---

[1] Pausan. VIII, Arcad., 2.
[2] Λυκόεργοι, *Luperci*. — Sur le Jupiter Λύκαιος, sur son idée, son culte et ses rapports avec les localités de l'Arcadie, il faut comparer les recherches du baron de Stackelberg, (*der Apollotempel zu Bassæ in Arcadien*, Rom. 1826, p. 8, 102, 121 sqq.), dont nous donnons un extrait dans la note 2 sur ce livre, fin du vol.   (J. D. G.)

montagnes, est-il autre que Jupiter-Ammon, le dieu-bélier, qui occupe à la fois les hauteurs de la terre et des cieux, le dieu des troupeaux et de la lumière, identique avec Pan et subissant un traitement semblable de la part de ses stupides adorateurs? Quand l'éducation des bestiaux ne prospérait pas, les pasteurs arcadiens chargeaient de coups les idoles de leur dieu Pan; coutume qui atteste leur profonde barbarie en fait de religion [1]. A une époque relativement récente, Pausanias trouva encore en Arcadie les sanctuaires réunis de Pan et de Jupiter Lycæus [2]. A Mégalopolis, il vit représentées sur une table plusieurs nymphes arcadiennes, d'abord *Naïs*, nymphe des eaux, portant sur son sein Jupiter enfant [3], puis *Anthracia* ou la noire, espèce de Latone ou de Lilith, tenant à la main un flambeau; venait ensuite *Hagno*, la pure, symbole des initiations lycéennes, ayant une urne dans une main, dans l'autre une coupe; deux autres nymphes suivaient, *Archiroé* et *Myrtoessa*, portant également des vases d'où découlaient les eaux purifiantes. Près de là était un temple de Jupiter *Philius*, où l'on remarquait la statue du dieu, faite de la main de Polyclète d'Argos, et singulièrement semblable à un Bacchus : ayant le cothurne pour chaussure, dans une main la coupe de vin et dans l'autre le

---

[1] Scholiast. Theocrit. VII, 106.

[2] Pausan. VIII, 53, 38, 30, et pour ce qui suit, 31; *Confer*. Plato, de Republ. VIII, 15, p. 252 sq. Ast., *ibi* Ast. p. 593; et Minos, éd. de Böckh, p. 55.

[3] A Préneste, Jupiter enfant reposait également sur le sein de la Fortune (Cic. de Divin. II, 41). C'est la *Fortuna Primigenia*, dont il sera question dans notre livre VIII, sect. I.

thyrse, sur lequel était posé un aigle, seul trait qui caractérisât le roi de l'Olympe. Cette ressemblance, mais surtout le bas-relief précédent annonce qu'en Arcadie, à côté du culte grossier des tribus pastorales, existaient des dogmes d'un ordre supérieur, de véritables mystères, où avaient lieu des purifications par le feu et par l'eau, et où l'on recevait des initiés au nom du dieu suprême qui lance les éclairs, qui féconde le sein de la terre, au nom de Jupiter-Dionysus, l'amical et le réconciliateur.

Ce Jupiter où viennent s'identifier ainsi l'Ammon, l'Horus et l'Osiris des Égyptiens, est le fils de la céleste lumière, comme nous l'avons vu [2]. En lui se réunissent les idées de tous les élémens; en lui réside le principe de la vie universelle, duquel dépendent et les animaux et les plantes, conception que nous retrouvons partout, et qui se fait jour jusque dans les cultes les plus bornés et les plus sauvages de l'ancienne Grèce. Cette statue, ces bas-reliefs, ces temples que nous décrit Pausanias, tout cela se rapporte à l'un des premiers développemens des religions grecques, à une époque anté-homérique. Jupiter et Bacchus n'y forment encore qu'une seule et même divinité. Ils ne furent séparés que lorsque Homère et Hésiode, ayant organisé leur Olympe sur un plan tout-à-fait humain, eurent distingué les personnes di-

---

[1] Φίλιος, μειλίχιος. — *Cf. ci-après*, art. II, vers la fin, art. III, *passim*. L'on n'a pas encore retrouvé le Zeus-Dionysos sur les monumens, si ce n'est peut-être sur les médailles de Cilicie (O. Müller, *Handbuch der Archæologie der Kunst*, 1830, p. 446, citant Tölken *in Berlin. Kunstblatt*, 1828, *Heft* 6). (J. D. G.)

[2] *Cœli* vel *Ætheris filius* : Cic., *ubi supra*.

vines, et individualisé poétiquement les attributs de l'Être-Suprême.

Passons au Jupiter de Dodone, et tâchons de le caractériser, soit historiquement, soit en recherchant les idées fondamentales qui le constituent. Homère, comme nous l'avons vu, donne expressément à ce dieu le surnom de *Pélasgique*[1]; dans le même passage, il nous parle des Selles, ses austères interprètes, qui habitent les forêts sauvages et glacées de Dodone, sur lesquelles s'étend l'empire du dieu. Dans un second passage, tiré de l'Odyssée, le poète nous fait voir les chênes sacrés dont les hautes cimes annonçaient la volonté de Jupiter[2]. Nous ne débattrons point ici de nouveau la question de savoir s'il y eut deux *Dodones* différentes, et laquelle fut la plus ancienne, celle de la Thesprotie ou cette autre que l'on place en Thessalie[3]. Selon toute apparence, Homère a voulu parler de la première, et c'est aussi la seule que semble connaître Hérodote, dans ce morceau célèbre où il raconte et explique au long les légendes

[1] Iliad. XVI, 233 sqq.
[2] Odyss. XIV, 327 sq. Hésiode aussi connaît le chêne sacré des Pélasges à Dodone (fragm. apud Strab. VII, p. 327 sq. Casaub.). Conf. Schol. Sophocl. Trachin. v. 1174.
[3] Déja les anciens avaient fait cette distinction (Schol. ad Iliad. et Odyss. *ubi supra*; Stephan. Byz. in Δωδώνη, p. 319 Berkel, *ibi* interpret.). Clavier (sur Apollodore, I, 7, 2, p. 78 sq., et dans son Mémoire sur les Oracles, p. 9 sqq.) et K. Ritter (*Vorhalle*, etc. cap. II, p. 386 sqq.) l'admettent et cherchent à prouver la priorité de la Dodone de Thessalie. O. Müller (*Æginetica*, p. 159) est d'une opinion contraire. — Le point principal de la difficulté tient à un troisième passage d'Homère, Iliad. II, 749. *Conf.* la note 3 sur ce livre, à la fin du volume, § 1.   (J. D. G.)

relatives à la fondation de l'oracle de Dodone [1]. C'est toujours ainsi qu'il nomme ce lieu sacré, que d'autres historiens ont appelé *Bodone* [2]. S'emparant de cette forme remarquable, particulièrement appliquée par les grammairiens anciens à la Dodone réelle ou prétendue de Thessalie, un ingénieux érudit de nos jours, au lieu d'aller chercher avec ses devanciers dans la Phénicie ou dans l'Égypte, et l'étymologie du mot, et l'origine du culte de Jupiter Dodonéen [3], les met l'un et l'autre en rapport avec l'Inde et avec la religion de Bouddha au loin répandue [4]. Sans prononcer ici sur le mérite de ces conjectures et de beaucoup d'autres, dont les bases ne sont pas moins hasardées, nous nous en tiendrons aux témoignages les plus anciens et des plus authentiques, et nous nous renfermerons pour le moment dans l'horizon de la Grèce. La Dodone d'Homère, comme celle d'Hérodote, fut réellement dans la Thesprotie, ou dans le pays des Molosses : c'est un fait confirmé par les recherches récentes d'un voyageur qui a vérifié sur les lieux toutes les données des anciens, qui a recueilli avec soin les vestiges d'antiques dénominations, et retrouvé les traces plus précieuses encore de constructions cyclopéennes ou pélasgiques, au voisinage de la ville actuelle de

---

[1] Herodot. II, 54 sqq. *Conférez* tome I er, p. 98.

[2] Stephan. Byz. in Βοδώνη, *ibi interpret.*, p. 251 Berkel.; Schol. Venet. ad Iliad. XVI, 233 sqq., et Heyn. Excurs. II ad *h. l.*, p. 283 sqq.

[3] *V.* Trigland Conjectan. de Dod. in Gronov. Thes. antiq. Græc. VII, p. 321 sqq.

[4] Ritter, *Vorhalle*, etc., p. 390 sqq. — Baur l'a suivi, ici comme ailleurs : *Symbol. u. Mythol.*, II, 1, p. 93, coll. I, p. 246. (J. D. G.)

Janina[1]. Là fut la véritable demeure et l'enceinte sacrée des Selles; là fut le siége des Pélasges, comme dit Hésiode[2], avec le sanctuaire du Jupiter Dodonéen; là fut la cité de Dodone, la capitale de la *Hellopie;* et cette montagne isolée qui s'élève au nord de la vallée, comme un grand autel, fut peut-être le mont sacré Tomarus ou *Tomouros,* tant célébré par les poëtes, et d'où l'on dérivait le nom des *Tomoures,* probablement identiques avec les Selles[3]. Ces *Selles* eux-mêmes, ou ces *Helles,* ne sont autres, selon toute apparence, que la tige primitive des *Hellènes,* et c'est dans ces lieux qu'il faut chercher le berceau tout à la fois de la nation et de la religion grecques[4].

Cette religion, dont au moins une des branches principales paraît avoir été transplantée d'Égypte en Thesprotie, dut naturellement revêtir les couleurs locales de sa nouvelle patrie. L'Achéloüs y remplaça le Nil à tous égards dans la vénération des peuples. Il devint le fleuve

---

[1] Pouqueville, Voyage de la Grèce, livre II, chap. I et II, 2ᵉ édition. — Nous ne saurions dissimuler que M. Letronne a fait de graves objections au système de M. Pouqueville, dans le Journal des Savans, juillet 1828, p. 423 sqq. *Confér.* la note citée, à la fin du volume. (J. D. G.)

[2] Πελασγῶν ἕδρανον, ap. Strab. *l. l.*

[3] Suivant d'autres étymologies, les Τόμαροι ou Τομοῦροι auraient été, soit des eunuques, soit des haruspices (Hemsterh. et Scheid. ad Lennep. Etymol., p. 738). — Leur identité avec les Selles paraît résulter de l'Odyssée, XVI, 403 (où les anciens critiques lisaient Διὸς μεγάλοιο Τομοῦροι), rapprochée de l'Iliade, XVI, 234 sq. (J. D. G.)

[4] Aristot. Meteorol. I, 14; Hesiod., Pindar., Philochor., Apollodor. ap. Strab. *ubi sup.* — *Conf.* notre note 1ʳᵉ sur le livre V, à la fin du volume, § 1. (J. D. G.)

des fleuves, la source primitive des eaux douces, le principe de tous les biens physiques, le père du pays et de ses habitans. Hésiode, dans sa Théogonie [1], en fait le plus ancien des trois mille fleuves nés de l'Océan et de Téthys, et le frère de Dioné, associée en qualité d'épouse au Jupiter de Dodone. Un autre auteur nous apprend que chaque réponse donnée par Jupiter Dodonéen, était accompagnée de la prescription suivante : Sacrifiez à l'Achéloüs [2]. Comme le Nil et comme le Gange, l'Achéloüs représentait à la fois l'eau sainte et l'eau potable par excellence [3], l'eau créatrice, nourricière et prophétique, idées essentiellement liées entre elles. Son culte, le culte des eaux vivifiantes, en général, fut l'un des élémens fondamentaux de la religion de Dodone et des pays voisins. Les traditions les plus imposantes venaient à l'appui. On disait que dans ces mêmes lieux, dans le bassin de l'Achéloüs, était arrivé le déluge de Deucalion [4]. Le lac Achérusien subsistait comme un monument de ces antiques révolutions du globe. Là, comme en Égypte, au voisinage de la région des eaux se trouvait la région des morts. A l'ouest de l'Achéloüs coulaient, dans des vallées profondes, le Cocyte et l'Achéron ; et c'était de ces localités qu'Homère, dit-on, avait emprunté la scène de son enfer [5].

Près de cet antique bassin des eaux fut et dut être l'oracle antique du Jupiter de Dodone, peut-être le même

[1] V. 340 sqq.
[2] Ἀχελώῳ θύειν. Ephor. ap. Macrob. Saturn. V, 18.
[3] Artemidor. Oneirocrit. II, 43; Hesych. I, p. 657 Alb.
[4] Aristot., *ubi supra*.
[5] Pausan. I, Attic., 17.

qui, donné pour fils de Prométhée[1], s'identifiait par conséquent avec Deucalion, l'homme des eaux et le premier père des Hellènes[2]. Peut-être encore est-ce pour cette raison qu'il était surnommé *Naïos*, l'humide, épithète qui rappellerait sa nourrice arcadienne *Naïs*, la nymphe des eaux[3]. Ce qu'il y a de sûr, c'est que le culte de Jupiter, dans ces contrées, se rattachait intimement à celui de l'Achéloüs et à toutes les circonstances locales que nous avons fait ressortir. Les mêmes idées que l'on rapportait à ce fleuve des fleuves, se retrouvent dans les différens procédés employés par le dieu pour rendre ses oracles. Nous avons vu plus d'une fois que les divinités des sources et des fontaines étaient censées avoir le don de prédire l'avenir[4]. Il se pourrait que le fameux bassin parlant de Dodone[5] n'eût été, dans le

---

[1] J. Lydus de Mens., p. 96 Schow., p. 228 Rœther.

[2] Le nom même des Ἕλληνες, issus des Ἑλλοί (Σελλοί), paraît dériver de ἕλος, ou ἕλη, lac, marais, et se rapporter à leur première demeure, dans la région des eaux (Apollodor. ap. Strab., l. l. Cf. Lennep. Etymol. ling. gr., p. 203). — M. Letronne, dans l'article cité plus haut, révoque en doute cette étymologie, principalement à cause du double λ de Ἑλλοί, et de tous ses dérivés, lequel ne se retrouve point dans ἕλη. Les mots Ἑλλοί, Σελλοί (auxquels on rattache assez probablement ceux de Ἑλλάς et Ἕλληνες), Ἑλλοπία, Σελλοπία, Σελλήεις (fleuve de la Thesprotie), nous semblent plutôt en rapport avec Ἕλλα, *Hella* (le *Sella* des Latins), nom que les Laconiens donnaient au temple ou hiéron de Jupiter à Dodone, sans doute comme au siège prophétique du dieu (Hesych. v. Ἕλλα). (J. D. G.)

[3] *Conf.* ci-dessus, p. 534. L'épithète de νάιος, donnée au Jupiter de Dodone, paraît à plusieurs devoir s'expliquer plutôt l'*habitant* (Valckenaer. Opuscul. II, p. 129.)

[4] *Conf.* livre V, sect. I, p. 365, et les renvois indiqués ; sect. II, p. 441, etc.

[5] Il était passé en proverbe (Spanheim. ad Callim. Del., v. 284).

principe, autre chose qu'un symbole du bassin prophétique où le fleuve divin faisait sa demeure. Dans la suite, ce fut le son d'un ou de plusieurs vases d'airain qui servit de matière aux oracles, et, si l'on en croit quelques traditions, là encore il faudrait voir la trace des institutions et des croyances égyptiennes. La statue d'un enfant touchait avec un fouet, lorsque le vent soufflait, un bassin qui rendait un son prolongé.[1] Or, on sait que le fouet est presque constamment dans la main des dieux et des ministres des dieux en Égypte[2]. Un autre auteur rapporte qu'il y avait à Dodone plusieurs trépieds disposés en cercle: dès que l'on en touchait un, tous les autres résonnaient[3]. L'interprète ancien voit ici un emblème de la métempsychose et du passage des âmes à travers les différentes sphères, dogme qui, en effet, ne saurait avoir été étranger aux prêtres de Dodone.

Mais les idées que les vieux Pélasges, instruits par les Égyptiens, se faisaient de leur grand Jupiter, sont bien plus manifestes encore dans le chêne sacré qui était pour le dieu un autre organe. De même que l'Achéloüs, semblable au Nil, passa pour le fleuve par excellence, de même le chêne qui croissait sur ses bords, et fournit long-temps aux mortels leur principale nourriture, fut assimilé au persea et au lotus, et devint l'arbre des arbres, l'arbre de vie et de salut. En effet, les fruits sauvages

---

[1] Aristot. ap. Schol. Villoison. ad Iliad. XVI, 233. — *Cf.* Stephan. Byz. *v.* Δωδ., et Clavier, Mémoire sur les Oracles, p. 31. (J.D.G.)

[2] *Voy.* tome Ier, livre III, et les planches qui s'y rapportent, avec l'explication, *passim*.

[3] Demon. ap. Schol. Villois., *ubi supra*.

d'une certaine espèce de chênes peuvent servir d'aliment en Grèce, ce qui, de bonne heure, fit donner à cet arbre un nom significatif[1]. Il était donc tout simple que Jupiter, comme père nourricier, le prît pour symbole, se couronnât de son feuillage, et en reçût le titre de *Phegonæus*[2]. Enfans de la nature, les hommes adressèrent d'abord leurs hommages aux corps naturels. Ils durent supposer que la divinité faisait sa demeure au sein de leur arbre favori. Le bruit de ses feuilles, le gazouillement des oiseaux sur ses branches leur semblaient révéler la présence d'un dieu, et annoncer ses volontés à ceux qui le consultaient. Aussi les sacrifices fumaient-ils sous le chêne de Dodone, comme sous ceux des druides dans les forêts des Celtes et des Germains. On formait des chœurs de danses autour de l'arbre sacré ainsi que le font aujourd'hui encore les Sauvages de l'Amérique. Qu'à ces causes générales vinssent se joindre des phénomènes singuliers et frappans, par exemple une source merveilleuse, comme celle qui, en effet, à Dodone, croissait et décroissait à des heures réglées du jour et de la nuit[3], et l'on conçoit que la religion des peuples se soit d'abord rattachée tout entière à des objets physiques et

---

[1] Φαγός, φηγός, de φαγεῖν, manger (Tzetz. in Lycophron., v. 16, p. 291 Müller; Suidas III, p. 596 Kuster): *Quercus esculus*, Linn. Sur les qualités du chêne dont il s'agit, son caractère sacré, le culte qu'on lui rendait, etc., il faut voir Plutarch. vit. Coriolan., cap. 3, p. 45 Coray, coll. de esu carn., t. V, p. 39 Wyttenb.; Eustath. ad Odyss. XII, 357, p. 494 Basil.; Sil. Italic., III, 691.

[2] La couronne de chêne était l'attribut distinctif du Jupiter de Dodone, comme le prouvent les médailles de l'Épire. — *Voy.* vol. IV, pl. LXIX, 263, coll. LXXI, 264, et l'explicat. des pl. (J. D. G.)

[3] Ἀναπαυόμενος. Senec. Nat. Quæst., III, 16.

à des localités. Mais ce qu'il y a de plus remarquable dans le culte qui nous occupe, c'est un certain caractère *tellurique*. Le Jupiter Dodonéen s'identifie absolument avec Aidoneus ou avec le roi du monde souterrain, qui, sous ce point de vue, prend le titre de bon conseiller (*Eubuleus*[1]). En effet, du sein de la terre qui renferme les racines des arbres, Jupiter-Pluton prodigue à la fois la nourriture et les conseils aux hommes nécessiteux et ignorans. Dans la suite, par la tendance nécessaire du principe de l'émanation, le dieu qui rassemblait en soi seul les divers pouvoirs nourricier, prophétique et infernal, se divisa en plusieurs personnes. L'antique gardien de Dodone[2] devint à Athènes le père de trois gardiens nouveaux, qu'il eut de Proserpine[3]. L'un d'eux reproduisit le nom d'Eubuleus, le bon conseiller; le second fut Dionysus, et le troisième, vraisemblablement Zagreus. En d'autres termes : Jupiter, la source de vie qui réside au sein de la terre, s'associe Proserpina-Dioné, la puissance qui tend à couler, et engendre avec elle les vapeurs inspiratrices qui sortent de la terre, et la vie fraîche et diversifiée qui se répand dans les arbres et dans les plantes. Ces idées seront développées dans les livres suivans, où nous devons traiter de Dionysus et de Proserpine. Nous y verrons le Jupiter de Dodone se confondre non seulement avec Aidoneus, avec le Dis ou le Pluton des Romains, mais encore avec Silène, avec Bacchus identiques entre eux, surtout avec

---

[1] Nicandri Alexipharm. v. 14, *ibi* Schol., p. 31 Schneider.
[2] Ἄναξ, comme l'appelle Achille, chez Homère.
[3] Les Ἄνακες. *Conf.* livre V, sect. I, ch. II, p. 304 sqq., *ci-dessus*.

le Dionysus Chthonius ou souterrain, rendant des oracles[1].

Nous touchons ici au berceau commun des religions grecques et italiques. Des Pélasges peuplèrent les deux pays, et la seule position géographique de Dodone laisserait soupçonner que cet antique établissement religieux dut prêter beaucoup à l'Italie. Un examen approfondi ne fait qu'augmenter la vraisemblance de cette communication. Ni Jupiter *Picus*, l'oiseau prophétique, ni le vieux *Liber Pater* ne sauraient s'expliquer sans le concours du Jupiter-Achéloüs des forêts thesprotiennes. De même, l'idée première de la Vénus-Libitina de Rome ne peut être saisie avant que l'on ait étudié la Dioné de Dodone, cette épouse de Jupiter dont nous nous occuperons aussi dans notre huitième livre.

Quant à la figure et aux attributs avec lesquels était représenté le Jupiter de Dodone, nous nous bornerons en général aux remarques suivantes. La légende rapportée dans Hérodote[2] nous apprend que, des deux prêtresses parties de la Thébaïde, l'une alla fonder l'oracle de Jupiter à Ammonium en Libye, l'autre l'établit à Dodone. Toutefois une seule et même divinité prit, là les attributs du bélier, comme Jupiter-Ammon, ici ceux du taureau, comme Osiris. Ce dernier point est au moins vraisemblable, puisqu'à Dodone Jupiter se confondait avec Dionysus, et que l'Achéloüs, ce fleuve-taureau, jouait un si grand rôle dans la religion du pays[3].

---

[1] *Conf.* livre VII, chap. de la Religion de Bacchus, et livre VIII, sect. I, chap. IV.

[2] II, 54.

[3] *Conf.* planche CXCIII, 681, avec l'explication. (J. D. G.)

A défaut de preuves positives, l'analogie du Jupiter de Crète, comme on le verra tout à l'heure, vient encore fortifier cette probabilité. De même en Arcadie, il est probable que le Jupiter des montagnes, surnommé *Acrios*, et rapproché de Pan, était un dieu-bélier, tandis que l'antique Jupiter *Philios*, que Polyclète avait fait si semblable à Bacchus, dut être, sous sa forme primitive, un dieu-taureau. Toutes ces différences apparentes se concilient dans le système originaire, où Osiris était le fils d'Ammon. D'ailleurs, c'est de la Phénicie que vint en Crète le Jupiter-taureau, Moloch : les Phéniciens qui vendirent en Épire la prêtresse de Dodone, ne purent-ils pas également y porter leur divinité ? [1]

L'île de Crète était admirablement située pour former une alliance avec l'Orient et avec l'Égypte. Il ne fallait que trois ou quatre jours aux vaisseaux qui faisaient voile d'un port situé sur la côte Est de cette île, pour franchir la distance qui la séparait de ce dernier pays [2]; et les navires de transport, partis avec un vent favorable du Palus Méotide, ne mettaient guère que dix jours pour arriver à Rhodes [3], pas beaucoup plus par conséquent pour se rendre en Crète. Les antiques dominateurs

---

[1] *Voy.* planches LXIX, LXXI, 269-272, diverses représentations grecques de Jupiter-Ammon, soit avec, soit sans la tête de bélier. — Sur le culte de ce dieu en Grèce, l'époque de son introduction, ses rapports réels ou non avec le dieu de Dodone, aussi bien que sur les traditions relatives à ce dernier, les colombes qui y jouent un si grand rôle, son oracle et ses images, on peut consulter la note 3 sur ce livre, fin du vol., § 2. (J. D. G.)

[2] Strab. X, p. 475 Casaub.
[3] Diodor. III, 34 Wesseling.

de l'île surent profiter de ces avantages, aussi bien que des autres ressources naturelles que leur offrait la contrée, surtout de ses riches mines d'airain. Ils devinrent puissans au dehors, et ouvrirent de tous côtés des relations hostiles ou amicales avec leurs voisins [1]. On sent quelle influence des circonstances pareilles durent exercer sur la culture intellectuelle et religieuse de la nation crétoise. La Crète fut un des premiers établissemens des colons Phéniciens ; de bonne heure elle reçut les semences de la doctrine égyptienne, et devint par là un des plus anciens foyers au sein desquels s'alluma le flambeau qui devait éclairer les ténèbres dont la Grèce pélasgique était couverte. Les labyrinthes, tant celui de Cnossus que celui de Gortyne, dont il reste encore des vestiges, les temples-grottes, les idoles aux attributs de taureau sont autant de preuves de ces faits [2].

Né sous les mêmes influences, le Jupiter de Crète porte le même caractère primitif que celui de Dodone. Le mélange des idées égyptiennes et phéniciennes produisit cette généalogie divine qui occupe une si grande place dans la religion des Grecs. A la tête paraît *Uranus*, le Ciel, suivi de Cronos, le dieu du temps. Celui-ci

---

[1] *Voy.* principalement l'introduction de l'Histoire de Thucydide, et Aristote de Rep. II, 10, avec les autres passages des auteurs cités dans la compilation connue de Meursius.

[2] Sur les localités et les monumens de l'île de Crète, il faut voir Savary, Lettres sur la Grèce, n°s XXIII, XXV, XXXIV, et, en ce qui concerne le culte de Jupiter, Dicæarchi Βίος Ἑλλάδος (Creuzer. Meletem. III, p. 208 sq.). — *Confér.* l'ouvrage spécial et récent de Hoeck, *Creta*, etc., vol. I, 1823, *passim*. On en trouvera des extraits relatifs aux origines religieuses et au Jupiter Κρηταγενής, dans la note 4 sur ce livre, fin du volume.   (J. D. G.)

uni à Rhéa, que nous retrouvons à Dodone dans Téthys, l'élément humide, engendre Zeus ou Jupiter [1], père à son tour de Dictynna. Ce système devint dominant dans la Grèce, d'où vient que l'on regarde ordinairement l'île de Crète comme le berceau de la religion des Hellènes, tandis que le système de Dodone se propagea principalement dans les contrées demi-barbares du nord-ouest et sur les côtes voisines d'Italie. Au reste, la religion crétoise, envisagée dans son origine et dans son élément fondamental, fut surtout un culte du soleil et de la lune. Jupiter, dans les temps les plus anciens, y figurait comme un dieu-taureau, comme le taureau du soleil, comme un véritable Jupiter-Moloch. Le Minotaure, le taureau de Pasiphaé, Jupiter lui-même changé en taureau pour enlever Europe, ne permettent pas d'en douter; non plus que ces fables significatives du gardien redoutable donné par le dieu à sa conquête, ou de cet autre gardien au corps d'airain, établi par Minos sur son île, et qui tous deux, comme la statue de Moloch, brûlaient entre leurs bras des êtres humains [2]. Quant à Dictynna, la lune qui lance ses rayons, et qui paraît tantôt comme la douce vierge Britomartis, tantôt comme Pasiphaé, celle qui luit pour tous, nous en avons parlé ailleurs

---

[1] Le troisième Jupiter des Systématiques : Cic. de Nat. Deor. III, 21, p. 585, *ibi* Creuzer.

[2] *V.* Scholiast. Platon., p. 145, ed. Ruhnken. *Cf.* Eustath. ad Odyss. XX, 302, p. 735 sq. (d'après Simonide). — Le développement de tous ces mythes si remarquables est renvoyé au livre VIII, sect. I, premiers chapitres. On peut consulter, en attendant, la note précitée, à la fin du présent volume, sur les rapports des religions de la Crète avec celles de l'Orient et de l'Égypte. (J. D. G.)

fort au long¹. Plus loin, nous reviendrons sur le Jupiter de Crète, sur sa naissance et sur son éducation par les nymphes Mélissa et Amalthée. Il est temps de quitter les détails locaux pour nous élever aux idées générales.

II. *Jupiter, selon les dogmes des prêtres, et, par suite, selon les systèmes des philosophes : panthéisme plus ou moins physique, plus ou moins rationnel. Jupiter, principe et unité du monde réel, dispensateur du temps et de la destinée.*

Le langage, la sculpture et des fragmens d'antiques chants religieux vont nous révéler peu à peu, dans toute sa mystérieuse grandeur, ce père des dieux, cet être suprême, appelé Jupiter, qui, s'élaborant avec le progrès des idées, et suivant dans sa marche la domination grecque et romaine, devint, pour un temps, la principale divinité du monde ancien. Déjà le vieil Ennius avait chanté : «Vois cette voûte élevée et lumineuse que l'on invoque sous le nom de Jupiter². » Dans ce vers célèbre, Jupiter est évidemment pris en un sens élémentaire, pour le firmament, de même que, chez Horace³, et dans d'autres poètes, il est pris en un sens météorologique, pour tel ou tel des phénomènes qui se passent dans l'atmosphère. De plus, il est chaque saison personnifiée; il y a le Jupiter du printemps, le Jupiter de

¹ Livre IV, chap. IV, art. III, p. 118 sqq.

² Adspice hoc sublime candens, quem invocant omnes Jovem.

Apud Cic. de N. D. II, 25, p. 306 sq., ed. Creuzer., où sont rapprochés des vers analogues d'Euripide.

³ Od. I, 1, 25, sub *Jove frigido*; I, 22, 19, *malus Jupiter*. *Cf.* Virgil. Georg. II, 419; Ovid. Fast. II, 299, sub *Jove* (sub dio).

l'été et celui de l'hiver [1]; il est l'année, qui se déroule dans le cours des trois saisons; il est la nature extérieure en général, avec ses différentes parties et ses propriétés en mal comme en bien.

L'art, dès son origine, voulut célébrer à son tour ce grand dieu de la nature. A Larisse, suivant le récit de Pausanias [2], était une antique statue de Jupiter, ayant outre les deux yeux à la place ordinaire, un troisième œil au milieu du front. Le savant voyageur conjecture que la raison de ces trois yeux est que ce Jupiter est supposé régner à la fois dans les cieux, sous la terre et sur la mer, et que la même divinité gouverne les trois parts dont se compose l'empire du monde. [3] C'est ainsi que le platonicien Proclus parle d'une triade démiurgique dont les trois membres sont trois Jupiters, c'est-à-dire Jupiter ainsi nommé par excellence, Jupiter Neptune et Jupiter Pluton; le premier le père, le second la force, et le troisième l'esprit [4]. Voilà une véritable Trimourti hellénique, d'abord une quoique triple, et plus tard divisée en personnes individualisées à part. Cette

---

[1] Juvenal., Sat. V, v. 78; Stat. Thebaid. III, 26.
[2] II, Corinth., 24.
[3] Pausanias se réfère au Jupiter souterrain d'Homère (Ζεὺς καταχθόνιος, Iliad. I, 457; χθόνιος, Hesiod. Op. et D., 463), identique avec Pluton, et au Jupiter marin d'Eschyle, que confirme d'ailleurs l'épithète homérique διιπετεῖς, donnée aux fleuves. A Corinthe (Pausan. II, 2), à Olympie (V, 14), l'on adorait aussi un Jupiter χθόνιος, associé, dans la première de ces villes, à deux autres Jupiters, l'un surnommé le *Très-Haut*, Ὕψιστος, l'autre sans nom particulier. *Cf.* Ed. Gerhard, *Prodromus mythologischer Kunsterklärung*, 1828, in-4°, p. 19. (J. D. G.)
[4] Proclus ad Platon. Cratyl., ed. Boissonad., p. 90.

Trinité dut périr, lorsque l'art des Grecs en fut venu à ce point, de représenter, sous la main d'un Phidias, Jupiter comme le roi des Hellènes à Olympie. Mais, dans ce lieu même, fut une ancienne statue de Jupiter, offrande des Métapontins et ouvrage de l'Éginète Ariston. La face tournée vers l'Orient, elle avait sur une main un aigle, dans l'autre la foudre, et portait sur la tête une couronne de fleurs du printemps[1]. C'est là le Jupiter printanier dont parle Juvénal, et ceci nous conduit à penser que les trois yeux du Jupiter de Larisse pouvaient bien se rapporter aussi aux trois saisons.

C'est ainsi qu'une symbolique, encore à son enfance, essaya de produire dans de grossières images le sentiment de l'être un et infini. Si nous avions conservé les prières et les hymnes, non moins grossiers sans doute, qui retentissaient autour de ces images dans les temples pélasgiques, nous nous ferions une idée plus claire et plus certaine de ce Jupiter tout sacerdotal. Philostrate nous a transmis un fragment extrêmement remarquable de l'un de ces antiques chants religieux, qui avait pour auteur Pamphus. Le voici :

« Jupiter, le plus glorieux, le plus grand des dieux, qui as pour séjour le fumier des brebis, des chevaux et des mulets[2]. »

C'est évidemment Jupiter sous la figure du scarabée, conformément aux idées égyptiennes, où cet insecte engendré, à ce que l'on croyait, au sein de la fiente des animaux, était l'emblème sacré de la vie et de la re-

---

[1] Pausan. V, Eliac. (I), 22.
[2] Philostrat. Heroïc., cap. 2, p. 98 Boissonad.

naissance[1]. De même, le Jupiter-scarabée paraît ici comme le pouvoir fécondant et nourricier[2].

D'autres débris de cette antique poésie sacerdotale, éminemment symbolique, sont plusieurs hymnes orphiques que Stobée nous a conservés, entre autres l'hymne à Jupiter[3] :

« Jupiter fut le premier et le dernier, Jupiter la tête et le milieu ; de lui sont provenues toutes choses. Jupiter fut homme et vierge immortelle. Jupiter est le fondement de la terre et des cieux ; Jupiter le souffle qui anime tous les êtres ; Jupiter l'essor du feu, la racine de la mer ; Jupiter le soleil et la lune. Jupiter est roi, seul il a créé toutes choses. Il est une force, un dieu, grand principe du tout ; un seul corps excellent, qui embrasse tous ces êtres, le feu, l'eau, la terre et l'éther, la nuit et le jour, et Métis, la créatrice première, et l'Amour plein de charmes. Tous ces êtres sont contenus dans le corps immense de Jupiter.......... »

Ici la suprême unité divine est représentée comme un tout corporel, comme un corps humain gigantesque.

---

[1] *Voy.* tome Ier, Notes et Éclaircissem. sur le livre III, p. 948 sq.
[2] On peut rapprocher de ce symbole la tête figurée en forme de mouche, sur les pierres gravées, dont notre planche LXIX, 266, offre un exemple. Nous y reconnaissons le Jupiter ἀπόμυιος des Éléens, dont il a déjà été question plus haut (liv. IV, ch. III, p. 20). D'autres, comme nous le verrons ailleurs, y trouvent une allusion aux abeilles, nourrices de Jupiter en Crète.
[3] Stob. Eclog. I, 1, p. 40 sqq. Heeren. — *Conf.* Orphica, ed. Hermann., p. 457, ex Proclo et Porphyrio ap. Euseb. ; Lobeck Aglaophamus, lib. II, cap. V, § 16-18, coll. cap. VII, § 2, où ce fragment est rapporté à la Théogonie orphique, et celle-ci au temps d'Onomacrite. (J. D. G.)

L'univers a pris la forme humaine. Nous n'avons pas besoin de faire remarquer combien cette conception se rapproche des conceptions et des symboles de l'Inde, combien elle porte l'empreinte du panthéisme indien [1].

Lorsque, dans la suite, l'anthropomorphisme eut été ébranlé, et que le scepticisme eut commencé à gagner du terrain, la philosophie se demanda compte de cet être divin qu'admettait implicitement la croyance des Hellènes. La première école philosophique fut, comme l'on sait, fondée en Ionie, encore toute sacerdotale et s'exprimant en vers et en images. Phérécyde et Pythagore donnèrent l'exemple de la prose. Le premier, sous le nom de Jupiter, entendait l'éther, c'est-à-dire le ciel igné et supérieur qui enveloppe toutes choses, ou la lumière, élément primitif, premier principe du monde; idée vraisemblablement empruntée au système des Mages [2]. Ce fut sans doute à la même source que Pythagore puisa ses deux principes, dont l'un était dieu, Jupiter, ou la Monade, le bien, l'intelligence; l'autre, en opposition avec le premier, était la Dyade ou dualité, fondement de la matière et du mal [3]. Si nous passons aux Stoïciens, chez eux, du moins chez Chrysippe, Jupiter est la source universelle de vie, la force vitale qui est dans tous les êtres. Il s'appelle *Zeus*, parce qu'il donne la vie à toutes choses, *Dis*, parce que toutes choses

---

[1] *Conf.* livre I, ch. II, art. 1, tom. 1ᵉʳ, p. 153 sqq., et la note 5, dans les Éclaircissemens, p. 599 sqq.

[2] *Voy.* Pherecyd. fragm., p. 38 sqq., ed. alt. Sturz. *Cf.* liv. II, ch. II et V, tom. I, p. 320, 323, 378.

[3] *Cf.* Stob. Eclog. I, p. 59 Heeren.

sont par lui [1]. Dans Platon, Jupiter figure tantôt comme architecte du monde, comme Démiurge, tantôt comme Providence ; quelques-uns même, parmi les anciens interprètes, veulent qu'il y soit pris comme soleil, apparemment soleil intellectuel [2]. Quant aux Néo-Platoniciens, souvent ils ne font que développer les idées de leur maître sur Jupiter; mais souvent aussi ils reviennent aux conceptions et aux formes de l'antique théologie orphique ; témoin ce passage de Porphyre que Stobée nous a conservé : « Jupiter est le monde entier, l'animal composé des animaux, le dieu des dieux ; il est aussi l'intelligence, car c'est par elle qu'il produit toutes choses, c'est par les idées qu'il opère la création [3] ». Ce Jupiter est donc l'ordre suprême du monde réel, comme Cronos ou Saturne est l'ordre suprême du monde intelligible. C'est en Jupiter que toutes choses trouvent leur unité, c'est en lui qu'elles existent réellement comme dans le grand corps de la nature. Aussi Minerve prend-elle naissance de sa tête, Minerve la vierge éternelle, l'unité qui se connaît elle-même et agit conformément

---

[1] Ζεύς, Ζήν - τὸ ζῆν. Δίς, Δία - διά (plus loin sera développée l'étymologie de ces noms). *V.* Stob. Ecl. I, p. 48 Heeren. Sur le Jupiter des Stoïciens, on peut consulter principalement Senec. episti ad Lucil. IX, *ibi* Muret. Oper. III, p. 83 ed. Ruhnken. Le fameux hymne de Cléanthe à Jupiter, que Stobée nous a conservé également (Ecl. I, p. 30 sqq.), présente le dieu sous un point de vue tout moral. *Cf.* Schwabe, Specimen theol. exhib. Κλεάνθους ὕμνον εἰς Δία, etc. Jenæ, 1819.

[2] *V.* le Timée et le Phèdre, p. 41 Bekker, coll. Stob. Eclog. I, p. 51 ; Ast ad Platon. Phædr., p. 297, et in additam. ad calc. Reipubl., p. 654 sq. ; Eustath. ad Odyss. XII, p. 476.

[3] Eclog. I, p. 46 Heeren.

à cette connaissance, la sagesse à la fois ordonnatrice et forte [1]. Tandis que Jupiter est placé au milieu, elle occupe l'un de ses côtés, Junon occupe l'autre [2]; Junon qui, par un frappant contraste, lui donne pour fils Mars, la force brutale, la fureur aveugle de la guerre. Mais un troisième enfant, qui tient de plus près à Jupiter et naît en quelque sorte une seconde fois de lui seul, c'est Bacchus, la vie multiple, la Nature. En effet, si Jupiter est l'unité, il est en même temps la multiplicité, en tant que celle-ci est contenue dans l'unité. Ce dieu qu'en Arcadie et à Dodone nous avons trouvé à peine distinct de Dionysus, se confond réellement avec lui, avec la nature infiniment diverse; il est à la fois l'unité et la diversité, Jupiter et Bacchus, sinon en acte, au moins en puissance. La nature réalisée se développe en trois temps, qui composent l'antique année naturelle : voilà pourquoi Jupiter considéré comme tel a trois visages; c'est l'ordre des trois saisons, le principe de la division appliqué au calendrier. Maintenant voici de quelle manière la théogonie crétoise présente cette conception : Jupiter eut trois filles, les *Heures*, dont la mère fut Thémis, la loi primitive; ces trois filles sont *Diké*, la Justice, en tant qu'humaine, *Eunomie*, la légalité, la bonne application des lois, et *Eiréné*, la paix. Sous un point de vue naturel et calendaire, ces Heures sont les trois saisons; sous un

---

[1] *Cf.* Creuzer. Meletem. I, p. 45.

[2] Ainsi voyait-on leurs statues rapprochées dans une chapelle commune, au Capitole, Minerve étant à la droite de Jupiter, Junon à sa gauche (Lactant. Firmian., lib. 1, cap. 11). — *Cf.* vol. IV, pl. LXXXIII, 304, avec l'explicat. (J. D. G.)

point de vue moral, elles sont opposées aux Titans, c'est-à-dire aux forces aveugles et désordonnées de la nature, comme fondatrices de l'ordre, amies de l'agriculture et de la civilisation. Quant à Jupiter, en qualité de père des Heures et de régulateur de cette grande division, de cette distribution ordonnatrice et fatale qui embrasse toutes choses, il se nomme *directeur de la destinée*[1]. Quelquefois il paraît s'identifier avec cette destinée et la gouverner en maître absolu; mais plus souvent, comme nous l'avons dit ailleurs [2], il n'est que le ministre et l'exécuteur de ses immuables décrets, l'agent d'une force supérieure, incompréhensible, aveugle, qui domine sur toutes choses, qui a tout déterminé d'avance, et dont il doit suivre les moindres volontés. En ce sens, il s'appelle le *distributeur*, celui qui rend à chacun ce qui lui est dû, et l'*économe*, celui qui administre un bien qui lui est confié [3]. Jupiter tient la balance où se pèsent les destinées des hommes, et cette balance fatale, il faut qu'il la consulte pour décider, au milieu des combats, qui doit vivre et qui doit mourir [4]. Par la suite, ces idées prirent un aspect astronomique, et le symbole de la

---

[1] Μοῖρα, Μοιραγέτης (Pausan. X, Phocic., 24).

[2] Liv. V, ch. IV, art. III, p. 385 *ci-dessus*.

[3] Νεμέτωρ, Ταμίας. Comme ordonnateur des saisons et de la nature en général, Jupiter s'appelait aussi νεμήϊος, νόμιος, *distributeur* ou *dispensateur*, cette dernière épithète rentrant dans celle de νομεύς, que l'antique dieu de la nature portait en qualité de pasteur (Archytas ap. Stob. Serm. XLI, p. 269 sq.).

[4] Homer. Iliad. XXII, 209 sqq., VIII, 69; Cic. de N. D. I, 15, *ibi* Creuzer, p. 67 sq.

balance, transporté dans les cieux, devint ou *Diké*, la Justice, ou *Astrée*, fille de Jupiter et de Thémis [1].

III. Jupiter dans la religion tant publique que privée des Hellènes, centre de toute la vie politique, civile et domestique; roi et père, chef de la cité et de la famille, source et garantie de tout pouvoir, de tout droit et de toute justice; protecteur du mariage, de tous les liens sociaux, de l'hospitalité et du serment; conservateur de la propriété et des foyers en général : point de vue moral et politique.

Avec les épithètes de *Roi* et de *Père*, si souvent données à Jupiter dans les hymnes, les prières et les invocations [2], s'ouvre maintenant à nous une série d'idées entièrement nouvelle, et dont le développement va nous montrer le dieu comme le centre idéal de toute la vie civile et politique. L'épithète de *Roi* est dérivée, par une extension naturelle, de celle de *père*, de *maître*, de *chef* de la famille et de la maison, comme la royauté elle-même, chez les Grecs, prit naissance dans le gouvernement patriarchal. Du reste, Homère nous présente, dans la peinture de la vie des Cyclopes [3], état de force aveugle, de grossier égoïsme et de brutal isolement des familles,

---

[1] Hygin. Poët. Astronom. 25, p. 477 Staver., *ibi* interpret. — La note 5 sur ce livre, à la fin du volume, servira de complément à ces idées sur Jupiter, dans ses rapports avec la Destinée (Μοῖρα), avec les Parques (Μοῖραι), et avec les Heures (Ὧραι). (J. D. G.)

[2] Βασιλεύς, Πατήρ. Au lieu de Βασιλεύς, il est encore nommé Ἄναξ, par exemple, Iliad. XVI, 233 sqq.; Ἄναξ ἀνάκτων, dans Eschyle; Suppl. 532; Ἄναξ et Βασιλεύς réunis, Æschyl. Pers. 5. *Cf.* Spanheim ad Callimach. Jov., 2. C'était particulièrement à Athènes que Jupiter s'appelait *Roi* : Spanh. ad Aristoph. Plut. 1096. Quant au nom de *Père*, non moins consacré, on peut voir le même, ad Callim. Jov., 94.

[3] Odyss. IX, 114 sqq.

que l'on supposait avoir existé sous le règne de Cronos ou Saturne, un contraste frappant avec l'association civile, régulière et intelligente, dont on rapportait le bienfait à Jupiter, nommé pour cette raison le *chef de la cité*[1]. L'association civile commença par l'organisation de la famille, à laquelle préside également Jupiter, aussi bien qu'aux réunions de familles ou communautés. Les Grecs en reconnaissaient trois espèces primitives, fondemens divers de la cité[2]. Les droits et les devoirs mutuels de leurs membres étaient placés sous la protection du dieu de la cité et des pères[3], qui recevait, de ces différentes corporations, différentes autres épithètes. Dans la suite, les philosophes élevèrent sur la base de ces notions naturelles et populaires, l'édifice de quelques-unes de leurs plus importantes doctrines. De même que l'idée de Jupiter, considéré comme père et comme source de vie[4], produisit dans ses développemens le dogme de

---

[1] Πολιεύς. Πολιτεία, κοινῇ πολιτεύεσθαι, opposé à οἰκοκρατεῖσθαι. Eustath. ad Odyss. *l. l.*

[2] Πάτρα, φρατρία, φυλή. *V.* Dicæarch. ap. Steph. Byz., p. 632 Berkel.; Schol. Pindar. Pyth. VI, 5, et interpret. ad Nem. IV, 79. *Cf.* O. Müller, Æginet., p. 138 sq. — Le même, *Dorier*, II, p. 78; Buttmann, dans les *Abhandlung. der Berlin. Akad.*, 1818, 19, p. 12.

[3] Πολιεύς, πατρῷος. Jupiter était encore appelé l'*Ancêtre*, l'*Aïeul* par excellence, Προπάτωρ (Theophil. ad Autolyc., I, p. 44, ed. J. Chr. Wolf.).

[4] Platon, dans le Cratyle (p. 29 sq. Bekker.) explique le mot Ζεύς en ce sens, comme venant de ζῆν, *vivre*, étymologie qui était aussi celle des Stoïciens (on l'a vu plus haut, p. 552 sq.), et de beaucoup d'autres (Aristot. de Mundo, VII, 2, p. 311, et *ci-après*, p. 587, et n. 4). Les formes ionique et dorique Ζήν et Ζάν semblent surtout s'y prêter. Quant au nom Δίς, d'où vient le génitif Διός, Platon et ses successeurs paraissent l'avoir considéré comme originairement dis-

l'âme du monde, de même l'idée de Jupiter roi conduisit à cet autre dogme philosophique d'une intelligence cosmique ou d'un esprit du monde, suprême, universel, d'où dérive comme d'un principe nécessaire tout ce qui, dans la nature, dans l'ordre des saisons et dans l'ordonnance générale de l'univers, apparaît de conséquent et de raisonnable[1]. De là encore, mais plus tard, le dogme de l'*esprit-roi*[2], que les Néo-Platoniciens tirèrent du même fond. Ces deux grandes conceptions reposaient évidemment sur les intuitions orientales que nous avons plus d'une fois signalées dans les livres précédens. Mais ici, c'est surtout la croyance populaire de Jupiter roi et père

tinct de Ζεύς et emportant une idée différente, celle de la cause universelle et suprême (Δία rapproché de διά, par). Mais ce sont là de pures interprétations philosophiques, plus ou moins conformes à la notion première renfermée dans les mots Δίς et Ζεύς, identiques au fond, le dernier se résolvant dans Δεύς ou Σδεύς des Éoliens, dont θεός, ainsi que nous l'avons dit ailleurs (*ci-dessus*, p. 289, n. 2), n'est qu'un adoucissement, pour la lettre, et, pour le sens, une extension. *Zeus* est donc le *dieu* par excellence; il est le dieu père, ce qu'exprime son nom latin *Jupiter*, par l'addition évidente de *pater* à la racine contractée *Ju* pour *Jov*, laquelle se retrouve entière dans le génitif ou ancien nominatif *Jovis*, qui revient à Ζεύς, comme *jugum* à ζυγόν, etc. On trouve dans les inscriptions étrusques *Jovei*, qui est le latin *Jovis*, et *Tina* (*ci-dessus*, p. 409 et n. 3), que Lanzi dérive du dorien Δήν pour Ζήν (*Saggio di ling. Etr.* II, p. 192). *Janus*, comme nous l'avons vu à son article (p. 431, 433, n. 4), est un nom de la même famille, ainsi que *Jana-Diana*, *Juno-Dione* ou Ζανώ, etc. etc. *Conf.* le chap. suiv., art. I, et la note 6 sur ce livre, à la fin du vol., où tous ces mots, avec leurs analogues en diverses langues, sont ramenés à la source primitive, et, par elle, à leur véritable idée fondamentale.

(J. D. G.)

[1] Νοῦς Βασιλικός. Plat. Phileb., p. 171 sq. Bekker.
[2] Νοῦς Βασιλεύς.

de famille qu'il s'agit de développer. Pour cela, reprenons les choses de plus haut.

Jupiter ayant été sauvé du pouvoir dévorant de Saturne, par l'artifice de Rhéa, sa mère, qui supposa une pierre en sa place [1], fut confié à deux nourrices nommées *Ité* ou *Idé* et *Adrastée*, dit Plutarque [2]. Pausanias en cite un plus grand nombre, entre lesquelles *Néda* [3]. Callimaque chante : « Adrastée t'endormit dans un van d'or », et le scholiaste remarque qu'Adrastée était la sœur des Curètes [4]. Un passage analogue et plus significatif encore est le suivant de Proclus : « Le Démiurge, dit Orphée, est élevé par *Adrastée* (la loi éternelle), a commerce avec *Ananké* (la nécessité), et engendre *Heimarméné* (la destinée) [5]. Laissant à un habile interprète des religions et des idées antiques [6], le soin de faire ressortir tout le sens de ces rapports primitifs de Jupiter, nous nous contenterons de faire observer en passant l'espèce de contraste que semblent former entre elles ses deux nourrices, *Ité*, l'entreprenante, celle qui pousse à l'action, et *Adrastée*, celle qui empêche, neutralise et détruit les projets [7]. Ainsi remis à deux puis-

---

[1] *V*. livre V, *ci-dessus*, p. 368, et la planche indiquée. *Cf.* tom. I, p. 90, et surtout les Éclaircissemens, p. 556. Jupiter lui-même était adoré sous la forme d'une pierre. C'est le Jupiter Κάσιος de la Syrie : pl. LXX, 268, avec l'explication.

[2] Symposiac. III, 9, p. 681 Wyttenb. *Cf.* Apollod. I, 1, 7, p. 7 Heyn.

[3] VIII, Arcad., 47. *Cf.* Creuzer ad Cic. de N. D. III, 21, p. 592.

[4] Hymn. in Jov., 47 sq.

[5] In Tim. V, p. 323. — *Cf.* les autres passages orphiques sur Idé et Adrastée, dans Lobeck, *Aglaophamus*, I, p. 514 sq.   (J. D. G.)

[6] Zoëga, *Abhandlung. v.* Welcker, p. 41, 54 sqq., 60 sqq.

[7] Cela, en supposant vraie la leçon Ἴτη pour Ἴδη, dans le passage cité

sances contraires, chargées d'élever son enfance, et dont l'une modère perpétuellement l'autre, le jeune dieu monte sur le trône de son père; il devient lui-même le père des dieux et des hommes, et à ses côtés paraissent deux puissances nouvelles, la *Force* et la *Violence*[1]. On reconnaît ici le suprême arbitre de la justice, accompagné des exécutrices de ses arrêts immuables. Il est en même temps, à titre de roi, la source première de tous les droits de la royauté [2]. Tout pouvoir vient de lui, les rois sont les descendans des héros et des demi-dieux, ses petits-fils, et leur autorité, fondée sur une sorte de droit divin, est héréditaire [3]. Si, à l'exemple de leur premier père céleste, ils sont sur la terre la source du droit et des lois, s'ils portent en main le sceptre, symbole de la justice, si d'un œil vigilant ils observent les infracteurs de l'ordre établi, c'est Jupiter, le roi des rois, qui leur a conféré ces augustes priviléges [4]. Telle fut la

de Plutarque, et en admettant la forme ἰτός pour ἴτης, expliqué par θρασύς; en dérivant, d'un autre côté, Ἀδράστεια de ἄδραστος. Ἴδη, au contraire, fait songer au mont *Ida* en Phrygie, comme *Néda* à la rivière du même nom en Arcadie.

[1] Κράτος et Βία. Æschyl. Prometh. *init.* (Κράτος et Δίκη, la Force et la Justice, dans les Choëph. v. 242); Callim. in Jov., 67.

[2] Ces droits consistaient dans le commandement des armées, l'administration de la justice et le service des dieux : *voy.* le passage du pythagoricien Diotogènes, dans Stobée, Serm. XLVI, p. 329 sq., modifié, en ce qui concerne le dernier point, par Aristot. Polit. III, 14, cap. 9 Schneider, p. 97 Coray.

[3] Æschyl. Agam. 42 sq. (Διόθεν); Schol. Aristoph. Av. 1540 (Διὸς θυγάτηρ ἡ Βασιλεία); Thucyd. I, 13, *ibi* Schol. (πατρικαὶ βασιλεῖαι).

[4] Iliad. I, 238 sq., *ibi* Creuzer. *Homer. Briefe*, p. 21 sq.; Hesiod. Op., 202 coll. 38, *ibi* Schol.; Callim. in Jov., 79 sqq., *ibi* Spanheim. Tous les dieux sont appelés Ἐπόψιοι (Sophocl. Philoct., 1054), mais

foi tout ensemble religieuse et politique de la Grèce primitive. Lorsque, dans la suite, les rois, véritables représentans de la divinité sur la terre, eurent été abolis, et que les états helléniques se furent presque tous transformés en aristocraties et en démocraties, Jupiter n'en demeura pas moins aux yeux des Hellènes, libres mais toujours pieux, l'antique et tutélaire souverain de la cité [1]. Lui-même il prit en main la garde de l'état; car il n'est pas seulement la source, il est encore l'exécuteur de la loi [2], et c'est en son nom que les juges siégent et rendent leurs arrêts. Dans cette fonction figurent à ses côtés *Diké*, la directrice de la justice humaine, et *Osié*, la directrice de la justice divine. Ainsi le droit civil et le droit religieux découlent également de Jupiter. Ce n'est pas tout : Jupiter, protecteur de toutes les associations, doit à plus forte raison présider à l'assemblée du peuple; en effet, l'un de ses surnoms était le *dieu de l'assemblée* ou de la place publique, et il y avait son autel, par exemple à Athènes [3]. Il portait le même surnom comme protecteur de la bonne foi et de la loyauté dans les transactions civiles de toute espèce [4]. L'éloquence, dont le triomphe est sur la place publique et devant l'assem-

---

Jupiter de préférence porte cette épithète, et c'est en ce sens qu'un ancien poète dit dans Stobée (Eclog. I, 4, p. 106 Heeren.) : οὐχ εὕδει Διὸς ὀφθαλμός.

[1] Par exemple à Athènes, comme πολιεύς, πολιοῦχος. *V.* Creuzer. Meletem. I, p. 17, et Hemsterh. ad Aristoph. Plut. p. 261. *Cf.* Plutarch. Coriolan. 3, t. II, p. 45 sqq. Coray.

[2] Δικασπόλος.

[3] Ζεὺς ἀγοραῖος. Hesych. I, p. 62 Albert.

[4] *Voy.* le curieux passage de Théophraste, ap. Stob. Serm. XLII.

blée du peuple, était encore sous la protection de Jupiter *Agoræus*: à ce titre, il avait pour assesseurs les Muses, ses filles. Le père de Socrate consultait l'oracle sur la direction qu'il devait donner à son fils. L'oracle lui répondit de laisser son fils faire ce qu'il voudrait, de ne pas gêner son penchant naturel, mais au contraire de lui donner un libre cours: qu'il fallait, du reste, se contenter d'offrir pour cet enfant des vœux et des prières à Jupiter Agoræus et aux Muses, parce qu'il avait en lui un guide meilleur que tous les maîtres [1]. C'était dire que Socrate aurait pour mission de faire aimer la sagesse à ses concitoyens par l'attrait de l'éloquence. Ceci nous ramène aux philosophes qui ne firent, ici encore, que développer la conscience du peuple. Jupiter fut de même, à leurs yeux, le principe et la racine de toute justice, de tout droit; lui seul, selon eux, pouvait servir de règle pour distinguer le bien du mal, le juste de l'injuste. C'est de lui, c'est de Dieu que viennent les lois; il est la loi primitive, éternelle et véritable. Telle fut surtout la doctrine des Stoïciens et des Platoniciens [2].

Pour revenir au Jupiter chef de la cité ou de la ville, son idée s'agrandit successivement avec le sens même du mot qui correspondait à ceux de *ville* et *cité* [3]. Mais,

---

[1] Plutarch. de Genio Socrat., p. 377 Wyttenb. *Cf.* Stanley ad Æschyl. Eumenid. 976 (971 Schütz.).

[2] *V.* Chrysipp. ap. Plutarch. de Stoïcor. repugn., t. V, p. 218 Wyttenb., et apud Cic. de N. D. I, 15, p. 70 Creuzer.; coll. de Leg. II, 4, 10; Plat. de Leg. *init.*, p. 186 Bekker., coll. Cic. de Leg. I, 5, 15.

[3] Πόλις, spécialement et primitivement *citadelle*, la partie haute et fortifiée d'une ville, autour de laquelle se groupèrent les habitations (πολέω). (J. D. G.)

jusque dans les plus grands développemens de l'état, la religion prit soin de faire que l'antique esprit de corporation qui réunissait tous les citoyens comme dans une même famille, ne s'éteignît jamais entièrement. « Jupiter, dit le Pseudo-Aristote, s'appelle encore le dieu de la naissance, de la maison, de la famille et des pères ou ancêtres, à cause de la connexion où il se trouve avec ces divers rapports [1] ». La ville et la maison, la cité et la famille sont donc à la fois sous la garde de Jupiter. Les différentes répartitions ou divisions des citoyens, soit dans l'enceinte de la ville, soit dans son territoire, sont également placées sous la protection de patrons divins, dont souvent même elles portent les noms. Ainsi, dans l'Attique ancienne, les quatre tribus ou *Phyles*, qui composaient la nation sous le règne d'Erichthonius, se nommaient tribus de Zeus ou Jupiter, d'Athéné ou Minerve, de Poseidon ou Neptune, et de Héphæstus ou Vulcain [2]. Ces quatre divinités étaient comme les propriétaires du sol de l'Attique, et Jupiter à leur tête [3]. Chaque année, à la fin du mois Anthestérion, tous les citoyens célébraient la fête de ce dieu national par excellence, fête appelée les *Diasies*, et qui consistait principalement en rites expiatoires. Aussi Jupiter y prenait-il le surnom d'*expié* ou d'*expia*-

---

[1] Aristotel. de Mundo, VII, 5, p. 313 ed. Kapp. Γενέθλιος, Ἑρκεῖος, Ὁμόγνιος, Πάτριος.

[2] Διάς, Ἀθηναΐς, Ποσειδωνιάς, Ἡφαιστιάς. Pollux, VIII, 9, § 109.

[3] Quand les Phyles eurent été portées à dix, chacune fut divisée en deux classes ou *Symmories*, et chaque classe eut son Jupiter, surnommé ἑταιρεῖος, protecteur des compagnons (Schol. Eurip. Hecub. 345, 342 Matth.).

teur[1]. C'était en quelque sorte une fête de la grande famille civile, et l'idée antique de la maison et de l'enclos paternel n'y devait pas être oubliée. En effet, nous savons que l'admission au droit de cité dépendait de la profession du culte de Jupiter *Herceus*, c'est-à-dire du dieu de l'enceinte domestique[2]. On demandait en outre, au magistrat près d'entrer en charge, s'il était membre d'une *Phratrie* ou Curie, question qui impliquait celle de communauté religieuse[3]. Là aussi Jupiter avait sa fonction et son titre spécial; on adorait à Athènes un Jupiter *Phratrius* et une Minerve *Phratria*[4]. Ces dieux étaient les Pénates publics de la ville d'Athènes, et nous les avons trouvés également parmi les Pénates de Rome[5]. Ils devaient procurer à la cité et à l'état la même sûreté, la même prospérité, leur garantir la même protection intime et mystérieuse que chaque citoyen, chaque individu attendait de ses Pénates domestiques. Jupiter et Minerve, avec un autre surnom, celui de *Conseillers*, présidaient encore aux assemblées du sénat : aussi avaient-ils un sanctuaire dans le lieu même de ces assemblées, dont les membres leur adressaient des prières en y entrant[6].

---

[1] Μειλίχιος, *placatus, placator*, Thucyd. I, 126, *ibi* Schol.; Schol. Aristoph. Nub., 407. *Cf.* Hemsterh. ad Lucian. Timon., vol. I, p. 351 Bip.; Creuzer. Meletem. I, p. 17.

[2] Ἑρκεῖος de ἕρκος, περίβολος, Hyperid. ap. Harpocrat. *s. v.*, p. 171 Gron. *Cf. ci-après*, p. 570, et n. 2.

[3] Dinarch. ap. Harpocrat. *l. l.*; Pollux VIII, 9, § 85, *ibi* Hemsterh. p. 906.

[4] Platon. Euthydem., p. 453 Bekker.

[5] Livre V, sect. II, chap. II, p. 415, n. 3, coll. p. 408.

[6] Antiphon, p. 779 Reisk. Ζ. βουλαῖος, Ἀθ. βουλαία. *Cf.* Schœmann de Comit. Ath. X, p. 306.

CH. 1. ZEUS OU JUPITER.   565

Mais si la société civile était pour les anciens Grecs une grande famille unie par le lien d'une commune religion, à plus forte raison ce lien religieux formait-il la garantie sacrée de tous les rapports de la famille proprement dite, ou des familles entre elles. Tous ces rapports découlaient encore de Jupiter considéré comme père et comme maître céleste; il présidait à tous les degrés de parenté. Nous avons déjà rencontré Jupiter *Phratrius* ou protecteur des Phratries, associations religieuses de familles, espèce de confréries. Jupiter *Herceus* était le protecteur des membres d'une même famille[1] : leurs enfans, tant frères que cousins, révéraient le Jupiter *des parens*[2]. Il y avait aussi le Jupiter *des alliés*[3], qui veillait aux droits propres de l'affinité, des beaux-fils, des belles-filles et des autres proches, dont la parenté repose moins sur la nature que sur les lois civiles[4]. Enfin le Jupiter et en général les dieux *de la naissance* ou *de la génération*[5], présidaient à cet acte et

---

[1] Appelés γενῆται, *gentiles*, de γένος, *gens*. Ils étaient également sous la protection d'Apollon *Patroüs* (Demosth. adv. Eubulid., p. 1319 Reisk., et sa note, tom. VI, p. 173). Selon toute apparence, Athènes connaissait en outre une Minerve Γενητιάς (Creuzer. Meletem. I, p. 24 sq.).

[2] Ὁμόγνιοι, d'où Z. ὁμόγνιος, comme qui dirait *consanguin* (Aristot. de M. *ubi sup.*; Ruhnken. ad. Tim., p. 192 sq.; Schol. Eurip. Hecub. 345, 342 Matth. On en trouve une interprétation supérieure dans Cicéron, de Leg. I, 8, *ibi* Davis. — Δία ξύναιμον, à la lettre *consanguin*, Sophocl. Antigon. 656 sq.   (J. D. G.)

[3] Ζεὺς συγγένειος, *Jupiter affinis*.

[4] Pollux, III, 5, 6; Scholiast. ad Lucian. Timon. § 51, p. 120 Bip.; Suidas I, p. 43 sq. Kuster.; Ammon. in Ἀγχιςεῖς, p. 3, *ibi* Valckenar. Animadv. cap. 1.

[5] Γενέθλιοι, *genitales*. Plat. de Leg. V, 2, p. 376 Bekker.

favorisaient la venue des enfans. Jupiter était à la tête de ces dieux comme de tous les autres, et les théologiens l'appelaient le *générateur universel*, le principe et la fin de toutes choses[1]. Ce caractère, qu'il avait surtout comme dieu cosmique et père du monde, s'étendait à toutes les parties de la nature, aux individus comme à l'ensemble. Le générateur de l'univers était encore le dieu qui faisait croître l'enfant dans le sein de la mère.

Poursuivons l'idée féconde du Jupiter *Herceus*. La maison, le domaine, renferment dans leur enceinte toutes les propriétés, tous les biens, mais en même temps toutes les bases sacrées sur lesquelles repose l'association patriarcale, tous les droits et tous les devoirs des membres de la famille. Le foyer domestique est le sanctuaire du mariage, et le type de tous les hymens terrestres est l'hymen céleste de Jupiter et de Junon. C'est un hymen sacré[2], un véritable sacrement : aussi Junon porte-t-elle à la fois les titres d'*initiée* et de *protectrice des noces*[3]. Sa première union mystérieuse et nocturne avec Jupiter, dans une grotte du Cithéron, la fit surnommer ou *déesse des grottes*, ou *déesse de la nuit*[4], et cette Junon nocturne s'identifie complètement avec Latone, la déesse cachée. Junon, disait-on encore, est la terre, Latone la nuit, c'est-à-dire l'ombre de la terre[5].

---

[1] Orph. Hymn. XV (14), v. 7.
[2] Ἱερὸς γάμος. *Cf.* Böttiger, *die Aldobrandinische Hochzeit*, p. 63, 126 sqq., 163; et le chap. suiv., art. II, *passim*, et surtout *fin.*, art. III, *init.*
[3] Τελεία, γαμήλιος (*pronuba*). [4] Μυχία ou Νυχία.
[5] *V.* Plutarch. fragm., vol. X, p. 756 sq. Wyttenb. *Cf.* liv. IV, p. 99, 101, *ci-dessus*, et le chap. suiv., art. I et II.

Maintenant le mariage se trouvant dans une liaison naturelle avec la propriété, avec la possession et la culture du sol, il ne faut pas s'étonner du grand nombre d'images et d'expressions empruntées à l'agriculture, qui se rencontrent dans les idées de la haute antiquité sur le mariage. Nous voulons parler principalement de certaines personnifications symboliques, comme celles de Bouzygès, celui qui attèle les bœufs, de Cécrops au double corps, fondateur du mariage, et de plusieurs autres que renfermait le code religieux et civil de l'Attique ancienne. L'union de Jupiter-Moloch, le dieu-taureau, avec Europe, le surnom de *Cinxia* ou *Jugalis* donné à Junon, et sa prêtresse mariée traînée par des vaches dans le temple de la déesse à Argos, sont des figures du même genre, que nous expliquerons ailleurs [1]. Mais c'est ici qu'il faut noter une locution qui nous conduira naturellement à Jupiter envisagé comme le gardien de l'honneur domestique. Le but du mariage était, suivant cette ancienne locution grecque, de *semer des enfans légitimes* [2], ou, comme disaient les vieux Romains, d'*acquérir des enfans* [3]. Jupiter Hercéus est donc aussi le protecteur des femmes qui acceptent le joug de l'hymen, et, soumises à la loi de l'époux dans l'enceinte du domicile conjugal, attendent leur bonheur des fruits

---

[1] *V.* chap. suiv., art. I et II; et, pour ce qui concerne Cécrops et Bouzygès, chap. de Minerve, art. VII. *Cf.* liv. VIII, sect. I, *passim.*

[2] Ἐπ' ἀρότῳ παίδων γνησίων, *ad arationem filiorum germanorum* (Heindorf ad Plat. Cratyl., p. 78, p. 50 Bekker). *Cf.* Böttiger, *Aldobr. Hochz.*, p. 166 sq.

[3] *Liberorum quæsundûm*, c'est-à-dire *quærundorum*, *caussâ* (Festus in *quæso*.

légitimes du mariage. En effet, c'est dans son intérieur que la femme a sa sphère propre d'action, et la cour de la maison est la limite qu'elle ne doit point franchir [1]. Voilà pourquoi Jupiter Herceus, placé aux portes de la cour, était en même temps Jupiter *Custos*, le surveillant des femmes.

A cette idée de l'enceinte domestique viennent d'eux-mêmes se rattacher les nouveaux rapports de Jupiter avec quelques unes des relations les plus importantes de la vie et de la société humaines [2]. La maison et le foyer, dans la Grèce antique, non seulement rassemblaient les membres de la famille, mais encore offraient salut et protection à ceux qui venaient y chercher un asile. On sait quel redoutable empire exerça jadis dans l'ancien monde, et même aujourd'hui exerce dans plusieurs contrées du monde moderne, la vengeance du sang versé, imposée au plus proche parent du mort. Il fallait que le meurtrier volontaire ou involontaire s'exilât de sa patrie, poursuivi à la fois par la vengeance des hommes et par celle des dieux, car Jupiter lui-même était le premier vengeur du sang [3]. Un seul refuge s'ouvrait au malheureux, fondé sur ce droit héréditaire de l'hospi-

---

[1] Τὰν γὰρ γυναῖκα δεῖ οἰκουρὲν καὶ ἐνδὸν μένεν, portait le précepte pythagoricien (Phintys ap. Stob. Sermon.). *Cf.* Creuzer. Commentat. Herodot. I, p. 239.

[2] Ces rapports, comme les précédens, étaient représentés par autant d'épithètes du dieu, que l'on trouve réunies dans le Scholiaste d'Euripide, Hecub. 345, 342 Matth.

[3] Il s'appelait en cette qualité παλαμναῖος, mot qui désigna d'abord le meurtrier lui-même, et quelquefois προστρόπαιος. Aristot. de Mundo, VII, 6; Hesych. II, p. 841 sq. et 1052 sq.; Photii lexic., p. 271 et 342 Herm.

talité, non moins sacré chez les anciens, et si bienfaisant, si salutaire dans ses conséquences. L'hôte devait asile à son hôte suppliant; il lui devait appui et purification, et Jupiter présidait encore à ces droits et à ces devoirs, comme aux cérémonies touchantes qui s'en suivaient [1]. Le père de famille y jouait véritablement le rôle du père céleste des hommes, du grand expiateur. Mais ce dieu plein de miséricorde pour les supplians, devenait terrible pour quiconque osait fouler aux pieds les droits sacrés de l'hospitalité. Il était le protecteur du serment et le vengeur du parjure. On le voyait, à ce titre, représenté dans la salle du sénat à Olympie, avec deux foudres dans les deux mains [2]. Le serment lui-même était personnifié aussi bien que ce fils anonyme du serment [3], sans mains, sans pieds, et qui n'en poursuit pas moins le parjure jusque sur ses derniers neveux. Cette ingénieuse allégorie se trouve dans un oracle rapporté par Hérodote [4], et qui prouve en même temps que les oracles de la Grèce cherchaient à prévenir le crime du parjure. Les dieux eux-mêmes jurent par le Styx et ses

---

[1] On en trouvera le détail dans la note 7 sur ce livre, fin du vol. Z. ξένιος, protecteur des hôtes, προστρόπαιος, ἀφίκτωρ (noms appliqués d'abord au suppliant, ἱκέτης), ἱκέσιος ou ἱκετήσιος, protecteur des supplians; καθάρσιος, purificateur, ou συκάσιος (à cause des figues employées dans les purifications), μειλίχιος, le doux, le miséricordieux, celui qui accueille les sacrifices expiatoires. *V.* les passages cités dans les Creuzer. Meletem. I, p. 16 sqq., not. 6 et 9.

[2] Pausan. V, Eliac. (I), 24. Eurip. Med. 171 sq., 169 sq. Matth. Z. ὅρκιος, ὅρκων ταμίας.

[3] Ὅρκος, Ὅρκου παῖς ἀνώνυμος.

[4] VI, 86, 3, *ibi* interpret.; Heyn. ad Iliad. IX, 498 sq.; Huschke in Matthiæ Miscell. philol. I, p. 20 sq.

eaux infernales, par la redoutable déesse du ténébreux abîme [1], et leur serment est inviolable; eux-mêmes ils ne peuvent se parjurer impunément.

Mais nous l'avons dit : l'enceinte de la maison garantit encore les propriétés. Aussi Jupiter *Herceus* est-il le protecteur de la maison entière, de toutes les propriétés, des biens de toute espèce, en un mot de tout ce que les Romains comprenaient sous le mot *famille*. Il est le gardien des foyers, de tous ceux qui les habitent, le défenseur des droits du père et de la puissance paternelle. A son autel, placé avec l'image du dieu à la porte extérieure qui ouvrait la cour et le mur de clôture de la maison [2], étaient plaidés et jugés tous les griefs domestiques. Jupiter Herceus était en même temps le principe et la source de tous les biens, de toutes les prospérités pour la famille. Surnommé en cette qualité *Ctésius* ou *celui qui donne la richesse*, il était le Pénate qui répandait dans la maison toutes les bénédictions célestes, veillait sur la pureté de ses habitans, sur leurs mœurs, et punissait toute infraction aux lois saintes du mariage et à celles de l'hospitalité. Sans vouloir multiplier les exemples [3], la catastrophe de Troie nous en

---

[1] Δεινῆς Στυγός, Hesiod. Theog. 775 sqq. (coll. 383 sqq., 400.

[2] Appelé ἕρκος, d'où le surnom même de Ἑρκεῖος, donné à Jupiter, en latin *Herceus*, auquel est analogue le terme de droit *herciscere* (*herctum ciere*; *familia herciscunda*, Cic. de Orat. I, 56; ibi interpret.), faire un partage, parce que le mur de clôture était abattu. — Jupiter *Herceus* se voit sur les monumens (pl. LXIX, 259) avec les attributs de la foudre et du chien, qui le caractérise comme *Custos* ou *gardien*, et qui, chez les Romains, était pareillement donné aux Lares. Cf. livre V, sect. II, *ci-dessus*, p. 420 et 424. (J. D. G.)

[3] *V.* Pherecyd. fragm., p. 72 ed. alt. Sturz.; Herodot. VI, 68.

offre un bien mémorable. Pâris reçu chez Ménélas, son hôte, au mépris des droits de l'hospitalité, séduit sa femme et fuit avec elle. Priam, père du ravisseur, au lieu de punir en lui un double crime, lui donne asile dans les murs de Troie. Dès lors il est décidé dans les arrêts du destin que cette cité perfide tombera sous les coups des Grecs vengeurs de tous les droits violés. L'heure fatale a sonné, le vieux Priam, poursuivi par les inexorables vainqueurs, se réfugie à l'autel de Jupiter Herceus; mais il est immolé sans pitié sur l'autel même et devant l'image du dieu. Jupiter Herceus vengé à son tour abandonne les foyers du monarque troyen, il part avec les Grecs, et devient la divinité tutélaire de la maison de Sthénélus, qui avait obtenu son idole dans le partage du butin [1].

Enfin Jupiter Herceus veille aussi sur la foi de l'amitié;

Cf. Creuz. Commentat. Herodot. I, p. 236-239. — Il résulte de ces savantes remarques sur la scène rapportée par Hérodote, que les Grecs avaient leurs dieux Pénates aussi bien que leurs dieux Lares, et que ces cultes domestiques furent primitivement les mêmes dans la Grèce et à Rome (*ci-dessus*, p. 413). L'un des plus mystérieux était celui de Ζεὺς κτήσιος, dont l'image, conservée dans une armoire ou un vase, était placée dans le cellier de la maison avec des cérémonies singulières. *Voy.* Anticlid. ap. Athen. XI, p. 251 Schweigh. *Cf.*, sur ce dieu et ses analogues, leurs représentations figurées, etc., la note 8 sur ce livre, fin du volume. (J. D. G.)

[1] *V.* Virgil. Énéid. II, 566, *ibi* Heyn.; Pausan. II, Corinth., 24; VIII, Arcad., 46. Ce Jupiter, dans le premier passage, est qualifié Πατρῷος, Priam le tenant de ses aïeux, et dans le second Ἑρκεῖος, d'après son idée essentielle (*Cf.*, sur ces épithètes, Creuzer. Meletem. I, p. 17, n. 7). — C'est le Jupiter τριόφθαλμος de Larisse, dont il a été question plus haut, art. II, p. 549. Quant au meurtre de Priam sur son autel, il faut voir la table Iliaque figurée dans notre planche CCXXII, scène 106, et comparer la pl. CCXL. (J. D. G.)

un autre exemple le prouvera. Adraste, fils d'un roi de Phrygie, ayant eu le malheur de tuer son frère involontairement, se réfugie auprès de Crésus. Le roi lydien le purifie et l'accueille en qualité d'hôte. Plein de sécurité, il va jusqu'à confier à la garde bienveillante de son hôte son propre fils. Mais le malheureux Adraste tue encore à la chasse, par accident, le fils de son bienfaiteur. Crésus alors implore la vengeance de Jupiter purificateur[1], protecteur des foyers et des liens entre compagnons. En effet, il avait purifié son hôte dans sa maison; il l'avait reçu sous son toit, à sa table; enfin il l'avait donné pour gardien et compagnon à son fils. Adraste se sentant sous le poids d'une invincible fatalité, prend le parti de se donner lui-même la mort[2].

IV. Jupiter, roi de l'Olympe et père des dieux, de plus en plus personnifié, et descendu sur la terre, par l'œuvre d'Homère et de Phidias; jeux Olympiques fondés en son honneur. Notion de l'Olympe analysée et rapportée à son origine. Jupiter Olympien devenu le grand dieu national, le modèle et le roi des Hellènes. Union des trois points de vue, physique (et astronomique), intellectuel et politique, dans l'intuition primitive.

Nous avons vu que toutes ces idées, Jupiter maître du ciel et de la terre, père des dieux et des hommes, roi, souverain de la nature, source de toute vie, principe de tout ordre et de toute justice, étaient exprimées sous une forme tantôt plus délicate et tantôt plus grossière, mais toujours significative, dans les chants reli-

[1] Z. καθάρσιος, ἐφέστιος, ἑταιρεῖος, distinct de φίλος, comme φίλος de ἑταῖρος, ami de compagnon ou camarade. Cf. Creuzer. Meletem. I, p. 17 et 18, not. 17 et 11.
[2] Herodot. I, 35-45.

gieux, dans les traditions et les symboles de la Grèce antique. Cependant la réunion de toutes ces diverses idées dans une image unique et vivante, la représentation physique en quelque sorte de Jupiter tout entier manquait encore aux Grecs. Elle ne pouvait leur manquer long-temps; il fallut que ce père divin apparût à leurs regards, et Phidias se chargea de le faire descendre des cieux:

« Il dit, et le fils de Saturne fit un signe de ses noirs sourcils; les boucles de la divine chevelure du monarque suprême retombèrent sur son front immortel, et tout l'Olympe en fut ébranlé [1]. »

C'est dans ces paroles mêmes d'Homère, où se retrouvent les deux conceptions fondamentales du maître de la nature et du roi des dieux et des hommes, que Phidias, si l'on en croit une tradition célèbre, puisa l'idée de son Jupiter. Ce Jupiter faisant un signe de tête [2], et qui semblait par là exaucer les vœux de son peuple, devint l'image sublime du père céleste des Hellènes, et cette statue, fameuse entre toutes, qui fut placée à Olympie, au lieu même où se célébraient les jeux Panhelléniques. Ces jeux, où affluait la Grèce entière, avaient été fondés, dit-on, dans les âges héroïques, par un fils de Jupiter et par un roi de son choix, par Hercule et par Pélops [3]. Cet Hercule était l'Hercule idéen, l'un des

---

[1] Iliad. I, 528 sqq.
[2] Ζεὺς ἐπινεύων.
[3] *V.*, sur la fondation et les développemens successifs des Jeux Olympiques, Pausan. V (Eliac. I), cap. 7, 8 et 9; Apollodor. II, 7, *ibi* Heyne; Scholiast. ad Pind. Ol. 1, 144 sqq., X, *passim*. — *Cf.* O. Müller, Æginet., p. 36 et 55; *Dorier*, I, p. 445 sq.   (J. D. G.)

Dactyles, l'un des satellites du grand Jupiter au sommet des cieux, en un mot, une divinité planétaire, un fils du soleil; le lutteur dans la carrière lumineuse, le successeur de ce Persée adoré à Chemmis, où l'on célébrait aussi en son honneur des jeux annuels, des jeux d'abondance et de bénédiction, à cette même époque de l'année, quand Hercule, poursuivant sa belliqueuse ascension dans le zodiaque, venait d'atteindre le faîte des cieux, quand le soleil parvenu à sa maturité mûrissait les moissons [1]. On ajoutait qu'à Olympie Jupiter lui-même avait un jour combattu contre Hercule au combat de la lutte [2]. Là aussi Pélops avait remporté, à la course du char, la main d'Hippodamie, fille d'OEnomaüs, et avec elle le sceptre du Péloponnèse [3].

Ces antiques jeux de l'année furent sanctionnés par les législateurs et par tous les membres de la confédération hellénique. Ils choisirent entre eux des *Hellanodices* ou juges des Hellènes, lesquels, rassemblés sur la place publique à Élis, eurent mission de veiller sur le sens, le but et l'intention de la fête, sur l'ordre et la

---

[1] *Cf.* livre III, chap. III, tom. 1ᵉʳ, p. 421, et liv. IV, ch. V, p. 167 sqq., *ci-dessus.*

[2] *Ci-dessus*, p. 169 sq. Les travaux d'Hercule étaient représentés parmi les bas-reliefs du fameux temple de Jupiter à Olympie (Pausan. V, 10, *fin.*) — De précieux débris de cette partie des bas-reliefs ont été retrouvés et rapportés en France par la Commission scientifique de Morée, en 1829. *V.* la note 9 s. c. 1., fin du vol., où sont exposés les résultats des recherches les plus récentes sur la topographie et les monumens d'Olympie, sur les dénominations antiques des localités, etc. (J. D. G.)

[3] Schol. Pindar. Ol. I, 114-127; Hygin. fab. 253. — Sur Pélops, *cf. ci-dessus*, p. 259, et la note indiquée, à la fin du vol. (J. D. G.)

discipline qui devaient y régner. C'était de leurs mains que les vainqueurs des jeux recevaient la couronne d'olivier[1], comme dignes successeurs de ces fils des dieux qui avaient fondé les institutions salutaires de l'agriculture, de la société et des lois, et qui avaient défendu vaillamment le sol de la patrie, imitateurs eux-mêmes de leur père suprême, du grand Jupiter. Le premier, en effet, Jupiter avait combattu contre les forces aveugles de la terre, les Titans et les Géans[2]; le premier il avait lutté à Olympie. Il y siégeait en quelque sorte aussi comme chef céleste des Hellanodides, idée qui s'accorde merveilleusement avec celle d'Homère, avec le signe de tête par lequel se manifestent les décisions gracieuses du maître de la nature. On le voyait, sculpté de la main de Phidias, dans des proportions colossales, assis dans son temple à l'extrémité du bois sacré Altis[3]. Les parties supérieures du corps, la tête, le cou, la poitrine et le haut des bras offraient à l'œil les formes les plus majestueuses; le reste était couvert par les plis ondoyans d'un manteau, et tout le costume avec les attributs annonçait la plus solennelle magnificence. Dans la main droite du dieu était la statue de la Victoire, présentant la couronne au premier des vainqueurs; la

[1] Faite d'une branche de l'olivier sauvage (κότινος) de l'Altis. *V.* Creuzer. Meletem. I, p. 4 sq.

[2] *Voy.* pl. LXIX, 253, avec l'explicat. (J. D. G.)

[3] Sur le temple, le trône et la statue, il faut voir, après la description de Pausanias, V, 10 et 11, les ouvrages spéciaux de Völkel et de Siebenkees, 1794 et 1795; Böttiger, *Andeutungen der Archæol.*, p. 93 sqq.; March. Haus, *Saggio*, etc., Palermo 1814; et surtout le Jupiter Olympien de Quatremère de Quincy, p. 256 sqq., 268 sqq., avec les planches XI-XVII.

gauche portait le sceptre surmonté de l'oiseau royal, de l'aigle. Les Heures, génies des saisons et de l'ordre, environnaient le monarque divin, aussi bien que les Grâces; à ses pieds gisaient des sphinx mystérieux. Sa face céleste exprimait les trois qualités suprêmes, la force, la sagesse et la bonté : la force, par l'ensemble de la tête et par cette chevelure puissante qui se dressait pour retomber en boucles nombreuses; la sagesse, par ce front large et imposant, par ces sourcils épais dont le mouvement plein de noblesse semblait consacrer la parole du dieu; la bonté, par les contours remplis de douceur de sa bouche divine. C'était donc là réellement la divinité se révélant sous la figure humaine : ainsi paraissait-elle aux Hellènes, et l'émotion de Paul-Émile à l'aspect du Jupiter Olympien montre que les Romains en jugeaient de même [1].

Mais ce nom et cette notion du Jupiter Olympien méritent une analyse plus étendue et plus profonde. Il se pourrait qu'une antique adoration des montagnes y fût cachée. « Le mont Lycée, dit Pausanias [2], s'appelle encore *Olympe*; d'autres Arcadiens le nomment *le Sommet sacré*. Ils prétendent que Jupiter a été nourri sur cette montagne. » Quand même on voudrait voir ici une légende purement locale, un fait important n'en demeure pas moins avéré par les descriptions homériques de l'Olympe, c'est que ces mots *Olympe* et *Olympien*

---

[1] Livius, XLV, 28 : *Jovem velut præsentem intuens motus animo est.* — *Voy.* pl. LXX, 254, coll. 255, 256, 257, LXIX, 258, LXIII, 249. *Conf.* l'explicat. des pl., et la note 9, fin du vol. (J. D. G.)

[2] VIII, Arcad., 38. — *Cf.* art. I, *ci-dessus*, p. 532 sq., et la note 2 s. c. l., fin du volume. (J. D. G.)

CH. I. ZEUS OU JUPITER.

avaient, en général, pour les anciens Grecs, un sens équivoque et flottant, pour ainsi parler, entre le ciel et la terre. Par une heureuse indétermination, le sentiment national confondait, dans l'idée d'Olympe, le céleste avec le terrestre. Partout se retrouvaient ces Olympes, ces monts habités par les dieux, et dont les cimes se perdaient dans les nuages. Il y en avait un entre la Phrygie et la Mysie, d'une hauteur remarquable; Sestini nous en a donné une description extrêmement pittoresque[1]. Un autre était placé entre la Thessalie et la Piérie; la nature aujourd'hui encore s'y révèle à l'homme sous les traits les plus imposans, et l'abondance des eaux qui descendent de ses sommets, la riche végétation qui couvre ses flancs, semblent attester le séjour de puissances mystérieuses[2]. Cet Olympe de Thessalie, situé dans la patrie primitive des plus puissantes tribus helléniques, fut aussi plus que tous les autres célébré par la grande épopée nationale, et avec lui Jupiter, dont le culte paraît avoir été de tout temps répandu dans cette contrée[3]. Mais Élis, dans le midi de la Grèce, avait aussi son Olympe, près duquel se

[1] *Voyage dans la Grèce Asiatique*, XVIII, p. 143 sq. *Cf.* les passages des anciens, dans les Historic. antiq. fragm. de Creuzer, p. 177 sqq. On comptait jusqu'à six Olympes, et davantage (Schol. Apollon. Rhod. Argon. I, 599).

[2] *Voy.* Stuart dans Barthélemy, *Voyage du jeune Anacharsis*, ch. XXXV, t. III, p. 337 sq., éd. de 1788, in-8°; Larcher sur Hérodote, t. VIII, p. 389; Heyne ad Iliad. I, v. 494 sqq. (excurs. VIII, p. 187, t. IV). — *Cf.* Vues de la Grèce, par le baron de Stackelberg, Olympe.

[3] *Cf.* art. I, *ci-dessus*, p. 536 sqq., et la note 3 sur ce livre, fin du volume. (J. D. G.)

tenaient les jeux solennels, peut-être imités, dans l'origine, de ceux qui se célébraient également autour de l'Olympe thessalique¹. Ces montagnes, avec leurs accidens et les cérémonies dont elles étaient le théâtre, revêtirent, sous le prisme des imaginations populaires, une splendeur toute céleste; elles devinrent même des divinités, comme l'Amanus de l'Asie-Mineure et le Mérou de l'Inde. Leurs sommets, cachés dans les nues, furent le mystérieux berceau où naquirent et s'élevèrent les dieux. Non seulement l'Olympe eut sa topographie mystique en rapport avec Jupiter, mais ce mont sacré se confondit plus d'une fois avec le Dieu suprême. Homère parle de la *tête de l'Olympe* aux nombreux vallons ou *aux replis nombreux*, où Thémis, par les ordres de Jupiter, convoque l'assemblée générale des dieux, qui doit décider en dernier ressort des destinées de Troie². Sans adopter ici précisément la pensée de ces interprètes qui, dans la tête de l'Olympe, voient la tête de Jupiter comme esprit cosmique, et dans les replis de la montagne les huit sphères célestes, y compris la sphère fixe et immobile³, nous ferons remarquer que Jupiter figure évidemment dans ce passage à titre de législateur et de juge du monde. D'un autre côté, les *plis* et les *volumes* de Jupiter sont des expressions qui se rencontrent souvent pour exprimer ses lois, ses mysté-

---

¹ Schol. Apollon. Rhod., *ubi supra*.
² Iliad. XX, 4 sq., *ibi* Schol. Veneti κρατὸς-Οὐλύμποιο πολυπτύχου.
³ Eustath. ad *h. l.* — La Géographie mythique de l'Inde offre une conception tout-à-fait analogue: *V.* tom. I*ᵉʳ*, p. 146 sqq., avec la note à dans les Éclaircissemens, p. 582 sqq., et surtout l'explicat. de la pl. XX, tom. IV, p. 23 sq. (J. D. G.)

rieux arrêts [1]. En effet, la montagne sacrée est ici transformée en dieu vivant et vivifiant. La première loi fut écrite en caractères de feu sous la voûte céleste. Thémis et les Heures veillent à sa garde, rassemblent les dieux, et leur montrent dans le cours des astres l'expression des décrets immortels. La seconde loi fut donnée sur le sommet de l'Olympe, et le signe de tête de Jupiter en est l'expression. Mais ce signe de tête ébranle l'Olympe entier; c'est au milieu du tonnerre et des éclairs que la loi divine est proclamée. De même que Moïse apporte aux Israélites, du haut du Sinaï, les tables de pierre, de même il était question, chez les Grecs, des volumes de l'Olympe, préparés avec la peau de la chèvre Amalthée, qui nourrit de son lait le souverain législateur [2]. Ces volumes contenaient dans leurs plis et replis, non moins nombreux, non moins inaccessibles aux mortels que les sinuosités de l'Olympe, la loi de la nature et de l'esprit, loi merveilleuse et souvent enveloppée de nuages [3]. Une analogie bien remarquable, et qui vient singulièrement à l'appui de nos conjectures, c'est que, dans la tradition romaine, la vieille femme qui vint offrir

---

[1] *Voy.* le fragment (γ', p. 323, t. V Boissonad.) de la Mélanippe d'Euripide, et Valckenaer Diatrib., p. 185. Διὸς πτυχαί.

[2] *V.* cette scène, dans notre pl. LXIII, 248. (J. D. G.)

[3] Περὶ γὰρ νέφος ἐστήρικται... δέκα πτυχαί..., comme il est dit, par allusion, sans doute à cet ordre d'idées ou d'images, dans le fragment orphique, n° II, p. 450 sq. Hermann., v. 20, 21. *Conf.* Lobeck, Aglaophamus, lib. II, cap. II, §. 1, p. 442, et le §. 3, où ce savant critique rapporte le fragment dont il s'agit, aux διαθῆκαι, espèce de *Testament* où de *Palinodie*, interpolation judaïque du ἱερὸς λόγος attribué à Orphée. (J. D. G.)

à Tarquin l'Ancien les livres de la Sibylle, portait également le nom d'*Amalthée* [1].

Il faut l'avouer cependant : tout ce mysticisme sacerdotal dut faire place, dans le culte populaire des Grecs, à des notions plus claires et plus déterminées. Ils se rapprochaient davantage des Perses, qui sacrifiaient et priaient sur le sommet des montagnes, et qui, suivant Hérodote [2], appelaient Jupiter le cercle entier des cieux. Les cieux sont en effet, dans le Zendavesta, la sphère d'action d'Ormuzd. Jupiter a, comme Ormuzd, l'aigle pour attribut, l'aigle, roi des airs et de leurs habitans [3]. Il parcourt les douze signes du zodiaque, rendant des combats ou des arrêts, répandant la terreur ou les grâces, et bénissant les héros et leurs descendans qui le suivent et l'imitent dans cette céleste carrière. Ainsi le point de vue astronomique du grand dieu national se marie avec le point de vue humain et pratique. Jupiter, nationalisé de la sorte, devient le protecteur et le modèle de tous les Hellènes ; il prend les titres d'*Hellénien* et de *Panhellénien* [4]. Non pas que ces noms aient embrassé, dès l'origine, tout l'ensemble de la race grecque, long-temps divisée en une foule de tribus, et presque de petites nations séparées :

[1] Varro ap. Lactant. Div. Inst. I, 6 ; Tibull. II, 5 , v. 67, *ibi* Golbéry, p. 169, Collect. Lemaire. (J. D. G.)

[2] I, 131. — *Conf.* livre II, tom. Ier, p. 320, 328, 341, et les Éclaircissem., p. 702 sqq. (J. D. G.)

[3] De là encore le surnom de πανομφαῖος, donné à Jupiter, parce qu'il préside à toutes les voix (ὀμφή), à toutes les apparitions prophétiques, aux auspices, etc., qui ont la région des airs pour théâtre (Eustath. ad Odyss. XX, 98, p. 724 Bas.).

[4] Ἑλλήνιος, Πανελλήνιος. Herodot. IX, 7 ; — Pausan. II, Corinth., 29 et 30. *Cf.* O. Müller Æginet., p. 18 sqq., 155 sqq. (J. D. G.)

mais ils s'étendirent peu à peu, surtout à l'époque des guerres contre les Perses, avec les progrès mêmes du sentiment national; dès lors tous les Grecs adoptèrent le nom sacré d'*Hellènes*, borné d'abord à une peuplade, pour se distinguer de tout ce qui n'était pas grec, des *Barbares*; dès lors aussi Jupiter hellénien devint véritablement le dieu national. Il en fut de même du Jupiter *libérateur* de Platée, en l'honneur duquel se célébraient tous les cinq ans les jeux de la liberté, près de l'autel de ce Dieu, et non loin du tombeau commun des Hellènes [1].

Mais si le Jupiter hellénien prit un aspect plus humain, plus populaire, le point de vue naturel ou physique s'unit intimement avec le point de vue moral et politique dans le Jupiter Olympien. C'est que l'intuition primitive identifiait en quelque sorte la nature et les hommes. Les divinités de l'Olympe furent originairement des divinités calendaires, et Jupiter fut transporté, par les premiers prêtres, des zodiaques de Babylone et de l'Égypte chez les Grecs. Il vint d'abord de la Thébaïde sous des formes animales, sous celles du bélier et du taureau. Quand Pasiphaé, dans les grottes du labyrinthe de Crète, poursuit le taureau de ses incroyables désirs, cette passion n'est réellement qu'une scène astronomique; c'est la lune poursuivant avec amour le soleil au signe du taureau. Le ténébreux et irrégulier satellite doit s'assujettir à la marche régulière de l'astre dont il emprunte sa clarté. De même la femme doit se régler sur la volonté constante de son époux; et cette

---

[1] Ἐλευθέριος, Ἐλευθέρια. Pausan. IX; Bœot., 2; *Cf.* Müller, *l. l.*

vérité morale, reflet en quelque manière d'une vérité physique, la danse symbolique du labyrinthe de Cnossus, cité natale de Jupiter, l'inculquait profondément au cœur des filles des rois [1]. Voilà comment, dans les antiques religions, la règle de la vie était dérivée des cieux ; la nature et l'esprit, identiques dans leur principe, tendaient sans cesse à s'unir de nouveau. Toutes les forces naturelles et toutes les manifestations morales résident à la fois, nous l'avons vu, dans Jupiter. Issu du temps sans limites, du sein mystérieux de Cronos, Jupiter forme la transition à un nouvel ordre de choses, au règne du temps limité [2] ; il est le régulateur de l'année et des saisons. Il se lève au printemps avec le lumineux bélier, et il révèle sa puissance tantôt par le tonnerre, les éclairs et les torrens de pluie, tantôt par un ciel pur et serein. Par ces moyens divers, il féconde le sein de la terre et prodigue ses trésors aux mortels. Une foule de surnoms et d'épithètes attestent ces différentes fonctions du maître de l'Olympe [3].

[1] Nous avons déjà (*ci-dessus*, p. 547) renvoyé le développement de ces mythes et de ces symboles au livre VIII, sect. I. (J. D. G.)

[2] Arist. de Mundo, VII, p. 312 Kapp.

[3] Ζεὺς ἀστραπαῖος, βρονταῖος, κεραύνιος, etc., dieu des éclairs et de la foudre; κελαινεφής, νεφεληγερέτης, amoncelant les nuages; ἐρίγδουπος, ὑψιβρεμέτης, qui retentit au haut des cieux; καταιβάτης, qui descend dans la foudre et les orages ; ὑέτιος, ὄμβριος, ἰκμαῖος, qui verse la pluie et l'humidité; αἴθριος, αἰθέριος, qui ramène la sérénité dans l'air; ἀλδήμιος, qui fait croître les plantes ; ἐπικάρπιος, qui donne les fruits. Les Latins, d'après les Étrusques, leurs maîtres, reconnaissaient également un *Jupiter fulgur, elicius, pluvius* (*ci-dessus*, p. 473, 478), ce dernier figuré sur la colonne Antonine (*voy.* notre pl. LXIX, 265). Ils avaient aussi un *Jupiter serenus*, qui répond, non seulement au Ζεὺς αἴθριος, mais encore au Ζεὺς οὔριος, maître des vents et

CH. I. ZEUS OU JUPITER. 583

C'était donc tout-à-fait dans l'esprit de la haute antiquité que l'analyse logique des derniers temps distingua un Jupiter élémentaire, un Jupiter intellectuel, et un Jupiter pragmatique ou politique. Sous le premier point de vue, Jupiter était l'éther et l'hémisphère supérieur; sous le second, il était l'esprit, l'intelligence;

patron des navigateurs, que Cicéron (in Verrem act. sec., IV, 57) appelle assez singulièrement *Jupiter Imperator*, à moins qu'il ne faille, avec Ed. Gerhard, rapporter ούριος à ούρος, τό, montagne, et y voir en conséquence un autre Ζεὺς ἄκριος, un Jupiter dominant sur les monts et du haut des monts (Gerhard, Prodromus, p. 26, coll. Buttmann, Lexilog., II, p. 33 sq.; Jablonski Opusc., p. 72 sq., et la note de Te Water). Le Jupiter *Labrandeus* (λαβρύς, hache d'armes, en langue lydienne) des belliqueux Cariens, armé d'une bipenne et d'une lance (pl. LXX, 267), espèce de Ζεὺς στράτιος ou de dieu de la guerre, pareil au Ζεὺς ἄρειος des Épirotes (Herodot. I, 171, V, 119, coll. Plutarch. Pyrrh., cap. 5) paraît être identique au fond avec le dieu des montagnes, de la foudre et des orages, qui ouvre à la fois, au printemps, la carrière de l'année et celle des combats, qui fend le sein des nuages, et féconde celui de la terre par des pluies abondantes (*Conf. supra*, p. 550 et 437). On le verra, dans notre livre VIII, sect. II, rapproché du Jupiter *Chrysaoreus* ou au glaive d'or, qui joue un rôle dans la religion de Cérès. Au reste, indépendamment de la foudre, l'attribut habituel de Jupiter, comme dieu tonnant et terrible, est l'égide, qu'il porte tantôt en cuirasse, tantôt en bouclier, et d'où il prend le surnom de αἰγίοχος (*voy.* pl. LXXI, 261, 264). Cette égide, que le dieu, suivant la tradition, avait faite de la peau de la chèvre Amalthée, sa nourrice, était le symbole de la tempête; et son nom, dérivé de αἴξ ou ἄἴξ, qui signifie en même temps *ouragan* et *chèvre*, rend tout ensemble raison de l'idée et de la légende (αἰγίς, ὀξεῖα πνοή, dit Hésychius). Nous reviendrons plus loin, dans le chapitre de Minerve, et dans le livre VIII, section II, à propos de Jupiter Picus, dont il va être question, sur l'égide et sur ses rapports astronomiques avec la chèvre céleste, messagère de la tempête. Qu'il nous suffise ici, en finissant, de noter quelques épithètes nouvelles, qui renferment des applications morales ou politiques de la notion de Jupiter orageux et serein, terrible et favo-

sous le troisième enfin, c'était Jupiter-Roi.[1] De tout temps la foi des Grecs pieux comprit toutes ces idées sous le nom de *Jupiter Olympien*.

V. Jupiter transformé en un personnage tout-à-fait humain et historique; décadence des idées religieuses, système d'Évhémère. Appendice sur le Jupiter des peuples Italiques.

Une époque vint où l'antique croyance, qui personnifiait dans le grand dieu national toutes les vérités naturelles, morales et sociales, dut faire place à une manière de penser entièrement opposée. La philosophie en Grèce étant devenue une puissance, et ayant, durant des siècles, diversement exercé ses armes, finit par les tourner contre les idées religieuses. Celui qui, le premier, osa porter la main sur l'édifice entier de la religion populaire, avec une audace peu commune, fut le cyrénaïque Évhémère, au temps du roi Cassandre. Sachant qu'il avait affaire aux Grecs, c'est-à-dire à un peuple dont la foi reposait principalement sur la vieille épopée

---

rable tour à tour. Ce dieu se nommait ἀλάστωρ (*vindex*, *ultor*), comme redoutable aux ennemis; μήστωρ, comme leur envoyant une terreur panique, quelquefois aussi comme conseiller (Iliad. VIII, 22, *ibi* Heyne; Apollon. lexic. Homeric., p. 459 et 669); φύξιος, comme favorisant la retraite des siens, et leur ménageant une issue pour s'échapper; σωτήρ, σωτήριος, comme sauveur en général; ἐλευθέριος (nous venons de le voir), comme délivrant de l'esclavage, brisant les fers des peuples asservis, et même, en un sens plus élevé, comme affranchissant l'âme de la prison du corps (Lips. ad Tacit. Annal. XV, 64, et XVI, 35). (C-n et J. D. G.)

[1] *V*. Creuzer. Meletem. 1, p. 43 sqq. — Au résumé, qui précède, de la brillante théorie de M. Creuzer sur Jupiter, on peut comparer les aperçus de divers autres systèmes, présentés dans la note 1re sur ce livre, à la fin du vol. (J. D. G.)

et sur la tradition, il prit la chose historiquement. Il raconta à ses concitoyens qu'ayant parcouru beaucoup de contrées étrangères, et traversé des mers inconnues, il avait enfin abordé dans une île de l'Océan méridional, appelée *Panchée*, et habitée par des Crétois possesseurs d'immenses richesses. A soixante stades de la capitale¹ était, disait-il, un grand temple dédié à Jupiter, le premier des dieux, de la plus noble architecture, et renfermant les plus précieux trésors. On y voyait entre autres une colonne d'or chargée d'inscriptions contenant les vies des dieux, celles d'Uranus, de Cronos et de Jupiter, d'Apollon et de Diane; c'est-à-dire des divinités dont le culte était surtout répandu parmi le peuple. De plus, il était écrit, que tous ces dieux avaient été jadis des hommes, et Jupiter particulièrement un ancien roi de Crète. Le philosophe en concluait la vérité absolue de sa doctrine, que la nature était une œuvre du hasard et nullement une création des dieux. Les habitants de l'île, auteurs de ces inscriptions, auraient été eux-mêmes des philosophes, originaires de Crète, et qui mieux que d'autres savaient à quoi s'en tenir.

La prétendue découverte d'Évhémère, qu'il avait consignée dans un ouvrage en forme, intitulé *Relation sacrée*², n'était pas entièrement nouvelle. Il avait mis en

---

¹ Chez Diodore, V, 42, cette capitale est nommée *Panara*, et il est dit que ses habitans s'appelaient *adorateurs du Jupiter des trois tribus* (Διὸς Τριφυλίου. *V.* la note de Wesseling, *ibid.*, p. 365).

² Ἱερὰ ἀναγραφή. *V.* Cic. de N. D. I, 42, p. 191, *ibi* Davis. et Creuzer.; Polyb. ap. Strabon., p. 104, coll. 299 Cas.; Plutarch. de placit. Philosoph. I, 7, de Isid. et Osir., 23; Diodor. ap. Euseb. Præp. Ev., p. 49. *Cf.* l'Introduction, tom. Ier, p. 109; — et l'excellent résumé

œuvre une ancienne tradition, d'après laquelle Jupiter aurait eu sa sépulture en Crète. On y montrait son tombeau avec cette inscription gravée sur une stèle : « Jupiter ne tonnera plus, car il est mort depuis long-temps ». Quelque confirmation que parût trouver le système du philosophe de Cyrène, dans cette circonstance et dans plusieurs autres, quelque habileté qu'il eût mise à le développer, ce système ne pouvait jamais devenir la croyance dominante. L'esprit des peuples s'y opposait non moins que celui des autres écoles philosophiques, et le célèbre Callimaque, vivant dans Alexandrie à la cour des Ptolémées, s'écriait dans son hymne à Jupiter : « Toujours le Crétois fut menteur : le Crétois osa bien, Dieu puissant, t'élever un tombeau, à toi qui n'as pu mourir, à toi qui es éternel ! »

Nous avons développé ailleurs, en parlant d'Osiris, les vraies causes du système qui fait dériver de l'apothéose la religion des peuples anciens; et nous nous proposons de revenir dans le livre huitième, qui traitera du culte de Cérès, sur les mystères du Jupiter de Crète. Au reste, chez les Grecs, une foule d'idées accessoires, de surnoms et de titres spéciaux semblaient rapprocher

---

de toutes les recherches sur Évhémère, dans Böttiger, *Ideen zur Kunstmythologie*, I, p. 186-195. (J. D. G.)

Lucian. Jup. Tragœd., tom. VI, p. 279, ed. Bip., coll. Cic. de N. D. III, 21, p. 585, Creuz., *ibi* Davis.

[2] H. in Jov., v. 8 sqq. — *Cf.* le curieux fragment des Choliambes du même poète, qui nous a été conservé par Plutarque (de plac. Philosoph. I, 7), et qui renferme une attaque directe contre Évhémère. Callim. fragm. 86, p. 458 sq. ed. Ernesti. (J. D. G.)

[3] Livre III, tom. Ier, p. 411, et les Éclaircissements, p. 841 sqq.

le grand dieu national de la sphère humaine, le localisaient en quelque sorte, et par là fournissaient des argumens nouveaux à l'évhémérisme[1]. Mais la religion dirigée par les prêtres eut toujours soin de distinguer l'idée générale de toutes les applications particulières et limitées. Ainsi les Spartiates, comme nous l'apprend Hérodote[2], avaient réservé à leurs rois deux sacerdoces héréditaires, celui du Jupiter lacédémonien et celui du Jupiter céleste, l'un génie tutélaire de leur cité, l'autre monarque des cieux. Suivant un autre écrivain[3], l'on pourrait croire que le Jupiter lacédémonien, individualisé davantage encore, portait aussi le nom d'*Agamemnon*; et ce qui est remarquable, c'est que le même auteur nous apprend qu'Hector passait à Ilion pour un dieu. Encouragés par ces exemples, des hommes enflés d'orgueil en vinrent dans la suite à ce degré d'audace, de s'approprier les noms des dieux, comme ce médecin de Syracuse, ce Ménécrate, qui s'imaginait transporter en sa personne, avec le surnom de *Zeus*, toute la puissance du maître de la vie[4].

Le nom de *Jupiter* n'avait pas des applications moins diverses, moins locales ni moins multipliées chez les

---

[1] Nous avons déjà vu Jupiter, fils de Prométhée (*ci-dessus*, p. 540). Peut-être y avait-il aussi un Jupiter *Amphictyon*, que Müller rapproche du Jupiter *Aristæus* de Céos (Æginet. p. 31). Le meilleur des dieux (ἄριςος) prenait encore l'épithète de Ἀρίσταρχος. Sur ce nom et d'autres semblables, *cf.* Valckenaer ad Herodot. VI, 56; Casaubon ad Athen. III, 21, et Bekker ad Apolloh. de Constr., p. 399.

[2] VI, 56, *ibi* Valcken. et Larcher.

[3] Athenagor. ap. Valcken., *ibid. Cf.* tom. I, p. 482, n. 3.

[4] Athen. VII, p. 54 sqq. Schweigh. (d'après l'étymologie de Platon et autres, rapportée plus haut, p. 557, n. 4).

Romains. Dans Varron, par exemple, il était question de trois cents Jupiters [1]. C'est, on le pense bien, que, chez les peuples de l'Italie, ce nom était appellatif, et s'appliquait, soit à des divinités différentes, soit même, comme nous l'avons vu [2], à d'antiques héros du pays. D'ailleurs Jupiter, dans les traditions romaines, se présente avec une foule d'épithètes, qui tiennent ou à des événemens particuliers ou à des circonstances locales. On connaît le Jupiter *Feretrius*, le Jupiter *Stator*, le Jupiter *Latialis* ou du Latium [3]. Au culte de ce dernier se rattachait en partie la confédération latine, ce qui établit un rapprochement assez naturel entre le dieu italique et les divinités amphictyoniques de la Grèce [4]. Mais c'est même sous des rapports généraux et dans un sens physique que les peuples de l'ancienne Italie admettaient cette multiplicité de Jupiters. On se rappelle le *Vejovis*, où quelques uns voient un dieu malin et funeste, d'autres un dieu impuissant, débile et à forme

---

[1] *Joves* ou *Juppiteres* (Gellii N. A. V, 12; Lactant. Div. Inst. I, 9, 40. *Cf.* Davis. ad Cic. de N. D. II, 25, p. 305 Creuzer.). Les médailles et les inscriptions semblent faire prévaloir l'orthographe *Juppiter* (Forcellini lex. lat. *s. v.*, et Fr. A. Wolf *Museum der Alterthumswissenchaft*, I, 3, p. 583). Fea (ad Horat. Carm. 1, 2, 30, p. 5 ed. Heidelberg.) défend l'orthographe vulgaire, à cause de la contraction. — *Voyez*, au reste, sur l'étymologie des noms *Jupiter* et *Jovis*, qui se disait aussi au nominatif, la note où il vient d'être renvoyé, *ci-dessus*. (J. D. G.)

[2] Livre V, sect. II, ch. I, p. 400.

[3] Livius, I, 10, 12; Cic. pro Milone, 31; Macrob. Sat., 1, 2. — *Cf.* pl. LXXII, 260 *a*, avec l'explication. (J. D. G.)

[4] Sainte-Croix, anc. gouvernem. fédératifs, p. 98 sqq.; Tittmann, *über den Bund der Amphiktyonen*, p. 99 sqq. — *Cf.* liv. V, p. 418, 500 *ci-dessus*.

d'enfant [1]. Il était représenté sans barbe, et la chèvre lui était donnée pour attribut, ce qui le rapproche du Jupiter Lycéen d'Arcadie, que nous avons vu en rapport avec Pan [2]. *Vejovis*, comme nous l'avons aussi avancé, et comme l'a prouvé un savant antiquaire, se confond avec le Jupiter *Axur* ou *Anxur*, duquel la ville actuelle de Terracine reçut son antique dénomination [3]. Dans le système calendaire primitif, ce dieu n'était autre qu'une espèce de Jupiter-Harpocrate, pour nous servir du nom égyptien.

Nous reviendrons ailleurs sur le Jupiter *Picus*, dieu à la fois doux et sévère [4], dieu mis au tombeau, oiseau prophétique, et monarque ou patriarche des anciens jours, qui met en rapport la Crète et l'Italie, mais dont l'idée fondamentale ne peut être expliquée que par la religion mystérieuse de Cérès. Terminons dignement et cet article et le chapitre actuel tout entier, par le grand nom de *Jupiter Optimus Maximus*, c'est-à-dire *Très-bon, Très-grand*. Les Romains voyaient en lui la majesté suprême et le souverain pouvoir qui régit à la fois la nature physique et le monde moral. Il avait sa demeure au Capitole, et, sous le titre de *Capitolin*, devint le point central et en quelque sorte le pivot de toute la religion publique [5].

---

[1] *Cf.* p. 500, et les citations de la note 4, *ibid.*
[2] Art. I, p. 534, *ci-dessus*.
[3] *V.* Thorlacius cité plus haut, p. 500, n. 4, et pour les représentations figurées, les indications de la note 5, particulièrement nos pl. LXXI, 261, LXIX, 262.
[4] Πἶκος; ἤπιος πίκος ou πικός, πικρός.
[5] Tacit. Histor. IV, 72; Cic. de N. D. II, 25, p. 305 sq.; *ibi* Creuzer. — *Cf. ci-dessus*, p. 554, n. 2.   (J. D. G.)

CHAPITRE II.

HÉRÉ ou JUNON.

I. Étymologie des noms de la déesse, idée de ses attributions, et ses rapports généraux avec l'Orient; Héré ou Junon de Samos, son temple et ses idoles mystérieuses, ses rapports plus déterminés avec l'Assyrie et la Syrie, ses attributs principaux.

Quand la Théogonie des Grecs eut reçu ses développemens, un duodénaire sacré [1], emprunté à l'antique religion calendaire, y trouva place : véritable famille divine, composée de Zeus ou Jupiter avec un frère, trois sœurs, trois filles et quatre fils [2]. Dans ce cercle olympique, *Héré* ou *Junon* est associée à Jupiter, tout à la fois comme sœur et comme épouse légitime. Son nom grec, dérivé d'une vieille forme éolique, qui se retrouve en latin, signifie *la maîtresse, la souveraine* [3]. Son nom italique, évidemment analogue à celui de Jupiter, et

---

[1] Οἱ δώδεκα, δωδεκάθεος.

[2] Poseidon ou Neptune; — Hestia ou Vesta, Déméter ou Cérès, Héré ou Junon; — Pallas-Athéné ou Minerve, Aphrodite ou Vénus, Artémis ou Diane; — Apollon, Arès ou Mars, Hermès ou Mercure, Héphæstos ou Vulcain. Sur ces douze dieux, leur origine, leur culte collectif en Grèce et à Rome, et leurs images, on trouvera les détails nécessaires à la tête de la note 1re sur ce livre, fin du volume. On peut consulter aussi l'explication des planches LXIII, 249, LXIV-LXVIII, 250, 252, qui les représentent sous divers points de vue. (J. D. G.)

[3] Ἥρη ou Ἥρα, de ἔρα, ἔρα, féminin de ἔρος ou ἔρρος, *seigneur*, nom de Jupiter (Hesych. I, 1445 Alberti), analogue à ἥρως, au latin *herus, hera*, et à l'allemand *herr, herrin*, maître et maîtresse. *Cf.*

appellatif comme lui[1], est au fond identique avec le nom grec de *Dione*, plus simplement *Dia*, épouse de *Dis*, et veut dire *la déesse par excellence*[2]. Ces noms sont par eux-mêmes aussi indéterminés l'un que l'autre; mais cette indétermination subsista bien plus long-temps chez les peuples de l'Italie, qui appelaient *Juno*, en général, tout génie tutélaire femelle[3]. Pour passer des mots aux choses, l'on conçoit d'autant mieux et l'étendue des attributions de la déesse dont nous avons à nous occuper, et son rapprochement ou même son identification avec une foule d'autres déesses, soit orientales, soit grecques et romaines. Suivant les Stoïciens, Héré était l'atmosphère comprise entre la mer et le ciel[4]; selon d'autres, c'était la lune, la terre, les ténèbres ou la nuit, ou encore l'oubli de soi-même durant le sommeil[5]. On pourrait donc à volonté retrouver dans Junon,

Lennep Etymol., p. 222, 246 ed. alt. D'autres le font venir de ἔρα, signifiant *la terre*; par exemple Payne Knight, *Symbol. lang.* § 3, p. 25, sq.

[1] *Voy.* le chap. précéd., p. 588, et liv. V, sect. II, p. 400 sq.
[2] De même que les anciens expliquaient *Jupiter, juvans pater*, ils dérivaient *Juno à juvando* (Cic. de N. D. II, 25 et 26). Les modernes l'ont fait venir de *jurare*, parce que l'on jurait principalement par son nom. Mais *Ju-piter, Jovis*, se ramenant à Ζεύς, *Juno*, comme qui dirait *Jovina, Jovino*, répond à la forme dorique ou éolique Ζανώ, Ζηνώ, féminin de Ζάν, Ζήν, noms qui semblent rattacher ceux de *Janus* ou *Djanus*, *Diana*, *Dione*, soit entre eux, soit aux précédens, et les résoudre tous dans les formes primitives Δεύς, *Deus*, Δέα, *Dea*, Δίς, *Dis*, Δία, Δηώ, *Divus* et *Diva*. *Cf*. ci-dessus, p. 557, n. 4, avec les renvois indiqués. (C-R et J. D. G.)
[3] *Cf. ci-après*, art. III, fin du chap.
[4] Cic. de N. D., *ubi supra*.
[5] Plutarch. fragm. IX, p. 756 sq. Wyttenb.

soit la grande Bhavani de l'Inde, soit l'Anaïtis ou la Mitra des Perses, soit Astarté ou Vénus-Uranie des Phéniciens et des Carthaginois. Ceux-ci, en effet, sous la domination romaine, nommaient leur Astarté Junon, de même que Lucien compare avec la Héré des Grecs la déesse adorée à Hiérapolis en Syrie [1]. Horapollon et Manéthon parlent d'une Junon égyptienne [2]; et Plutarque d'ailleurs, identifiant Héré avec Léto ou Latone, semble par cela même lui donner l'Égypte pour patrie [3]. Cependant Hérodote associe formellement Héré au petit nombre des divinités grecques qui, suivant lui, ne tiraient point leur origine de cette contrée [4]. En effet, la même analogie qui assimile Junon à Latone, la rapproche

---

[1] *Cf.* liv. IV, p. 233 et 29 *ci-dessus*.

[2] Horapoll. I, 11; Maneth. ap. Porphyr. de Abstin. II, 55. — La Junon égyptienne n'est ni Athor ni Bubastis, comme le croit M. Creuzer, mais *Saté* ou *Satis*, divinité dont le nom est traduit en grec par celui de *Héra* (Σατει τηι και Ηραι), dans la célèbre inscription des Cataractes, et dont M. Champollion jeune nous a montré l'image sur les monumens. *V.* son Panthéon égyptien, pl. 19 et 19 *a*, avec l'explication; Letronne, Recherches sur l'Égypte, etc., p. 341 sqq. *Cf.* Relig. de l'Antiq., Éclaircissem. du t. Ier, p. 828, 835, avec les renvois aux planches. (J. D. G.)

[3] Plutarch. *ibid.*, p. 757. — En Égypte, *Bouto* comparée à Latone, et *Saté* à Héra ou Junon, étaient des divinités distinctes, la première, déesse de la nuit, des ténèbres primitives, et, dans un rôle subordonné, de l'air, de l'atmosphère inférieure, ce qui la rapproche de la Héra grecque; la seconde, déesse de l'hémisphère inférieur du ciel, opposée à *Neith*, qui présidait à l'hémisphère supérieur. Il est à remarquer que cette opposition se retrouve chez les Grecs entre Junon et Minerve. *Cf.* tom. Ier, Éclaircissem., p. 826 sqq., 835. (J. D. G.)

[4] Herodot. II, 50. — La valeur du témoignage d'Hérodote, dans l'un ou dans l'autre sens, est aujourd'hui fort controversée. *Voy.* ci-

également et de l'Artémis d'Éphèse et de cette Ilithyia, originaire comme elle de la Haute-Asie [1].

Une grande incertitude règne donc jusqu'ici et sur la véritable origine et sur le caractère propre de Junon. Hérodote, qui nie que cette déesse vienne de l'Égypte, nous apprend néanmoins qu'un roi égyptien, Amasis, envoya des offrandes à la Héré de Samos. Cette île possédait le plus grand temple de la déesse qui fût dans tous les pays habités par des Grecs [2]. Membre de la confédération grecque d'Ionie, la cité insulaire de Samos avait dû être en commerce avec les nations asiatiques, long-temps avant l'établissement de la colonie Ionienne, et son nom même paraît phénicien d'origine [3]. Sans doute le magnifique Heræum élevé par le Samien Rhœcus, à vingt stades de la ville, et qui devint par la suite l'un des plus précieux dépôts des chefs-d'œuvre de l'art grec [4], n'avait fait que succéder à des temples plus anciens, bâtis dans le goût de l'Asie. Toute-

---

dessus, livre V, sect. I, p. 254 sq., 259, n. 4, et la note fin du vol., indiquée là même. (J. D. G.)

[1] *Cf.* liv. IV, p. 146 sq. *ci-dessus.*

[2] Herodot. II, 180, 148, III, 60.

[3] C'est du moins la conjecture de Münter (*Antiquar. Abhandl.*, p. 223), qui, d'après l'hébreu, explique *Samos* l'île *haute, qui se voit de loin.* Strabon (X, p. 457) dit que le nom de Σάμος signifie, en grec, *une hauteur.* — Ce nom pourrait bien avoir trait aux origines pélasgiques de l'île et de ses religions, ainsi que celui d'*Imbrasos*, donné au fleuve natal de Héra, surnommée pour ce motif Ἰμβρασίη (*Cf.* liv. V. p. 318, n. 2, et p. 301, n. 2). Samos, suivant la tradition, s'était d'abord appelée Παρθενία, d'une autre épithète de la déesse (Spanheim ad Callim. Del., v. 48, p. 416). (J. D. G.)

[4] Appulei. Florid. I, p. 350 Elmenh. *Cf.* Böttiger, *Andeutung.* p. 52.

fois, si nous consultons les traditions, nous trouverons d'abord que les Argiens du Péloponnèse prétendaient avoir adoré Junon long-temps avant les Samiens. C'étaient, disaient-ils, les Argonautes qui avaient porté d'Argos à Samos la plus ancienne statue de la déesse, et y avaient élevé son premier temple [1]. Les Samiens, au contraire, affirmaient que Junon était née dans leur île, près du fleuve Imbrasus, et sous un osier qui se voyait encore dans l'enceinte de son temple, au temps de Pausanias. Ce temple, suivant eux, remontait à la plus haute antiquité, et, quant à la statue, elle était l'ouvrage de Smilis, contemporain de Dédale, venu d'Égine à Samos [2]. Un chroniqueur samien, Ménodote, avait rapporté cette légende avec des développemens extrêmement remarquables, qui nous ont été conservés par Athénée [3]. Il en résulte que l'ancien Heræum, bâti par les Nymphes et les Léléges, aurait été d'origine barbare, aussi bien que le culte de la déesse. Sa statue, antérieure à la première époque de l'art grec, devait être une sorte d'idole magique, qui faisait des miracles, et à laquelle se rattachaient des rites mystérieux ayant trait aux périodes de l'année et aux phases de la lune. Tous les ans, à l'époque d'une fête solennelle [4], on portait cette idole sur le rivage de la mer, on la liait avec des branches

---

[1] Pausan. VII, Achaïc., 4.
[2] Pausan. ibid.
[3] XV, p. 449 Schweigh., ibi Observ., t. VIII, p. 56-59. Cf. Heyn. Opusc. Acad. V, p. 345 ; Raoul Rochette, Hist. des Colon. grecq., t. IV, p. 386. La leçon Νυμφῶν doit être maintenue dans le récit de Ménodote, à raison du caractère mythique de ce récit.
[4] Appelée Τονέα, la fête des liens, de τόνος.

d'osier, puis on la déliait; on lui faisait des offrandes de gâteaux; et ces cérémonies, toutes symboliques dans le principe et d'un caractère évidemment oriental, avaient donné lieu à des traditions populaires, où l'on voulut ensuite retrouver leur origine.

La statue primitive de la déesse de Samos était d'un travail extrêmement grossier. Ce ne fut d'abord probablement qu'une sorte de figure pyramidale, une pièce de bois à peine mise en œuvre [1]. Depuis, Junon, par l'art de Smilis, prit un aspect un peu plus humain [2]; mais elle était encore représentée avec le *calathus* ou le *modius* (boisseau) sur la tête, en signe de fécondité, et souvent enveloppée d'un long voile : ses bras étendus reposaient sur des ais ou broches fixées à la base de la statue, ou bien au sol [3]. Telle nous avons vu l'idole de la Diane d'Éphèse [4]. Sur les médailles, Héré se montre ordinairement avec son voile écarté ou rejeté en arrière; nous en donnerons plus loin la raison [5].

Ce qui doit maintenant appeler notre principale attention, c'est cette circonstance singulière de l'osier, sous lequel Junon avait vu le jour, et dont les branches servaient de liens à son image. Nous verrons, par la suite,

---

[1] Plutarch. fragm., p. 762 sqq. Wyttenb., et Callimach. ibid. (Callimach. fragm., p. 477 sqq., *ibi* Bentl. et Ernest).

[2] Pausan., *ubi supra*; Clem. Alex. Protrept., p. 41 Potter.

[3] Spanheim ad Callim. Dian., v. 228, avec les fig., p. 333 et p. 417; Böttiger *Kunstmythologie der Juno*, p. 89; le même, *Aldobrand. Hochzeit*, p. 38 et 126. — *Cf.* pl. LXXII, 273, avec l'explication. (J. D. G.)

[4] *Ci-dessus*, p. 137, et pl. LXXXVI et suiv., 314-320.

[5] Art. III, p. 617.

que cet arbrisseau avait aussi son sens mystérieux dans les Thesmophories, célébrées en l'honneur de Cérès; et les anciens en général lui attribuaient des propriétés merveilleuses [1]. Un rapport plus direct avec le sujet qui nous occupe, c'est cette légende de Diane, surnommée *Orthia*, toute pareille à celle que nous venons de citer. Les Lacédémoniens prétendaient que la statue de cette déesse avait été trouvée dans une touffe d'osier, dont les branches entortillées autour d'elle la tenaient debout [2]. On sait que les Égyptiens en disaient à peu près autant de leur Osiris, et les Thébains de leur Dionysus [3]. Mais ce qui nous importe surtout ici, c'est que la Junon de Samos, enchaînée à un osier ou à un saule, pourrait bien être originairement une Junon babylonienne ou phénicienne. On lit dans un ancien lexicographe : «*Ada* signifie plaisir, source; chez les Babyloniens, c'est Héra (Junon); chez les Tyriens, ce mot exprime le saule [4].» Voilà qui nous explique l'alliance de Junon avec cet arbrisseau, alliance qui à son tour est peut-être la véritable raison du nom de *Ada* donné au saule. Un interprète rapporte ce nom à la lune, et cet astre en effet, spécialement affecté à Junon, paraît avoir joui des honneurs divins dans la ville de Tyr, sous une dénomination

---

[1] *V.* Eustath. ad Odyss. IX, 427, p. 367 et 369 Bas. *Cf.* liv. VIII, sect. II, chap. des Thesmophories. L'arbrisseau dont il s'agit est l'espèce d'osier nommée λύγος, *vitex agnus castus*, Linn.

[2] D'où l'épithète même de ὀρθία (ὀρθός, droit), et celle de λυγοδέσμα. Pausan. III, Laconic. 16, *fin. Cf.* liv. IV, p. 104 et n. 1, *ci-dessus*.

[3] *V.* liv. III, p. 391, 406.

[4] Hesych., t. I, p. 8; Alberti.

semblable ou à peu près¹. C'est donc ici, comme à Babylone, une Junon asiatique, à qui l'on attribuait sans doute des influences non moins merveilleuses, non moins magiques qu'à l'arbre qui lui était consacré. Cette Junon-lune se confond avec la déesse *Mena*, fille de Jupiter, sous l'empire de laquelle étaient placées les purifications mensuelles des femmes, les menstrues, que régissait également l'épouse de Jupiter, Junon, surnommée pour cette raison *Fluonia*, dans l'antique Italie². Ajoutons que le chroniqueur samien, Ménodote, qui nous a mis sur la trace de la véritable origine de Héra, devait peut-être lui-même son nom à la déesse qu'il avait célébrée dans ses légendes.

Tout nous porte à croire, en effet, que cette divinité, adorée sous des noms différens, fut une émanation du culte de la grande déesse de la nature à Babylone, ou même fut complétement identique à la fameuse Mylitta. Et qu'on ne nous objecte point l'usage des Grecs, qui appellent celle-ci Aphrodite, c'est-à-dire Vénus³ : la Grèce aussi eut son Héré-Aphrodite ou sa Vénus-Junon. C'est le nom que donnaient les Laconiens à l'image de Héré *Hypercheiria*, ou *élevant les mains*, qui avait délivré leur pays d'une grande inondation⁴. Les mères lui faisaient des offrandes, lorsqu'elles mariaient leurs

---

[1] Interpret. ad Hesych. *l. l.*, *ibi* Macrob. Saturn. I, 15. *Cf.* Gerh. Vossius de Idolol. II, 6. *Add.* J. Lydus de Mens., p. 36 et 66 Schow., 98 et 166 Rœther.

[2] Festus *s. v.*, coll. Arnob. adv. Gent. III, 30, *ibi* annotat., t. II, p. 157 sq. Orell.

[3] Herodot. I, 131, 199. *Cf.* liv. IV, p. 24 sq. *ci-dessus*.

[4] Pausan. III, 13.

filles. Voilà bien l'antique déesse de la nature sous ses véritables traits, les bras étendus, présidant au cours des eaux comme à celui des évacuations mensuelles chez les femmes, et bénissant les mariages, dont elle assure la fécondité. Elle était née réellement sur les bords du fleuve de Babylone, et les mêmes saules auxquels les chantres exilés d'Israël suspendaient leurs tristes harpes¹, furent ceux dont les branches se courbèrent en voûte pour former le premier temple de la déesse. Ici donc, comme à Samos, les Nymphes lui construisirent une verdoyante demeure. Car, tel est le génie du langage allégorique de la haute antiquité : les Nymphes ne sont autres que les saules eux-mêmes, qui vivent près des eaux ainsi qu'elles. Ne savons-nous pas que les Grecs donnaient le nom de *vierges* à de beaux arbres, qui ombrageaient un tombeau placé sur un monticule².

Le paon, cet oiseau superbe, dont la queue étoilée semble une image de la voûte céleste, était consacré à Junon-Uranie, comme à la reine du ciel et des astres ³. Il convenait sous plus d'un rapport à l'orgueilleuse déesse, et l'on nourrissait des paons en son honneur dans son temple de Samos ⁴. Les médailles de cette île portent l'oiseau sacré, et, jusque sur celles du temps des empereurs romains, il paraît comme attribut de Junon aussi bien que l'osier⁵. C'était, du reste, une opinion antique,

---

¹ Psalm. 136 ; 137, 2.   ² Pausan. VIII, Arcad., 24.
³ J. Lydus de Mens., p. 66 Schow., 98 Rœther.
⁴ Athén. XIV, p. 383 sq. Schweigh., *ibi* Menodotus, Antiphanes, alii, et Animadvers., p. 625.
⁵ Spanheim cité plus haut, p. 595, n. 5 ; Eckhel Doctr. Num. vet. II, p. 568 sq. ; — et notre pl. LXXII, 273.   (J. D. G.)

que Junon avait son séjour sous la voûte étoilée : Euripide y fait positivement allusion [1]. Plotin, voulant prouver que Vénus est l'âme de Jupiter, invoque à son appui l'autorité des prêtres et des théologiens, qui identifiaient Aphrodite et Héra, et nommaient l'étoile de Vénus étoile de Junon [2]. Cette déesse serait donc aussi l'astre du matin et du soir, l'astre qui annonce la lumière diurne et la lumière nocturne, et peut-être faut-il expliquer en ce sens son surnom de *Lucine* [3]. Peut-être encore pour cette raison était-elle appelée *Matuta*, c'est-à-dire la déesse du matin, chez les Romains, quoique ce nom soit ordinairement appliqué à Ino, fort rapprochée au reste de Junon, ainsi que nous le verrons ailleurs [4]. Comme Ino, la même que Leucothée, elle serait la blanche déesse du matin; et en effet le lis blanc lui était dédié à ce titre, il s'appelait la rose de Junon. Une nouvelle preuve de son rapport à la lumière, c'est que les sourcils, destinés à protéger le noble organe par lequel nous la percevons, étaient, pour ce motif, placés sous la protection spéciale de cette divinité [5]. Mais la paupière, de même que l'étoile du matin, occupe en quelque sorte la limite qui sépare les ténèbres et la lumière, et Junon, la reine du ciel et des astres, a l'empire de la nuit aussi bien que l'empire du jour. C'est elle qui ouvre

[1] Helen., v. 1103, 1105 Matth.
[2] Plotin., p. 298. *Cf.* Tim. de anim. mund. in Gale Opusc. mythol., p. 550.
[3] Ovid. Fast. II, 449 sq., *ibi* interpret.
[4] Livius, XXXIV, 53, avec les notes dans l'édit. de Drakenborch. *Cf.* Cic. de N. D. III, 19 et 15 *fin.*, et liv. VII, chap. de la relig. de Bacchus, liv. VIII, sect. I, chap. I.
[5] Varro de L. L. IV, 10, et Festus in *Supercilia*.

et ferme à la fois l'œil de l'homme; et les ciseaux dans sa main coupent le lien qui attachait le nouveau-né au sein de sa mère, et tranchent le dernier fil qui retenait le mourant à la vie [1]. Junon est la même que Dioné, et Dioné est Proserpine et Vénus tout ensemble [2]. Nous trouverons dans le Péloponnèse une Héra qui invite au sommeil, même au sommeil de la mort, et l'Italie nous offrira également sa Junon-Féronia, ou sa Vénus-Libitina, qui préside au sombre empire.

Toutes ces idées, tous ces contrastes se cachent sous les voiles de la Mylitta de Babylone et sous les enveloppes hiéroglyphiques de l'Artémis d'Éphèse. En effet, si Mylitta, en qualité de Vénus-Uranie, se confond avec Héra-Junon, la reine du ciel, Diane se confond de même avec Junon, à la faveur du surnom de Lucine commun à toutes deux; et si les anciens crurent reconnaître une Junon dans la déesse de Syrie, il ne faut plus s'étonner d'entendre ces mêmes anciens parler expressément d'une Junon assyrienne [3]. Dans la religion de Baal, elle est partout saluée du nom de *reine*, depuis l'Inde jusqu'à la Phénicie et à Carthage; nous l'avons vue reine à Samos; c'est le titre que lui donnaient de préférence les Romains; et nous allons la retrouver, dans le Péloponnèse et dans toute la Grèce, comme souveraine des vivans et des morts [4].

[1] *Cf.*, sur ces idées, et sur l'attribut des ciseaux, donné à Junon, art. III, *ci-après*, p. 618.
[2] *Voy.* les preuves et développemens, liv. VIII, sect. I, ch. IV.
[3] *Junoni Assyriæ*, dans les inscriptions, chez Spanheim ad Callim. Dian., 187.
[4] M. Creuzer, identifiant Junon avec les divinités analogues de

II. *Junon du Péloponnèse et de la Grèce moyenne; ses aspects divers; rapports à la terre, à l'air, à la lune, à la nuit et à la mort. Junon Argienne et ses trois différentes statues; son idéal trouvé par Homère et réalisé par Polyclète, comme reine des dieux et de l'Olympe.*

Entre les nombreux rapports de Junon avec les principales déesses adorées en Asie, il en est un que nous n'avons point encore remarqué, et qui l'assimile à la Cybèle phrygienne. La couronne que les Laconiens avaient coutume de placer sur la tête de leur Héra se nommait *Pyleon* [1]; et comme l'on rencontre sur les médailles une Junon couronnée de tours [2], il est évident que la coiffure de cette Héra lacédémonienne n'était autre que celle de la déesse de Phrygie. D'ailleurs, une parure caractéristique de la divinité qui préside à la terre, ne pouvait manquer d'appartenir à Héra, dont le nom, entre autres sens, signifiait la terre même [3]. Pareillement il est vraisemblable que cette autre coiffure

l'Asie, penche évidemment, dans cet article, à dériver de la Héra de Samos, toutes les autres Junons grecques, et celle-là, du culte babylonien de Mylitta, la même que Mitra-Anaïtis, etc. Il ne révoque point pour cela en doute les rapports primitifs de Junon-Lucine avec la Bhavani de l'Inde (tom. Ier, liv. I, p. 164); seulement il paraît croire que la Mylitta de Babylone en fut l'intermédiaire. Ce système est en opposition complète avec celui dont on trouvera un aperçu dans la note 10 sur ce livre, à la fin du volume, et d'après lequel, au contraire, tous les cultes locaux de Junon, même celui de Samos, seraient issus du culte originairement pélasgique de la Héra d'Argos, tel que l'article suivant va le décrire. (J. D. G.)

[1] Πυλεών de πύλη, porte : c'est le même mot que πυλών (Diodor. Sic., I, p. 56 Wesseling.; Description de l'Égypte, vol. II, p. 142, Antiq., avec les planches.) Pamphilus ap. Athen. XV, p. 469, coll. p. 482 Schweigh.; Welcker ad fragm. Alcman., n° XXIX, p. 47.

[2] Winckelmann, *Monumenti inediti*, n° 6.

[3] *Conf.* l'art. précéd., p. 590 sq., n. 3.

qui lui est propre, et que sa forme, analogue à celle d'une fronde, avait fait nommer *sphendoné* [1], pouvait désigner en elle la déesse de l'air. Une tradition disait, au reste, que Héra avait eu un commerce secret avec le Titan Eurymédon, fils de la terre, et que Prométhée, l'inventeur du feu, en était né [2]. Suivant un mythe analogue, Jupiter et Junon, s'étaient secrétement aimés pendant trois cents ans, et à l'insu de Cronos et de Rhéa, ou de l'Océan et de Téthys, avaient mis au jour Vulcain. Dans la suite, lorsqu'après avoir précipité du trône Cronos, son père, Jupiter prit sa sœur Héra pour légitime épouse, on prétendit que cette dernière, demeurée vierge jusque-là, avait enfanté Vulcain sans le concours de personne. Cependant les Samiens tenaient pour si sacrée l'union mystérieuse de leurs grands dieux, que, fidèles à cet exemple, ils voulaient que les fiancés vécussent en époux, et ne célébraient publiquement leur hymen qu'après sa consommation secrète. Homère lui-même introduit Jupiter et Junon se rappelant avec délices le temps où ils s'aimaient à l'insu de leurs vieux parens; et Platon [3], ce philosophe-législateur, blâmait

[1] Σφενδόνη. *V.* Creuzer. Meletem. I, p. 73. *Cf.* pl. LXIV, 260, *b*; LXXII, 274. — Ces deux figures, évidemment, n'ont pas la même coiffure, et le nom de *Sphendoné* n'est peut-être applicable ni à l'une ni à l'autre. Les recherches des savans archéologues Gerhard et Panofka ont jeté, sur ce point difficile du costume antique, de vives lumières : nous regardons comme un devoir d'en faire profiter nos lecteurs, dans la note 11 sur ce livre, fin du vol. (J. D. G.)

[2] Eustath. ad Iliad. XIV, 296, p. 987 Bas., coll. Schol. Venet. ibid. et ad Iliad. I, 609.

[3] Republ. III, 4, p. 115 Bekker. *Cf.* Iliad. XIV, 296, *ibi* Heyn. Obss., t. VI, p. 588.

cette fiction, suivant lui, peu morale, tandis que d'autres penseurs, comme Syrien et son disciple Proclus, cherchaient à la justifier. Il est vrai que le chantre naïf de l'Iliade prenait les choses au sens le plus simple, et qu'il ne lui appartenait point de lever le voile qui couvrait un sens plus profond, de révéler les vérités naturelles et cosmiques cachées sous ces antiques symboles. Rien de plus facile pour nous : qui ne perce la légère écorce de ces fables populaires, et n'y entrevoit les vieux souvenirs des phénomènes grands et terribles qui se passèrent entre le ciel et la terre ou dans les régions souterraines, au milieu de ces îles de la mer Égée, qui portent encore les traces manifestes d'éruptions volcaniques, dont les effets furent souvent redoutables aux barbares Pélasges, mais finirent par leur être utiles? Toutes les fois qu'il s'agissait d'un contact extraordinaire et frappant de la chaleur du soleil avec l'air atmosphérique, ou du feu terrestre avec la mer et les vapeurs qui s'élèvent des eaux, la physique toute symbolique de la haute antiquité ne manquait pas d'imaginer un nouvel hymen de Junon [1]. Les poëtes s'emparaient de ces traditions scientifiques, et en faisaient des légendes sacrées, les adaptant aux circonstances et aux localités. Tout à l'heure nous en verrons d'autres exemples.

C'est encore Homère qui nous apprend à connaître les diverses Junons du Péloponnèse et de la Grèce moyenne [2]. La déesse elle-même, dans le quatrième chant de l'Iliade, énumère les trois villes qui lui sont

---

[1] Ἥρας γάμος.
[2] Iliad. IV, 8, 51 sq., *ibi* Heyne, t. IV, p. 563.

chères entre toutes les autres : ces villes sont Argos, Sparte et la puissante Mycènes. Il y faut joindre Tirynthe, d'après l'autorité de Pausanias [1]. Cet auteur décrit au long les environs du temple de Héra, situé non loin de Mycènes, et dont un savant voyageur a récemment retrouvé les ruines [2]. D'après l'antique tradition du pays, le fleuve Astérion aurait eu trois filles, *Eubœa*, *Prosymna* et *Acrœa*, qui devinrent nourrices de Junon. La première aurait donné son nom au mont sur lequel le temple était bâti; la troisième à celui qui s'élevait en face; et la seconde, c'est-à-dire *Prosymna*, à la plaine qui s'étendait immédiatement au-dessous du temple. Sur les rives de l'Astérion, qui coulait au bas de cette plaine, et disparaissait dans un gouffre, croissait une herbe appelée du même nom que le fleuve et que l'on offrait à Héra [3]. Les anciens attribuaient à cette herbe des propriétés merveilleuses, et en effet c'est une des variétés du *phalangium*, ainsi nommé parce qu'il s'emploie contre la morsure des araignées venimeuses appelées *phalanges* [4]. De même, dans un autre fleuve de l'Argolide, dans l'Inachus, se trouvait, au rapport de Plutarque [5], une pierre à peu près semblable au bé-

---

[1] II, Corinth., 17. Pausanias connaît, en Laconie (III, 13), un temple de Héra Argienne, et un autre de Héra *Hypercheiria*, appelée encore Aphrodite, dont nous avons déjà parlé (*ci-dessus*, p. 597). On y révérait, de plus, et là seulement, une Héra αἰγοφάγος, ou *mangeant des chèvres* (III, 15).

[2] Villiam Gell, Argolis, p. 44 sqq.

[3] Pausan. II, 17, *init*.

[4] Nicandri Theriac., v. 725, *ibi* Schol. et not., p. 105 et 261 sq. Schneider.

[5] De fluminibus, XVIII, 3, p. 1033 sq. Wyttenb.

rylle, et qui devenait noire quand celui qui la prenait dans sa main allait rendre un faux témoignage. L'auteur ajoute qu'il y en avait beaucoup de semblables dans le temple de *Héra Prosymnæa*. Ces simples légendes nous replacent sur le terrain des antiques religions de la nature, si remplies d'idées et d'actes magiques. Nous y voyons un fleuve et une plante dont les noms identiques (*Astérion*) se rapportent aux astres; et un autre fleuve, l'Inachus, le fleuve national de l'Argolide par excellence, produisant de son sein des pierres dont l'éclat s'obscurcit pour manifester la fausseté du cœur. La déesse qui opère de tels miracles est appelée ici *Prosymnéenne*; et nous savons que le lieu même où elle avait un temple sous ce nom, temple situé sur une hauteur, près de Midée, la ville aussi bien que le pays, s'appelaient tout à la fois *Prosymna*.[1] C'est précisément dans Pausanias le nom d'une des filles du fleuve Astérion, qui toutes, comme on l'a vu, ont pour homonymes des localités. L'aînée *Eubœa* nous rappelle l'idée des belles vaches ou des gras pâturages : et en effet, n'est-ce pas ici la patrie d'*Io* aux cornes de vache, de cette fille d'Inachus, avec laquelle Junon paraît s'être complètement identifiée à Argos, sans doute comme Astarté ou déesse de la lune?[2] Ne savons-nous pas, d'ailleurs, que

---

[1] Stat. Thebaïd. I, 383, *ibi* Barth., coll. Strab. VIII, p. 373 Cas.; W. Gell, Argol., p. 44, p. 52 sq. — Suivant O. Müller (*Dorier* I, p. 395), Strabon aurait tort de distinguer le Heræum situé à Prosymna, du fameux temple de Junon, à 15 stades de Mycènes, dont il vient d'être question. (J. D. G.)

[2] *Cf.* liv. IV, p. 25 sq. *ci-dessus*, avec les renvois au tome Ier et aux planches. Ce rapport sidérique perce dans le nom d'*Astérion*. —

la prêtresse de Junon Argienne devait se rendre à son temple sur un char attelé de bœufs? usage que se plaisaient encore à imiter les impératrices romaines, qui voyaient dans Junon leur patronne et leur modèle [1]. Le nom d'*Acræa*, la troisième des nourrices de la déesse, fait allusion à la contrée montueuse de l'Argolide, et désigne une montagne déterminée. Mais Junon se nommait aussi *Acræa*, comme Jupiter *Acrius* [2]; c'était aussi la déesse des montagnes, et elle avait un temple sous ce nom, sur le chemin qui conduisait à la citadelle d'Argos [3]. Ainsi, chacune des trois filles de l'Astérion portait un des noms d'Astarté-Junon : c'est-à-dire qu'ici encore nous voyons les divers attributs d'une seule et même divinité, exprimés primitivement par des noms qui lui appartiennent, se détacher ensuite d'elle et se changer en autant de personnes distinctes.

Mais ce ne sont pas là toutes les nourrices de Junon : il en est une quatrième, qui va nous conduire à une autre Eubée et en Béotie, où la grande *Prosymna* se dé-

---

De même l'épithète de βοῶπις appliquée à Junon exclusivement, parmi les déesses de l'Olympe; les vaches qui lui étaient consacrées; *Io*, sa prêtresse mythique, dont le nom signifiait *la lune*, dans le dialecte d'Argos (Eustath. ad Dionys. Perieget., p. 23), et qui était représentée sous la forme d'une génisse (pl. CLXIV, 604), toutes ces circonstances rapprochées tendent à faire croire que la Héra Argienne, divinité lunaire, fut aussi primitivement adorée sous la figure d'une vache. *V.* O. Müller, *Prolegomena zu einer wissenschaftl. Mythol.*, p. 262 sq., coll. Welcker, *Æschyl. Trilogie*, p. 127 sqq., et la note 10 sur ce livre, fin du vol. (J. D. G.)

[1] Herodot. I, 31. *Cf.* Visconti le jeune, *Memorie encyclopediche di Roma sulle belle arte*, t. III, p. 61-67.

[2] *Cf.* chap. précéd., p. 532.

[3] Zenob. Prov. I, 27, p. 7 Schott.; Pausan. II, 24.

voilera de plus en plus à nos regards. Plutarque[1] raconte que, Junon ayant été élevée dans l'île d'Eubée, elle fut ravie par Jupiter, et qu'une grotte du Cithéron cacha sous son ombre leurs premières amours. Arrive *Macris*, nourrice de la jeune déesse, la cherchant de toutes parts. Mais Cithéron la renvoie, en lui disant que dans sa grotte reposait Jupiter uni à Latone. Depuis lors, Junon voulut avoir un même temple et un même autel avec Latone, elle prit comme elle les surnoms de *nocturne* et de *cachée*[2], et se confondit entièrement avec elle. Suit une interprétation physique de ce mythe. Junon, suivant Plutarque, est l'ombre de la terre, qui obscurcit l'air et l'éclat de la lune, dans les éclipses. Ajoutons que le nom de *Prosymna* revient tout-à-fait à cette idée. Il s'emploie toujours, quand il s'agit de choses ou de personnes terrestres ou souterraines. Cérès le porte en Argolide dans le culte de Lerne, où se trouve aussi un génie appelé *Prosymnus*, qui sert de guide à Dionysus, lorsqu'il veut ramener sa mère Sémélé des enfers[3]. Ce sont là des divinités de la nuit, du sommeil et de l'oubli qui l'accompagne, et de la mort qui n'est qu'un autre sommeil et un autre oubli. Aussi les philosophes, spiritualisant les croyances, selon leur coutume, ne manquèrent-ils pas de voir dans cette Junon-Latone l'oubli de l'existence terrestre et matérielle[4].

[1] Fragm. p. 756 sq. Wyttenb.
[2] Νυχία, μυχία. Cf. ci-dessus, p. 566, 592.
[3] Pausan. II, 37; Clem. Alex. Protrept., p. 29 sq. Potter. Cf. Zoëga de Obelisc., p. 45 sq. La forme Πρόσυμνος n'est qu'un adoucissement de Πρόσυγνος.
[4] Proclus in Plat. Cratyl., p. 111 Boissonad.

Quant à l'enlèvement de la jeune Héré, c'est un véritable enlèvement de *Cora* ou la vierge par excellence (Proserpine). Junon est ici la même que Proserpine, et Jupiter est ce Zeus souterrain, bien connu d'Homère [1]. Dans les antiques Héraclées, il était aussi question d'une Junon souterraine ou infernale, comme il est permis de le penser, quand on voit, chez le même Homère, Héra blessée par Hercule *à la porte des morts* [2]. Héra est ici l'alliée et la compagne de Hadès ou Pluton. Quant à Hercule, c'est le même qui combat Busiris, qui lutte en faveur de la lumière, et contre lequel sont conjurées toutes les puissances du sombre royaume. Lorsque les jours raccourcissent et que la terre semble tomber de plus en plus dans l'empire des ombres, Junon aussi passe sous la domination de son ténébreux époux. En Égypte le taureau d'Isis était couvert d'un voile noir; en Grèce Junon-Isis ou Io se dérobe elle-même aux regards et va s'unir avec Jupiter souterrain [3].

Mais par cela même Junon s'éloigne du Jupiter céleste. Plutarque nous a conservé à ce sujet une tradition fort expressive et qu'il explique fort bien lui-même [4]. Junon, ne pouvant s'accorder avec Jupiter, prit le parti de s'en séparer. Celui-ci fort embarrassé va trouver un

---

[1] Iliad. IX, 457. *Cf.* Pausan. II, 24, et *ci-dessus*, p. 549.
[2] Iliad. V, 392 sqq. C'est ainsi que Wolf et Voss entendent le vers 397, d'après les autorités les plus imposantes chez les anciens. Heyne n'est point de leur avis; mais ses observations n'en méritent pas moins d'être lues, tom. V, p. 77 sqq. de son édit.
[3] *Cf.* tome Ier, livre III, p. 428 sqq., 460, 513.
[4] Ap. Euseb. Præpar. Ev. III, p. 83 sqq., fragm. p. 759 sqq. Wyttenb.

certain *Alalcomènes*[1], qui lui donne le conseil adroit de tromper sa femme en faisant mine d'en prendre une autre. Jupiter, avec le secours de son conseiller, coupe un grand chêne, le taille en forme humaine, le pare de tous les ornemens d'une fiancée, et lui donne le nom de *Dédale*. Déjà l'on chante l'hyménée, déjà les nymphes Tritonides apportent l'eau où doit se baigner la fiancée prétendue, déjà la Béotie apprête et les flûtes joyeuses et le banquet solennel. Junon ne peut tenir à ce spectacle; elle vole du haut du Cithéron au milieu d'un nombreux concours de femmes Platéennes, et découvre bientôt la fraude. La colère et la jalousie font place au rire et à la joie; Junon elle-même veut conduire à l'autel sa rivale; elle fonde en son honneur la fête appelée *Dædala*, et, cédant néanmoins à un dernier mouvement de jalousie, elle finit par livrer aux flammes cette vaine et froide image. Ce mythe, un peu sauvage et d'une liberté toute populaire, porte en lui-même les traces de ce temps antique des Pélasges, de cette époque reculée où les fleuves, dans la Grèce moyenne, n'avaient point encore pris un cours régulier, et où les canaux du lac Copaïs ne déchargeaient point périodiquement cette masse d'eaux qui menaçait à tout instant d'ensevelir le pays[2]. Alors le Jupiter céleste cherchait vainement son épouse terrestre, cachée sous les ondes

---

[1] Ce nom, qui rappelle une antique ville de Béotie, rapproche en outre Héra et Athéna ou Minerve, surnommée *Alalcoménéenne*, comme nous le verrons au chapitre de cette dernière divinité, art. V, *fin*.

[2] *V*. Ritter, *Vorhalle*, etc., p. 398 sqq. — *Cf.* O. Müller, *Orchomenos*, 2, p. 51 sqq. (J. D. G.)

et devenue *Rhéioné* ou *Fluonia*[1], comme disaient les Romains. Il prenait pour cette terre fugitive les cimes des chênes qui s'élevaient des montagnes, jusqu'à ce qu'enfin elle reparaissait et s'unissait au ciel son époux, dans un nouvel amour. La fête béotienne de la statue ou des statues (*Dædala*), solennité toute calendaire, rappelait les antiques périodes d'inondation, et doit avoir été analogue à la fête égyptienne des Pamylies, où l'on portait en pompe des images de l'organe viril d'Osiris, faites également de bois et consacrées par Isis, pendant que son époux était enseveli au sein des eaux[2]. Ce qui se nommait *mort* chez Osiris, s'appelait chez Proserpine ou Junon *disparition* ou *fuite*.

Mais des pensées de mort se rattachaient aussi à Junon, comme nous l'avons déjà vu, et ceci nous ramène à la Junon d'Argos. En effet, c'est là que fut prononcé par la déesse ce jugement divin, qu'il vaut mieux, pour l'homme, mourir que vivre. On sait l'histoire de Cléobis et Biton, fils de la prêtresse de Héra, qui furent récompensés de leur religieuse et filiale piété par une douce mort, au même jour, après le banquet solennel en l'honneur de la déesse[3]. Les statues des deux frères avaient été élevées à Delphes, en mémoire de ce mystérieux trépas, et se voyaient également à Argos, vêtues de longues robes, telles qu'en portaient les rois dans

---

[1] Le nom de Ῥειώνη était donné à Héra par Euphorion, Etymol. M., p. 703, p. 637 Lips. *Cf.* Creuz. Meletem. I, p. 30 sq.

[2] *V.* tom. I*er*, p. 392. Serait-ce pour cette raison et par allusion à des Phallagogies, que les prêtresses de la Héra d'Argos s'appelaient non seulement Ἡρεσίδες mais Φαλίδες?

[3] Herodot, I, 31, coll. Pausan. II, Corinth., 20.

CH. II, HÉRÉ OU JUNON. 611

l'antiquité, alors qu'ils partageaient presque les fonctions et le caractère du sacerdoce [1]. C'était sans doute aussi sous ce costume à demi oriental qu'apparaissait l'antique Junon Argienne, qui figure ici dans son rôle de *Prosymnœa*, de déesse elle-même descendue aux enfers, et conduisant les hommes à la mort par les portes du sommeil. L'antique Italie reçut du Péloponnèse, et probablement de Lacédémone, une notion toute semblable. Dans le Latium, dans le pays des Sabins et chez les Rutules, était adorée une Junon-*Féronia*, dont le nom est diversement écrit en grec, et qui se rapproche singulièrement de *Perséphoné* ou Proserpine, comme nous nous en convaincrons ailleurs [2]. Ainsi que Proserpine et que la Héra d'Argos, elle portait le surnom de *florissante* et *d'amante des fleurs* [3]. Comme elles, Féronia délivrait l'âme des liens du corps; et de plus elle faisait tomber les chaînes des esclaves [4]. Junon, en général, était l'amie des opprimés et de ceux qui cherchaient un asile : le fugitif Adraste, ayant trouvé à Sicyon tout à la fois un asile et un royaume, éleva un temple à Héra *protectrice*

---

[1] Cette espèce de robes portait le nom de τήβεννος. *V.* Pollux VII, 61, avec la correction de Heringa, Observat. cap. 3, p. 29 sq. C'est le nom donné au vêtement des rois de Perse (Plutarch. Lucull., 39) comme à la toge romaine (Schweigh. Lex. Polyb. p. 617, coll. J. Lyd. de Magistrat. Rom. I, 7, p. 20-22).

[2] Φερωνεία, Φερωνία, Φηρωνεία, Φηρωνία, même Φαρωνείκ et Φορωνεία. Elle est une fois positivement appelée Φερσεφόνη. *V.* les Meletem. de Creuzer, I, p. 29, avec les passages qui s'y trouvent cités. *Cf.* l'art. préced., p. 606, 607, et livre VIII, sect. I.

[3] Ἀνθεία (Pausan. II, 22, cite à Argos un temple de Héra surnommée ainsi), ἀνθήφορος, φιλοστέφανος.

[4] *Cf.* livre V, sect. II, p. 494 sq. *ci-dessus.*

des hommes[1]. Cette tendre compassion de la déesse pour tous ceux qui avaient besoin de refuge, devint pour Jupiter l'occasion de faire de Junon son épouse. Vierge encore et cherchant la solitude, elle était assise à la pointe de l'Argolide, sur le mont Thornax. Le dieu élève un orage, et, changé en coucou, fuit en se dirigeant vers elle. Junon reçoit le redoutable oiseau dans son sein, le réchauffe et devient sa facile conquête, quand il a recouvré sa forme première. En mémoire de cet événement, un temple fut bâti, dans ce lieu même, à Héra *initiée aux mystères de l'hymen*[2], et le coucou fut désormais le symbole de cette union vraiment mystérieuse du grand dieu et de la grande déesse[3]. C'est là au fond, et dans le langage des prêtres de Samothrace et de l'antique Italie, l'hymen du dieu Cœlus et de la déesse Dia, c'est-à-dire du Ciel et de la Terre, alors que la puissance électrique du ciel se communique à la terre dans de fécondes tempêtes; idée que Virgile a rendue, dans ses Géorgiques, d'une manière tout-à-fait conforme au génie de l'antiquité :

« Alors le père tout-puissant, l'Éther, avec ses pluies fécondes, descend au sein de son épouse ravie, et,

---

[1] Ἥρας ἀλεξάνδρου (Schol. Pind. Nem. IX, 30).

[2] Ἥρα τελεία. Pausan. II, 36, coll. II, 17; Schol. Theocrit. XV, 64, *ibi* Valcken. Le mont Θόρναξ (ou Θρόναξ, suivant le Scholiaste) prit, depuis, le nom de Κοκκύγιον ou *Mont du Coucou*. Pausanias dit que le temple élevé sur cette montagne était celui de Jupiter, tandis que celui de Junon se voyait sur la montagne voisine, appelée *Pron*. *Cf.* W. Gell, Argolis, p. 132. (C-r et J. D. G.)

[3] On va le voir comme attribut direct de Junon.

s'unissant à ce vaste corps, le grand dieu vivifie les germes de toutes les productions [1]. »

Tout est local, au commencement, dans le culte d'Argos, aussi bien que dans celui de Samos : seulement le poirier sauvage y remplace le saule. De même que Minerve à Athènes, Junon dut à Argos disputer avec Neptune pour la possession du pays [2]; c'est-à-dire que cette plage aride de l'Argolide fut long-temps douteuse entre la terre et la mer. Enfin, Junon l'emporta, la mer rentra dans ses limites, et Pirasus, fils d'Argus, institua le culte de la déesse victorieuse : il lui tailla une statue de l'un des poiriers sauvages qui se trouvaient aux environs de Tirynthe, et lui consacra comme prêtresse sa propre fille Callithyia [3]. Ainsi les premières idoles de Junon furent faites de saule, de chêne et de bois de poirier. Cette statue primitive de Pirasus, après la destruction de Tirynthe, prit place dans le grand Heræum d'Argos, où l'on en voyait une seconde, un peu plus récente et qualifiée d'ancienne, posée sur une colonne. A côté de ces images antiques, s'éleva dans la suite une statue nouvelle, travaillée en or et en ivoire, de la main du grand Polyclète; et ce fut alors que parut dans toute sa gloire la Héra d'Argos, la Junon *bien mise*, comme la firent surnommer ses riches vêtemens [4]. Cette

---

[1] Georgic. II, 324 sqq.
[2] Scholiast. mscr. Aristidis ad Panathen., p. 188 Jebb.
[3] Pausan. II, 17; Plutarch. ap. Euseb. *l. l.*, fragm. p. 763 Wyttenb.
[4] Εὔειμων. Pausan. *ibid.*; Strab. VIII, p. 372 Casaub. *Cf.* la description détaillée et technique de Quatremère de Quincy, le **Jupiter Olympien**, p. 346 sq., avec la planche coloriée XX.

reine de l'Olympe, ainsi que l'appelait un vieux poète[1], copie achevée de l'idéal trouvé par Homère, put désormais s'asseoir auprès du Jupiter Olympien de Phidias; et en effet Junon avait aussi son temple et son autel à Olympie[2]. Polyclète lui donna une couronne sur laquelle se voyaient en relief les Heures et les Grâces, et Naucydès mit à ses côtés Hébé, la déesse de la jeunesse. Sur le sceptre que tenait une de ses mains, continua d'être perché le mystérieux coucou, dont nous avons parlé plus haut, et dans son autre main était placée la pomme de grenade plus mystérieuse encore. Loin de voir simplement dans ce dernier symbole un gage d'amour[3], nous pensons au contraire qu'il faut le rapprocher, soit de cette autre pomme de grenade donnée à Proserpine[4], soit de ce vase appelé *cernus*, qui avait, dans le culte de Rhéa, un sens particulier, et renfermait toute sorte de graines dont goûtaient certaines personnes[5]. Il est à croire que la pomme de grenade, réceptacle naturel des semences, indépendamment d'autres idées empruntées de sa forme, de sa couleur et de ses propriétés comme fruit, était, pour cette raison, attribuée aux déesses dans le sein desquelles résidaient mystérieusement les principes de la vie physique, les semences des plantes, des animaux et de tous les êtres[6].

[1] Phoronidis Auctor ap. Clement. Alex. Stromat. I, p. 418 Potter.
[2] Pausan. V (Eliac. I), 14.
[3] Avec Böttiger, *Andeutungen*, p. 124, *Kunstmythologie der Juno*, p. 98; et Welcker, *Zeitschrift für alte Kunst*, I, p. 10-12.
[4] *Cf.* Thiersch *Epochen der bildenden Kunst*, p. 8.
[5] Athen. XI, p. 265 Schweigh. *Cf.* Creuzer. *Dionysus*, p. 223 sq.
[6] O. Müller (*Archæologie der Kunst*, p. 449) voit aussi dans la

Ce n'est pas pour rien, en effet, que Junon était surnommée *Rhéioné* : elle reproduit en grande partie *Rhéa*, ou, pour mieux dire, elle est, dans le système nouveau des dieux de l'Olympe, ce qu'était Rhéa dans l'ancien système, le principe de la variabilité, de l'écoulement ou de l'émanation [1].

III. Junon de l'ancienne Italie, ses épithètes caractéristiques ; régit, comme la Héra grecque, tout ce qui concerne les femmes, au physique et au moral; type de l'épouse par excellence. Junon armée, en Italie et en Grèce. Résumé général : idée physique, métaphysique et morale de Junon; divinités italiques analogues à Junon, et qui ne sont que ses différens points de vue personnifiés.

Cette *Héra-Rhéioné*, dont il a déjà été question [2], identique, comme nous l'avons dit, avec la Junon-*Fluonia* des Romains, nous ramène aux religions de l'ancienne Italie, et par elles à différentes attributions de notre déesse, qui n'ont point été suffisamment définies et qui sont des plus caractéristiques. En général, tous les états physiques, tous les rapports moraux et

---

pomme de grenade de Junon un symbole de la grande divinité de la nature (J. D. G.) — Le simple rameau du grenadier, formé en couronne (Festus, *v. inarculum;* Servius ad Virgil. Æneid. IV, 137, le nomme *arculum*) jouait un rôle analogue chez les Romains, dans certains sacrifices mystérieux.

[1] Junon était également rapprochée de Rhéa, dans la géométrie symbolique des Pythagoriciens, par la figure du carré ou tétragone, qui leur était commune ainsi qu'à Vénus, Cérès et Vesta (Eudox. ap. Plutarch. de Isid. et Osir., p. 487 sq. Wyttenb. — La note 11 sur ce livre, fin du vol., et l'explicat. des pl. LXIII, 249, LXIV, 250, *b*, LXVII et LXVIII, 252, *b*, LXXII, 273-275, compléteront cet article, pour ce qui concerne les images et les attributs de Junon. (J. D. G.)

[2] *Ci-dessus*, p. 597, 610.

civils, dans lesquels les femmes peuvent se trouver placées durant le cours de leur vie, étaient sous la protection et la surveillance de Héra-Junon; elle-même y avait été soumise. Elle portait une épithète différente pour chacune de ces fonctions. Comme *Fluonia*, par exemple, dans un sens restreint, elle était censée arrêter le cours des menstrues après la conception [1]. Comme *Populonia*, elle présidait au mariage, source de la population, ou bien elle était la première des veuves [2], deux qualifications qui semblent d'abord s'exclure l'une l'autre, mais qui se concilient au fond, dans le mot ainsi que dans la chose. Rappelons-nous, en effet, quelle frappante analogie les religions primitives ou pélasgiques de la Grèce ont avec celles de l'Italie antique. Or, Pausanias nous apprend que les Stymphaliens de l'Arcadie avaient une légende, d'après laquelle Téménus, fils de Pélasgus, aurait élevé Héra à Stymphale, et lui aurait consacré trois temples, le premier à titre de vierge, le second à titre d'épouse de Jupiter ou de femme faite, le troisième à titre de veuve [3], la déesse s'étant séparée de son divin époux et étant revenue à Stymphale. Voilà donc Junon adorée tout à la fois avant le mariage, dans le mariage, et après sa dissolution. Sous ce dernier point de vue, après avoir peuplé le monde, elle le dépeuple (*populatur*), et le nom de *Populonia* se prête également à ces deux acceptions. Mais dans

---

[1] Festus s. v. Cf. Arnob. adv. Gent. III, 30, *ibi* Annot., t. II, p. 157 sq. Orell.; Augustin. de Civ. D. VII, 2.
[2] Macrob. Sat. III, 2; Senec. ap. Augustin. de C. D. VI, 10, *sub fin.*
[3] Ἥρᾳ παρθένῳ, τελείᾳ, χήρᾳ. Pausan. VIII, Arcad., 22.

ces trois états, de vierge, de femme et de veuve, le premier et le dernier n'eurent jamais une grande importance religieuse, et Junon fut avant tout l'*épouse* par excellence, le type sacré de toutes les épouses. Cette idée se reproduit sans cesse dans une foule de mythes et d'épithètes, qui la décomposent en quelque sorte et la présentent à tous ses degrés divers. A Junon vierge se rattache immédiatement Junon *fiancée*, ou modèle de la fiancée [1]; puis Junon introduisant la fiancée dans la demeure de l'époux, dont elle étoit supposée faire oindre les portes avant l'entrée de la nouvelle épouse [2]. Là celle-ci recevait les clefs de la maison, dont Junon avait aussi la garde, elle qui d'ailleurs « garde les clefs de l'hymen », comme s'exprime Aristophane [3]. Enfin, c'est encore à elle qu'était confiée la consommation du mariage, à laquelle faisaient allusion de nouveaux surnoms de la déesse [4], aussi bien qu'à toutes les conséquences de cette union légitime des sexes. De là Junon présidant aux couches des femmes, à la naissance des enfans, et même à leur formation dans le sein de la

---

[1] Νυμφευομένη. — C'est en cette qualité qu'elle porte le voile, son principal attribut; quand elle l'écarte, elle exprime la fiancée se montrant comme femme à son fiancé, dans la cérémonie appelée ἀνακαλυπτήρια. *Cf.* art. I, *ci-dessus*, p. 595.   (J. D. G.)

[2] *Domiduca, interduca, unxia.* De cette dernière épithète l'on veut dériver *uxor;* d'autres le font venir de *jungere*, ou même du grec ξύνωρ. *V.* Creuzer. Melet. III, p. 134.

[3] Thesmophor. 982, 985.

[4] Ζυγία (*Cinxia*) et τελεία, ce dernier emportant, nous l'avons vu plus haut (p. 566), l'idée d'une sorte de sacrement. *Conf.* notre pl. LXXII, 275 *a*, où Jupiter et Junon sont rapprochés sous ce point de vue.   (J. D. G.)

mère, comme *Lucine*, *Natale*, *Opigena*, *Ossipagina* ou *Ossipaga*[1].

D'autres épithètes de la Junon Italique désignent, soit des attributions plus générales, soit des idées, des rites ou des cultes propres aux différens peuples de l'Italie ancienne. De ce nombre est le nom de *Covona* ou *Covella*, analogue au mot latin qui exprime le ciel, et désignant en effet, dans le Latium, la déesse du ciel étoilé[2]. Comme *Februtis* ou *Februlis*, Junon purifiait à la fois les troupeaux et les bergers, en février, mois consacré aux purifications et à la déesse de l'air, de qui elles dépendent naturellement[3]. En qualité de *Caprotina*, elle recevait tous les ans, aux nones de juillet, sous un figuier sauvage, appelé *caprificus*, les hommages et les sacrifices des femmes du Latium, qui faisaient, des rameaux de cet arbre, un usage non moins mystérieux que les femmes de Samos des branches du saule[4]. Aux religions primitives de l'Italie appartenait

---

[1] *Ossa pangere*. Arnob. adv. Gent. *ubi supra*, et Annot., p. 158.

[2] A *covo* i. e. *cælo*. Varro de L. L. V, p. 49. D'autres lisent, chez Arnobe, *Pomona*, qui serait la déesse des fruits. *Cf.* Annotat. ad Arnob., *ibid*.

[3] Arnob. et Annotat., *l. l.*; J. Lydus de Mens., p. 68 Schow, p. 172 Rœther. *Cf.* liv. V, sect. II, p. 454. C'est, selon toute apparence, à raison de cette vertu purifiante de l'air, que l'on donnait les ciseaux ($\psi\alpha\lambda\acute{\iota}\varsigma$) pour attribut à Junon (Suidas II, p. 67, *ibi* Kuster, coll. Eudocia, p. 208); mais peut-être la désignaient-ils aussi comme déesse de la mort (*ci-dessus*, p. 600). Peut-être aussi la figure arquée, qui paraît exprimée par le mot grec (Schneider, *Wörterb.*, *v.* $\psi\alpha\lambda\acute{\iota}\varsigma$), y était-elle pour quelque chose. Sur les médailles romaines des empereurs, Junon *Martialis* se voit avec une pique et des ciseaux. Eckhel D. N. V., vol. VII, 358 sqq. — *Cf.* la note 11 s. c. l., fin du vol.   (J. D. G.)

[4] Varro de L. L. V, p. 47; Macrob. Sat. I, 11; Arnob., *l. c.*

aussi le culte de la Junon *Sospita* ou libératrice, de Lanuvium. Une peau de chèvre lui servait de vêtement, elle était armée d'une pique et d'un petit bouclier, et ses pieds portaient des chaussures recourbées à leurs extrémités. Telle nous la décrit Cicéron [1]; telle on la voit encore sur les monumens, où de plus elle a de longues cornes [2]. Les Romains ne dédaignèrent pas d'élever des temples à cette antique divinité tutélaire des pasteurs latins, quoiqu'ils eussent leur Junon *Romaine* et *Capitoline* [3]. Les belliqueux Sabins et Samnites représentaient également leur Junon *Curitis* ou *Quiritis* avec une lance, et l'on a même voulu dériver son nom du mot *curis*, qui signifiait en langue sabine une lance ou une pique [4]. Les cérémonies nuptiales, chez les Romains, avaient retenu un trait remarquable de ces vieilles religions guerrières et pastorales à la fois. Le fiancé divisait, avec la pointe d'une lance, la chevelure de sa

---

[1] De N. D. I, 29, p. 131 ed. Creuzer.

[2] Visconti Museo Pio-Clem., vol. II, tab. 21.—*Cf.* notre pl. LXXII, 275 *b*, avec l'explicat. (J. D. G.)

[3] Au commencement de la guerre des Insubres, le consul Cn. Corn. Céthégus dédia un temple à Junon *Sospita*, dans le *Forum Olitarium* (Livius XXXII, 30, XXXIV, 53). Auguste lui-même consacra une chapelle à cette divinité, au voisinage du mont Palatin, un 1er de février, jour qui continua d'être solennisé (Ovid. Fast. II, 55 sqq., *ibi* interpret.). Sur la *Juno Romana*, on peut voir Cicéron, *ubi supra*; sur la *Juno Capitolina*, chap. précéd., p. 554, n. 2. Les habitans de Gabies avaient aussi leur Junon en propre, ainsi que plusieurs autres villes d'Italie. Le temple de Junon surnommée *Lacinia*, du promontoire de *Lacinium*, près le golfe de Tarente, était surtout célèbre (Virgil. Æneid. III, 552, *ibi* Servius et Heyne), et la déesse qui y faisait sa demeure est représentée sur les médailles de Crotone, cité voisine (Eckhel D. N. V., vol. I, p. 171).

[4] *Cf.* livre V, sect. II, p. 495 sq., *ci-dessus*.

fiancée ; usage sur le sens duquel les anciens eux-mêmes sont loin d'être fixés [1]. L'on a pensé, du reste, que les armes données à Junon étaient d'origine crétoise [2]. Sans vouloir prononcer sur ce point, nous nous contenterons de reproduire ici une observation déjà plus d'une fois vérifiée : c'est que les peuples italiques, dans ce culte comme dans tous les autres, demeurèrent bien plus fidèles que le grand nombre des Grecs au génie du symbole. Et toutefois ceux-ci, même après que l'art se fut perfectionné, conservèrent maint attribut mystérieux dans la représentation de cette divinité. De ce nombre fut probablement le bouclier, que portait la Héra d'Argos, souvent représentée en armes comme les Junons d'Italie. Nous y reviendrons ailleurs, et nous parlerons au long de la lutte armée ou du combat des boucliers, espèce de jeux symboliques qui se célébraient en l'honneur de Junon Argienne, et auxquels se rattachait une foule de traditions [3].

Si maintenant nous résumons l'ensemble des symboles et des mythes divers qui se rapportent à Junon, et que nous avons exposés en détail, nous pouvons définir avec quelque précision l'essence de cette divinité et le rôle qu'elle jouait dans le système religieux

---

[1] Ovid. Fast. II, 559 sq. coll. 475, *ibi* interpret.; Festus in *Curis* et *Celibaris* (*Cœlibaris*, qui était un autre nom de cette lance); Macrob. Sat. I, 9 ; Arnob. adv. Gent. II, 67, *ibi* Annot. p. 102 Orell.

[2] Böttiger, *Kunstmythologie der Juno*, p. 85 sqq.

[3] Χαλκεῖος ἀγων, Hesych. I, p. 79 Albert.; Callimach. in Pallad., v. 35, *ibi* Spanheim. *Cf.* Böttiger, p. 130 sqq., et nos livres VII, chap. de la doctrine des Mystères, et VIII, chap. des Mystères de l'Argolide.

des peuples anciens. Nous l'avons vu plus haut : Junon est l'air qui se trouve entre la terre, la mer et le ciel. Elle est supendue au faîte des cieux par Jupiter; c'est-à-dire par le dieu de l'éther; et Vulcain, qui a son séjour sur la terre, la retient ici-bas enchaînée sur un siége de son invention [1]. Elle se livre à un Titan, à un fils de la terre, et un autre fils de la terre lui persuade de revenir avec son céleste époux. Maintenant, la voilà qui brille à ses côtés dans l'éclat des étoiles [2], et qui se plaît à fixer tous les regards par la magnificence et la majesté de sa personne. Et toutefois elle cherche souvent la solitude, elle s'éloigne encore de son époux, elle est fréquemment rebelle à ses lois; mais elle finit toujours par reconnaître sa domination; elle redevient et s'appelle même la *Bonne* [3]. Tantôt elle paraît n'avoir aucune volonté qui lui soit propre, et tantôt, aveuglée par une aveugle présomption, elle franchit toutes les bornes. On entrevoit de plus en plus le sens réel de ces fables antiques. Junon-Lucine répand la lumière, et pourtant elle se dérobe bientôt à cette lumière qui lui vient de Jupiter; alors, semblable à la vache lunaire Io, elle s'égare vagabonde dans une carrière sans limites, elle devient à la fin délirante et ténébreuse, comme Brimo-Proserpine, jusqu'à ce qu'un retour de raison la ramène

---

[1] Iliad. XV, 18 sqq.; Pausan. I, Attic., 20. Il faut voir cette dernière et curieuse scène représentée dans notre pl. CXLII, 275, avec l'explicat. (J. D. G)

[2] Une pierre gravée montre Héra sur son trône et couronnée d'étoiles, comme reine du ciel : Lippert, *Dactyl.*, I, 54. (J. D. G.)

[3] *Bona Juno*: Virgil. Æneid. I, 734. *Cf.* Plutarch. fragm. IX, 2, p. 755 sq. Wytt.

à son lumineux époux, désormais réglée et dans toute la plénitude de sa dignité matronale. Junon, qui est ici la lune dans tout son éclat, est en même temps l'âme du monde, aussi long-temps qu'elle demeure fidèle à la direction de Jupiter, qui en est l'esprit ou l'intelligence. S'écarte-t-elle de lui, aussitôt la vie animale erre à l'aventure sans règle et sans loi; mais l'esprit lui-même se sent alors abandonné et cherche à se réunir à l'âme. Leur concorde seule fait fleurir la vie dans sa force et dans sa beauté. Héra-Junon n'est donc autre chose qu'une personnification de la Nature, conçue et développée dans la perpétuelle vicissitude du Chaos et du Cosmos, c'est-à-dire du désordre et de l'ordre. Telle est au fond l'histoire de son mariage avec Jupiter. Ce mariage, analogue à l'hymen déjà expliqué de Cœlus et de Dia, de Mercure et de Proserpine [1], cette loi de l'époux tour à tour reconnue et méconnue par l'épouse, est une loi tout ensemble cosmique et civile. C'est la loi du monde et de la maison à la fois, loi que l'homme a faite, et que la femme doit suivre volontairement ou fatalement, par nécessité et pour son bonheur. En effet, l'homme est son bon génie, comme Jupiter est le bon génie de Junon, qui, pour cette raison, est surnommée *genialis* ou *l'heureuse*, et préside à son tour au bonheur des femmes [2].

[1] *Cf.* liv. V, sect. I, p. 297 sq. *ci-dessus*.

[2] Junon était même, dans les religions italiques, se généralisant et se multipliant tout à la fois, le nom commun des bons génies (*Junones*), non seulement des matrones, mais des déesses, telles que Cérès, par exemple (*V.* Lanzi *Saggio di Ling. Etr.*, p. 238, 578; Marini *gli Atti de' fratelli Arvali*, p. 160, 174, 386, 414, 500 sqq., et 686). De là, dans les inscriptions, *Junones Augustæ*, *Juno Claudia*,

En général, la religion du Génie, bon ou mauvais, si profondément enracinée dans les croyances de l'Italie ancienne, se rattache de fort près au culte de Junon. Sans revenir sur ce que nous avons déjà dit des rapports de cette déesse avec plusieurs autres divinités italiques, nous remarquerons, en terminant, que ses fonctions et ses attributs semblent se partager, chez les anciens Italiens, entre les trois déesses suivantes : la terrible *Mania*, mère des esprits, la voluptueuse *Acca Larentia* et la bonne *Anna Perenna*[1]. Figures changeantes et diverses d'un seul et même génie, tout ce que le temps dans son cours, l'année lunaire dans ses phases successives apportent de bien ou de mal au pays et à la cité, à la maison et au domaine, leur appartient comme à Junon. Celle-ci, à l'époque des Kalendes, était invoquée par les pontifes en qualité de *Novella* ou nouvelle lune, et l'antique Laurentum l'adorait sous le nom de *Kalendaris*[2]. Le premier jour de chaque mois lui était consacré, comme l'on sait. Tous ces indices et beaucoup d'autres montrent qu'en Italie l'observation de l'année lunaire fut intimement liée à la religion de Junon. Il est donc probable que, sous le nom de *Monéta*, accolé à celui de Junon et par lequel les Latins désignaient encore Mnémosyne, épouse de Jupiter et mère des Muses[3], fut, dans l'origine, personnifié le calendrier

Julia, etc., chez Gruter, p. 21 sq. Aussi, à Rome, les femmes juraient-elles par Junon, et les esclaves femmes *per Junonem horæ* (*V.* interpret. ap. Tibull. III, 6, 48, et Ruperti ad Juvenal. II, 98.)

[1] *Cf.* liv. V, sect. II, p. 192, 418, 424, 501 sq.
[2] Macrob. Sat. I, 14.
[3] Creuzer ad Cic. de N. D. III, 18, p. 569.

sacerdotal, transmis de bouche en bouche. Et comme les phénomènes naturels rentraient dans le cercle des Fastes antiques, l'on conçoit que Junon-Monéta, lors d'un tremblement de terre, se chargeât d'apprendre le moyen d'apaiser la colère des dieux [1]. Quelques uns prétendent, il est vrai, que ce surnom fut donné à la déesse parce que, dans la guerre de Tarente, elle avait délivré les Romains d'une disette d'argent; ils ajoutent que, depuis cette époque seulement, les monnaies furent frappées dans son temple [2]. Mais c'est là évidemment une tradition récente. Toutefois Junon y paraît dans un caractère royal et politique qui lui appartient réellement, et qui s'était déjà manifesté à une époque antérieure, lorsque, par l'organe de son idole, la déesse fit connaître sa volonté d'abandonner Véies pour Rome [3].

[1] Cic. de Divinat. I, 45, p. 221 ed. Moser. et Creuzer.
[2] Suidas in Μονῆτα. *Cf.* Spanheim de usu et præstant. num., vol. I, p. 29. — *Monéta a monendo*. Junon-*Monéta* se voit sur les deniers de la famille *Carisia*, avec les instrumens pour frapper les monnaies, au revers. (J. D. G.)
[3] Livius V, 22 et 31; Dionys. Halic. interpret. et fragm. XIII, 3, p. 26 sq. ed. Mediolan.

CHAPITRE III.

POSEIDON ou NEPTUNE.

Origine punique ou libyque de ce dieu, ses épithètes et attributs caractéristiques, son empire sur la mer et ses prétentions à celui de la terre; le cheval, un des principaux attributs de Poseidon, mystérieux rapports avec Déméter ou Cérès et sa fille; le dauphin, autre animal consacré à Neptune; rapports non moins mystérieux avec Bacchus et avec Apollon, idées et symboles analogues. Famille de Poseidon, sa demeure, ses temples et ses représentations figurées. Coup d'œil sur le Neptune et le Consus de l'antique Italie. Point de vue philosophique.

Le nom de *Poseidon* est vraisemblablement d'origine punique; il signifie le *large*, le *vaste*, l'*étendu* [1]. Le dieu lui-même n'a pas une autre origine, selon toute apparence. Néanmoins, au dire d'Hérodote [2], les Libyens furent les premiers qui adorèrent Poseidon, et c'est d'eux que les Grecs l'auraient pris, pour l'introduire ensuite dans le système des dieux de la Crète [3]. Il devint alors un

---

[1] D'après Bochart. *Cf.* Lennep Etymol. ling. gr., p. 602; Schelling, *Über die Gottheit. v. Samothr.*, p. 91.

[2] II, 50, IV, 188. *Cf.* liv. IV, p. 226, n. 1, et p. 245 *ci-dessus*.

[3] Münter (*die Relig. der Carthager*, p. 98 sq., 2ᵉ édit.), se fondant sur le témoignage d'Hérodote et sur la différence radicale des langues libyque et punique, n'admet ni l'identité primitive du Poseidon grec et du dieu de la mer chez les Phéniciens, ni par conséquent les étymologies hébraïques ou égyptiennes du nom de *Poseidon*, qu'il paraît regarder comme d'origine libyenne aussi bien que le dieu.—

frère de Jupiter, un *Jupiter marin* [1], et la couleur de son élément lui avait fait donner le surnom d'*Obscur* ou de *Noirâtre* [2]. En effet, c'est lui qui domine sur la profondeur des mers; c'est là qu'il commande en maître absolu par la redoutable voix des flots mugissans; lui-même il s'appelle *le Mugissant* [3]. Voilà pourquoi, sans doute, il était assimilé au taureau et en portait le nom [4]; peut-être aussi cette épithète lui venait-elle de la figure des vagues, ou des sacrifices de taureaux qui se faisaient en son honneur [5]. Une autre épithète, qui a reçu des interprétations non moins diverses, celle d'*Ægœon*, pourrait lui avoir été appliquée dans un sens analogue à la précédente, pour exprimer le mouvement brusque et violent, et en quelque sorte les soubresauts des flots de la mer agitée [6]. Cependant Poseidon s'apaise quelquefois, et

Cette opinion et celle de l'origine phénicienne ont trouvé un égal adversaire dans M. Völcker (*die Mytholog. des Japetisch. Geschlecht.*, p. 134 sqq.), qui rapporte à la seule Grèce pélasgique le culte et le nom de Poseidon. Ποσειδῶν, en dorien Ποσειδᾶν, ou plutôt Ποτειδᾶν, plus simplement Ποτείδας ou Ποτίδας, ioniquement Ποσίδης, aurait pour racine πόω, d'où πότος et πόσις, ποταμός, πόντος, etc., et désignerait le dieu de l'élément humide, de l'eau en général, ce qui est la notion propre de Neptune. Cf. Schwenck, *Etymol. Andeut.*, p. 186; O. Müller, *Dorier*, II, p. 520, et *Prolegom. Mythol.*, p. 289 sq. Nous renvoyons à la note 12 sur ce livre, fin du volume, le développement des divers points de la question. (J. D. G.)

[1] Ζεὺς πελαγαῖος ou πελάγιος. Pausan. VII, Achaïc., 21.
[2] Ὁ μέλανθος, Eustath. ad Odyss. XVII, 212, p. 626 Basil.
[3] Μυκητής. Cornutus de N. D., p. 193; Eudoc., p. 341.
[4] Ταύρειος, ou même ταῦρος. Hesych. II, p. 1353.
[5] Hesiod. Scut. 104, et Iliad. XXI, 237, *ibi* Schol. *Cf.* Creuzer Meletem. I, p. 32.
[6] Αἰγαίων, parce que les flots s'élancent δίκην αἰγός, comme des

CH. III. POSEIDON OU NEPTUNE.   627

alors il se borne à contenir la terre, il l'affermit et la rend sûre ¹. Mais plus souvent il l'ébranle par de terribles secousses, par les tremblemens de terre : c'est même de là qu'il tire ses plus fréquentes épithètes ². En général, il est la cause du mouvement pour toutes choses, dit un Platonicien, et c'est à juste titre que la mer si mobile a été assignée comme élément au second des trois dieux qui se partagèrent l'empire de Cronos ³. Poseidon est si puissant, il a tant d'influence sur la terre, qu'il va jusqu'à braver, dans l'Iliade, Jupiter lui-même, dont il reconnaît

chèvres, d'où la mer en général, et spécialement la mer *Égée*, appelée ainsi, Αἰγαῖον, et les vagues nommées αἶγες (Schol. Lycophron. 135; Artemidor. Oneirocrit. II, 12). On le fait venir ordinairement soit de *Æges*, en Achaïe, où Neptune était adoré, soit de la ville du même nom en Eubée, près de laquelle il avait son palais, au sein de la mer (Iliad. VIII, 203, et XIII, 21, *ibi* Heyn. obss.; Pausan. VII, 25; Strab. VIII, p. 386 Cas.). — Αἰγαί, évidemment, a la même étymologie que les noms précédens, rapprochés par Schwenck, p. 179, et par Völcker, p. 69, de beaucoup d'autres analogues, et supposés, ainsi que ceux de ὠγήν, ὠγῆνος, ὤγενος, ὠκεανός, Ἀγήνωρ, Ὠγύγης, Γύγης, avoir trait à la mer et aux eaux en général. *Conf. ci-dessus*, p. 245 et 362 sq.
(J. D. G.)

¹ En qualité de γαιήοχος et de ἀσφάλιος ou ἀσφαλιαῖος. Sur ces épithètes, ainsi que sur les précédentes et les suivantes, on trouvera de plus amples détails dans les Meletem., p. 31 sq. Les Rhodiens, en particulier, rendaient hommage à Poseidon ἀσφάλιος (Strab. I, p. 57 Cas.), que l'on adorait aussi à Sparte et à Patres comme préservateur des tremblemens de terre (Pausan. III, 11, VII, 21).

² Ἐννοσίγαιος, ἐνοσίχθων, σεισίχθων, κινησίχθων, expliqués par ὁ κινητὴς τῆς γῆς (Apollon. Lexic. Homer., p. 246), ou, comme dit Pindare (Isthm. IV, 32), ὁ κινητὴρ γᾶς, et Sophocle (Trachin. 503), τινάκτωρ γαίας.

³ Proclus ad Plat. Cratyl., p. 90, Boissonad.

40.

plus ordinairement la suprématie [1]. Sa colère est souvent redoutable aux navigateurs, à Ulysse par exemple, et sa vengeance terrible, comme celle qu'il exerce sur le parjure Laomédon [2]. Sous ce point de vue, Neptune apparaît comme un génie sauvage et formidable, et ses fils ne sont pas moins barbares ni moins redoutés que lui-même [3]. Il est possible que des irruptions de la mer et d'autres révolutions physiques, opérées sur les côtes de la Grèce et dans l'Archipel, aient donné lieu à ces descriptions poétiques du caractère de Poseidon. Quoi qu'il en soit, si, par l'invasion de ses flots amers, il avait corrompu d'abord les germes de la végétation, il en favorisait au contraire le développement, depuis que, par sa volonté, les eaux marines s'étaient retirées de la terre. Les Trézéniens l'honoraient sous un nom qui a trait à cette idée, celui de *Phytalmius* [4], que portaient aussi Hélius ou le Soleil et Jupiter, et qui se rapproche naturellement d'une épithète presque semblable, laquelle désigne Neptune

---

[1] Iliad. XV, 185 sqq., VIII, 440, XIII, 355 sqq.

[2] Odyss. I, 68 sqq.; Iliad. XXI, p. 441 sqq.; Schol. ad Iliad. XX, 145. *Cf.* Heyne ad Apollodor. II, 5, 9. Il joue également le rôle d'un dieu vengeur, dans les mythes de la Crète et de l'Attique, contre Minos, contre Érechthée et contre Hippolyte, fils de Thésée. *V.* Pausan. I, 27 et 22; Apollodor. III, 15, 5; Ovid. Metam. XV, 477 sqq.

(J. D. G.)

[3] Eustath. ad Odyss. IX, 187, p. 346 Bas.; Davis. ad Cic. de N. D. I, 23, p. 102. *Cf.* liv. III, tom. I, p. 429; liv. V, p. 332 sq. *ci-dessus.*

[4] Φυτάλμιος, Pausan. II, Corinth., 32; Plutarch. Sympos. VIII, 8, p. 1013 Wyttenb. *Cf.* Hesych. II, p. 1532, et Creuz. Meletem. I, p. 33.

rentré dans ses limites et faisant son séjour au sein de l'onde amère [1].

Le symbole du pouvoir de Poseidon et de son empire sur les eaux est le trident ou la fourche à trois branches [2]. Un autre de ses attributs principaux est le cheval, d'où il prenait les surnoms d'*Équestre*, de *Cavalier*, de *Conducteur* ou de *Dompteur de chevaux* [3]. Il passait même dans l'Attique pour avoir été le créateur du cheval. Pamphus, l'antique poète qui composa pour les Athéniens les premiers hymnes sacrés, faisait hommage à Neptune d'avoir donné aux hommes et les chevaux et les navires aux

---

[1] Φοιτάλμιος, ὁ ἐν τῇ ἅλμῃ φοιτῶν. Zonar. lex. gr., p. 827. — La ressemblance des deux épithètes ne serait qu'apparente, si le mot φυτάλμιος, au lieu de dériver, comme l'implique la tradition rapportée dans Pausanias, de φύτα et ἅλμη, venait de φύτα et du verbe primitif ἄλω (d'où la forme plus simple φυτάλιος), ἀλέω, ἀλδέω, ἀλθέω, le même que le latin *alo*, qui donne *almus*. Par là s'explique ce surnom de *nourricier des plantes*, commun à Jupiter, au Soleil et à Neptune, et qui nous rappelle le Ζεὺς ἀλδήμιος. (*ci-dessus*, p. 582, n. 3). De là encore *Althepus*, fils de Poseidon, à Trézène. Poseidon n'est pas seulement le dieu de la mer, il est encore et originairement le dieu des fleuves et des sources, le dieu des eaux en général, et c'est à ce titre qu'il favoris le développement de la végétation. *Cf.* Völcker, p. 163 sq.; Baur, *Symbol. u. Mythol.*, II, 1, p. 105. (J. D. G.)

[2] Τρίαινα, *tridens, fuscina*. — On conjecture que le trident ne fut dans le principe qu'un harpon (Böttiger, *Amalthea*, vol. II, p. 306; O. Müller, *Archæologie*, p. 454 sq.). D'autres cherchant dans l'Inde l'origine de Poseidon, nous rappellent le *trisoula* de Mahadèva (Ritter, *Vorhalle*, p. 414; Baur, *Symbol.*, II, 1, p. 111; et notre tom. Ier, p. 161). (J. D. G.)

[3] Ἵππιος, ἵππειος, ἱππηγέτης (Tzetzes ad Lycophr., 767), ἵππων δμητήρ, δαμαῖος (Pindar. Pyth. IV, 80, Ol. XIII, 98, 476). *Cf.* Creuzer. Meletem. I, p. 32; — et Völcker, ouvr. cité, p. 154. (J. D. G.)

voiles rapides [1]. On a cru trouver le motif de ces traditions aussi bien que des épithètes précédentes, et en général de l'attribut du cheval uni à Poseidon, dans un fait historique réel ou prétendu : c'est qu'avec le culte de ce dieu, de tout temps adoré sur les côtes de la Barbarie actuelle, les Phéniciens auraient transporté, du nord de l'Afrique dans leur pays, l'espèce des chevaux, qu'ils auraient plus tard répandue avec le même culte sur les côtes de la Grèce, principalement sur celles du Péloponèse et de l'Attique, et jusque dans la Thessalie, lieux où Neptune était adoré avec prédilection [2]. Sans rejeter absolument cette opinion, ni l'explication analogue que donne Pausanias du Poseidon équestre [3], nous pensons que cette épithète a d'autres racines plus profondes et plus anciennes dans les vieilles religions pélasgiques, dans certains mythes et certains symboles de ces religions, que nous rapporte le même Pausanias. Ces symboles et ces mythes se rattachaient au culte mystérieux de Cérès en Arcadie et en Attique. Le cheval y figurait comme étant issu de l'union violente de Poseidon avec Déméter, c'est-à-dire

---

[1] Pausan. VII, Achaïc., 21. *Cf.* interpret. ad Virgil. Georgic. I, 12. — Suivant une tradition locale, c'était en Thessalie et non en Attique que Neptune avait fait naître d'un rocher le premier cheval, appelé *Scyphios* : de là le dieu lui-même était surnommé, non-seulement ἵππιος, mais πετραῖος, épithète dont on donnait encore une autre raison. *V.* Scholiast. Pindar. Pyth. IV, 246. (J. D. G.)

[2] Böttiger, *Andeut. zur Kunstmythol. des Neptun.*, p. 155 sq.

[3] Il fait Neptune inventeur de l'art de dompter les chevaux ; Achaïc., 21.

CH. III. POSEIDON OU NEPTUNE. 631

de la mer et de la terre¹, tradition extrêmement mystique, qui se rapportait sans doute à d'antiques faits physiques, consacrés dans la mémoire des peuples, et que nous présenterons ailleurs dans tout son développement². Il sera temps aussi de rappeler à cette occasion cette bizarre statue de Cérès que l'on voyait à Phigalie, chez les Arcadiens, et qui avait la tête et la crinière d'un cheval, avec des images de serpens et de toute sorte d'autres bêtes féroces attachées à cette tête. Elle tenait un dauphin sur sa main droite et une colombe sur la gauche, et tout le reste de son corps était couvert d'une tunique noire³. Aussi nommait-on cette Cérès *la Noire*, soit à cause du deuil de sa fille, soit à cause de son courroux contre Neptune; car elle était identique à la précédente, surnommée *Erinnys*, c'est-à-dire la Cérès irritée.

Le dauphin, autre animal consacré à Neptune, appartenait également aux vieilles religions pélasgiques. Emblème de la mer Méditerranée, ce merveilleux poisson

---

¹ Pausan. VIII, Arcad., 25. Ce cheval se nommait *Arion*.

² *V.* liv. VIII, sect. I, chap. III; sect. II, chap. I. — M. Völcker rejette beaucoup plus nettement que M. Creuzer l'hypothèse historique de M. Böttiger sur le rapport du cheval avec Neptune. Il voit dans le cheval un emblème du navire à la course rapide (*Cf.* liv. IV, p. 246 *ci-dessus*), et par cette assimilation naturelle, dont il cite une foule d'exemples chez les anciens, il l'explique, non-seulement comme attribut du dieu de la navigation, mais encore comme symbole des eaux en général. Nous croyons qu'il n'est besoin d'aucun intermédiaire pour rendre compte du rapport dont il s'agit, et que le cheval fut primitivement un symbole immédiat, soit des eaux, soit de la divinité qui y préside. *Voy.*, au reste, la note 12 sur ce livre, fin du vol.
(J. D. G.)

³ Pausan. VIII, 42.

dont les anciens se sont plu à décrire l'histoire physique [1], jouait des rôles divers dans les traditions relatives à Bacchus. Le cinquième hymne homérique, adressé à ce dieu, nous le représente métamorphosant en dauphins les Tyrrhènes ou Pélasges-Tyrrhènes, qui voulaient l'emmener captif [2]. La statue de Palémon, fils d'Ino ou de Leucothée, se voyait debout sur un dauphin [3]. Souvent aussi l'on remarque le même animal dans les peintures de vases bachiques. Les auteurs des Dionysiades eurent donc de fréquentes occasions de le mentionner; et l'antique légende des hommes-dauphins, s'étant rattachée à l'île de Naxos, siége principal du culte de Bacchus, dut par cela même passer dans les poèmes qui célébraient ce dieu. On le voit par l'ouvrage de Nonnus, qui puisa dans tous ceux de ses prédécesseurs [4]. Ce qui n'est pas moins sûr, c'est que le dauphin était appelé *poisson tyrrhénien*, et que les Tyrrhènes l'avaient choisi comme symbole de leur pays et de leurs vaisseaux [5]. Grands navigateurs, ils voyaient dans ce poisson, nageur habile et ami des hommes, un présage assuré d'une heureuse navigation [6]. Le dauphin

---

[1] *V.* Schneider, Eclog. phys., p. 41; Schneider ad Ælian. H. A. II, 52; Beckmann ad Antigon. Caryst., p. 110.

[2] *Cf.* Hygin. Poët. Astronom. XVII, p. 460 Staveren. Ce mythe célèbre est le sujet d'un remarquable bas-relief du monument choragique de Lysicrate à Athènes. (Stuart, *Antiq. of Ath.*, c. 4.)

[3] Pausan. II, Corinth., 1. — *Cf.* notre planche CLXXVI, 625-627.
(J. D. G.)

[4] Nonn. Dionys. XXIII, 292, XXXVIII, 371, XLIII, 191, 288; Stephan. Byz. in Κάσπειρος.

[5] Senec. Agamemn., 451. *Cf.* Buonarota ap. Passeri Pict. Vasc. Etrusc. I, p. 50.

[6] Pindar. Pyth. IV, 29; Euripid. Helen. 1467, Electr. 433. *Cf.* Bo-

passait même pour être sensible aux accords de la musique ; les chantres Arion et Hésiode avaient, dit-on, trouvé en lui un appui généreux [1] ; on ajoute que le dieu de la poésie, Apollon, voulant fonder l'oracle de Delphes, daigna prendre la figure de cet animal. En un mot, d'après une tradition qui remonte aux temps les plus reculés, le dauphin était un symbole de l'humanité se retrouvant dans les abîmes de la mer, séjour habituel des monstres sauvages ; et lorsque Dante, dans son Enfer (chant XXII), emploie cette comparaison :

« De même que les dauphins, en recourbant leur croupe, font signe au navigateur qu'il se hâte de mettre sa barque à l'abri.... »

Le poète semble adopter ce qui fut, au fond, la croyance primitive du peuple grec. La rapidité de ce poisson n'était pas moins célèbre que sa bonté [2]. Ce qu'était sur terre le cheval, le dauphin l'était sur mer. Unis l'un à l'autre par une alliance symbolique, ils exprimaient l'empire de la mer et celui de la terre dans leur association, et, si l'on veut, la lutte, puis la réconciliation de Neptune et de Cérès-Erynnis, suivant le mythe pélasgique rapporté plus haut.

chart, Geogr. Sacr., p. 386 ; Spanheim de usu et præstant. Numism. I, p. 224.

[1] Herodot. I, 23 sqq. ; Plin. H. N. IX, 7 sqq. ; Gellii N A. XVI, 19, coll. Solin. Polyhist., c. XXII. Dans l'hymne d'Arion à Neptune, qui nous a été conservé par Élien (Hist. animal. XII, 45), les dauphins sont appelés φιλόμουσοι, comme ailleurs φιλάνθρωποι.   (J. D. G.)

[2] Pindar. Pyth. II, 93 sq. ; Attius ap. Cic. de N. D. II, 35.

Les Telchines, ces habitans primitifs de Rhodes et des contrées voisines, qui, suivant la tradition, avaient élevé l'enfance de Poseidon, et qui furent noyés par Jupiter à cause de leur penchant pour la magie, durent, aussi bien que les Tyrrhènes, être mis en rapport avec le dauphin. Le dauphin lui-même, selon toute apparence, servit à des opérations magiques dans ces temps reculés [1]. On le retrouve à la fois dans les légendes mystiques des Pélasges barbares, dans les poèmes des Hellènes civilisés et dans les créations sublimes de l'art grec, toujours comme emblème de Neptune, mais de Neptune favorable, du calme des flots et d'une navigation propice. Les artistes l'associèrent de différentes façons à l'image du dieu, et le mirent tantôt dans sa main, tantôt sous ses pieds [2]. En effet, les traditions poétiques, comme les ouvrages de l'art, présentent souvent Poseidon monté sur un dauphin. Ce fut ainsi que, par un trajet aussi rapide que fortuné, il se réunit à son amante Amymone, à sa chère Amphitrite [3]. Car le dauphin, cet ami des hommes, favorisait non-seulement les arts, mais encore l'amour. L'Amour lui-même, personnifié, monte quelquefois un dauphin, comme sur

---

[1] *Conf.* liv. V, sect. I, ch. II, p. 279 sqq. *ci-dessus*. Le rapprochement que l'on a fait des mots Τελχίν, comme qui dirait θελγίν, et δελφίν, pour expliquer la transformation des hommes en dauphins (Böttiger, ouvr. cit., p. 157), paraît, au reste, dénué de fondement, la forme antique ou éolique de δελφίν étant βελφίν (Etymol. M. p. 200, 27 Sylb.).

[2] Pausan. X, Phocic., 34; Becker, Augusteum, tab. 40. — *Cf.* nos pl. CXXIX, 505; CXXX, 504.   (J. D. G.)

[3] Ce dernier service aurait valu au dauphin d'être mis au nombre des constellations (Eratosthen. Catasterism., 31; Hygin. *ubi supra*).

ce camée qui porte l'inscription *navigation heureuse*[1]. Sa mère, la déesse de l'amour, née du sein de la mer, était adorée à Cnide et ailleurs sous un titre semblable [2]. Pour revenir à Neptune, le dauphin passait pour son favori, pour le ministre fidèle de ses favoris et de ses enfans. Aussi les autres divinités marines l'ont-elles souvent parmi leurs attributs [3]. Les villes maritimes et les navigateurs le choisirent comme leur symbole. C'est pourquoi Ulysse portait un dauphin sur son bouclier, et, ajoute-t-on, sur son anneau [4]. On en donnait pour raison que le jeune Télémaque, étant un jour tombé dans la mer, avait été sauvé par un de ces animaux [5]. Une telle interprétation fut sans doute imaginée à cause des persécutions connues de Neptune contre Ulysse, qui avait crevé l'œil unique de Polyphème. D'autres prétendaient que l'outre dont Éole avait fait présent au héros d'Ithaque, et où il avait enfermé les vents, était faite de la peau d'un dauphin et enchantée [6]. Une multitude de fables pareilles, inventées chaque jour par les marins, circulaient dans la Grèce,

[1] Εὔπλοια, Winckelmann, Descript. du cabin. de Stosch, p. 139. Cf. Zoëga, *Bassirilievi*, n° 53. — Et nos pl. XCIX, 386; CI, 396 *b*. (J. D. G.)

[2] Pausan. I, Attic., 3. Les épithètes de ποντία et de λιμενία, également données à Aphrodite, se rapportent au même ordre d'idées. Cf. chap. V, art. I, p. 653 *ci-après*.

[3] *Voy.* entre autres, nos planches CXXXII, 511, et CXL, 612, avec l'explication; CLXXVI, 625-627, déjà citée. (J. D. G.)

[4] Lycophron. Cassandr., 655, *ibi* Tzetz.

[5] Plutarch. de Solert. anim. *fin.*, t. IV, p. 995, Wytt.

[6] Eustath. ad Odyss. X, 19, p. 379 Bas.

et beaucoup sans doute leur étaient inspirées par ces images de dauphins, emblèmes héréditaires de villes, qui frappaient leurs regards sur toutes les côtes, depuis les bords lointains de l'Hespérie jusqu'en Asie-Mineure. Il est probable que le groupe qui se voyait au promontoire de Ténare, en Laconie, et qui représentait un homme monté sur un dauphin, joint à l'antique croyance de la bonté de cet animal et de son goût pour les arts, avait donné naissance au mythe gracieux du chantre Arion [1]. Tarente, si puissante sur mer, avait aussi un dauphin pour symbole; et de là le héros Taras, fils de Neptune, venu dans cette ville sur un dauphin, ou bien encore le fils de ce Taras, mis au jour par la nymphe Saturia, miraculeusement sauvé par un dauphin dans une tempête [2]. C'est ainsi qu'un cercle magique de mythes semble se former partout autour de ce merveilleux poisson [3].

[1] *Cf. ci-dessus*, p. 633, et la not. 1.
[2] Probus et Pompon. Sabinus ad Virgil. Georg. II, 197. *Cf.* Mazocchi Commentar. ad tab. Heracl. I, p. 99. Les médailles de Tarente montrent Taras sur son dauphin.
[3] Le dauphin, pense Winckelmann, donna la première idée de la navigation : aussi, non-seulement les navires des anciens portaient des dauphins comme emblèmes, non-seulement les Tyrrhènes, habiles navigateurs, passaient pour avoir été métamorphosés en dauphins; mais, sur les pierres gravées, on voit des vaisseaux mêmes sous la forme de cet animal. Son rapport avec le cheval, autre attribut de Poseidon, repose sur une idée commune; tous deux prennent la place l'un de l'autre ou sont associés dans les représentations de l'art; et, si l'on remarque des dauphins à l'architrave d'un cirque (Musée Napoléon, VII, 6$_7$, *ibi* Petit-Radel), ce n'est pas uniquement parce que les anciens artistes affectionnaient les lignes onduleuses qu'offre la figure de ce poisson, c'est, avant tout, pour le même motif qui faisait compter par les dauphins les tours des chars, c'est-à-dire à cause de

CH. III. POSEIDON OU NEPTUNE. 637

Quant à la famille de Poseidon, nous avons déjà parlé de son hymen mystique avec Déméter, d'où naquit, outre le cheval Arion, une fille nommée *Despoina :* dans le livre huitième, nous reviendrons sur cette tradition sacrée. Son épouse, suivant la religion publique, fut Amphitrite, fille de l'Océan, dont il eut Triton et Rhode [1]. Voici ses autres enfans : d'Iphimédie, il eut les Aloïdes; de Molione, les Molionides [2]; de Libye, Agénor, Bélus et ses descendans les Bélides; de Hippothoé, Protée; de Méduse, le cheval ailé Pégase [3], etc. Sa demeure était près d'Æges, au fond de la mer, d'où son surnom d'*Ægæon* [4], ou chez les Éthiopiens [5]. Ses temples les plus célèbres se voyaient au Ténare, à Trézène, à Hélicé, dans l'isthme de Corinthe, où l'on célébrait en son honneur des jeux solennels, appelés isthmiques; enfin sur le promontoire de Sunium. Si nous jetons un dernier coup d'œil sur les images de ce dieu, les plus anciennes nous le présentent vêtu, avec un long manteau à plis nombreux, qui descend jusqu'aux pieds; marchant d'un pas rapide comme la tempête, avec le trident, signe de sa puissance, à la main [6]. Les caractères dominans des diverses représenta-

Neptune équestre, protecteur des jeux du cirque, dieu rapide comme les deux animaux qui symbolisent son double pouvoir sur la terre et sur la mer. *Cf.* Völcker, ouvr. cité, p. 160. (C.-R. et J. D. G.)

[1] Hesiod. Theogon. 930; Apollodor. I, 4, 4.
[2] *Cf.* liv. V, sect. I, ch. III, art. I, p. 332 sqq. *ci-dessus*.
[3] *Voy.* tab. VI ad Apollodor. ed. Heyn.
[4] *Ci-dessus*, p. 626 sq., et n. 6.
[5] Odyss. I, 22, V, 282.
[6] *Voy.* nos pl. LXIV, 250 c.; CXXX, 504; CXXXI, 509; CLX, 612, avec l'explicat. (J. D. G.)

tions de Neptune, sont un extérieur sévère, un regard presque sauvage, des cheveux un peu en désordre, et ainsi de suite. Praxitèle et Lysippe furent les créateurs de son idéal, dans des colosses majestueux. Myron et Scopas y ajoutèrent, dans d'autres ouvrages, les *Hippocampes*, son cortége ordinaire [1]. Les médailles de Posidonia et de quelques autres villes maritimes nous montrent aussi de belles représentations de ce dieu [2].

Au Poseidon des Grecs correspondent les dieux italiques *Neptune* et *Consus* [3]. Les étymologies données par les anciens du nom de *Neptune* ne sont rien moins que satisfaisantes [4]. D'autres, parmi les modernes, assignent au nom comme au dieu une origine libyque [5]. Quant à *Consus*, les grammairiens de l'antiquité l'expliquent généralement comme le dieu des *conseils*, le *conseiller* par excellence [6]. C'était sous sa protection que s'assemblaient les peuples du Latium, pour délibérer sur leurs affaires

---

[1] *Voy.* Voss, *Mythol. Briefe*, II, p. 22-29. — *Cf.* pl. CI, 385; CIII, en haut; CXXXII, 510, etc. (J. D. G.)

[2] Pl. CXXX, 506, avec l'explicat.; même pl., 508, paraît Neptune en rapport avec Amymone, son amante. On trouvera dans la note 12, fin du vol., de plus amples détails sur les images de ce dieu et de quelques autres divinités marines. (J. D. G.)

[3] Dionys. Halic. Archæol. II, 31; Plutarch. Romul., cap. 14.

[4] Le Stoïcien Balbus, dans Cicéron (de N. D. II, 26, p. 310 Cr.), fait venir *Neptunus* a *nando*; Varron (de L. L. IV, p. 20) a *nubendo*, parce que l'eau enveloppe ou embrasse la terre. Wyttenbach (ad Cic. *l. l.*, p. 754, ed. Creuzer) le tire du vieux mot *nepos*, en grec νέπος, poisson, ou de νίπτειν, *alluere*.

[5] *Cf.* tom. Ier, Éclaircissem., p. 847 et not. 3.

[6] Βουλαῖος, dit Plutarque, *ubi supra*; Arnob. adv. Gent. III, 23; Servius ad Virgil. Æneid. VIII, 636; Festus *s. v.*, p. 96.

communes : ils célébraient en son honneur, en l'honneur de Neptune équestre, comme dit Tite-Live [1], les *Consualia*, fête qui paraît s'être perpétuée dans les jeux du cirque [2]. Ce fut, on le sait, à la fête des *Consualia* que Romulus ordonna l'enlèvement des Sabines [3].

Cicéron nous indique le point de vue sous lequel les philosophes, particulièrement les Stoïciens, considéraient Poseidon ou Neptune. Ce dieu, selon eux, était l'esprit ou le souffle d'intelligence répandu sur la mer [4]. Suivant la définition à peu près semblable de Maxime de Tyr [5], Poseidon est l'esprit qui parcourt la terre et la mer, et qui règle leur équilibre et leur harmonie.

[1] I, 9, *ibi* interpret.
[2] Servius, *l. l.*
[3] Livius, *ibid.* Denys (II, 30) donne ce rapt même comme le motif de l'institution des jeux. Hüllmann, dont les idées sur l'origine du culte de Neptune reviennent, du reste, à celles de M. Böttiger, voit dans cet événement mythique une de ces alliances nuptiales telles qu'il s'en contractait entre les peuples voisins, aux premiers âges de l'histoire. Les pères s'opposant à ce que leurs filles prissent pour époux des étrangers, ceux-ci ne les obtenaient que comme récompenses de la victoire remportée aux luttes équestres, devant les anciens réunis dans l'assemblée fédérative et religieuse de deux ou plusieurs peuples (Hüllmann de Consualibus, Bonnæ, 1819).
[4] De N. D. III, 25, coll. II, 28, *ibi* Creuzer, p. 323.
[5] Dissertat. X, 8, vol. I, p. 183 Reisk.

CHAPITRE IV.

ARÈS ou MARS.

Origine septentrionale de ce dieu, ses plus antiques symboles, son idée primitive; le mystérieux Arès des Pélasges devenu exclusivement dieu de la guerre chez les Hellènes, sa légende, ses épithètes caractéristiques, son cortége; le Mars romain plus fidèle à la conception originelle; représentations figurées.

Si Arès ou Mars est sans cesse appelé le dieu Thrace, chez les auteurs grecs et romains, ce nom ne doit point être considéré comme une épithète purement poétique : il indique l'origine même de la divinité dont il s'agit. Le sauvage dieu de la guerre était adoré dans les âpres contrées situées au nord de la Grèce, sous des emblèmes d'une simplicité remarquable, et d'un sens peut-être plus profond qu'il ne semble au premier abord. Écoutons Hérodote parlant des Scythes : « Dans chaque canton, dit-il, et au milieu du champ destiné aux assemblées publiques, ils ont un temple élevé en l'honneur d'Arès (du dieu des combats), de la manière suivante. Des faisceaux de menu bois sont entassés jusqu'à trois stades environ, en longueur et en largeur, moins en hauteur. Au haut de cet amas est pratiquée une plate-forme carrée, dont trois côtés sont à pic, le quatrième seulement offre un accès. Tous les ans, on y monte cent-cinquante charretées de menu bois; car la pile va toujours s'affaissant par l'intempérie des saisons. Sur cette pile est planté, chez chaque tribu scythe, un vieux cimeterre de fer, et c'est là le simulacre d'Arès. Ils offrent à ce cimeterre des sacrifices annuels de bestiaux et de chevaux, et lui immolent un plus grand nombre de victimes qu'au reste des dieux. Parmi les prisonniers qu'ils font sur leurs ennemis, ils lui sacrifient aussi un homme sur cent.... [1]. » Dans la Thrace, voisine de la Scythie, et habitée par des populations non moins farouches, Mars était également la divinité dominante, nous ne savons à la vérité sous quelle image [2]. C'est de là que les traditions grecques le font venir, là qu'elles placent son berceau, son palais, au pied du mont Hémus; c'est la Thrace qui lui échut en partage, à cause de ses belliqueux habitans, lorsque les dieux se distribuèrent les régions du monde [3]. Déjà chez Homère, à peine délivré des invisibles filets forgés par Vulcain, il s'enfuit de l'Olympe dans la Thrace, comme dans sa terre de prédilection [4]. Mais il faut aller jusque chez les Sabins barbares, au cœur de l'antique Italie, pour retrouver le fer, fétiche sanglant du dieu des combats, et ses affreux sacrifices. Nous avons vu plus d'une fois que le Mars sabin était représenté par une lance, et que des victimes humaines tombaient en son honneur [5]. Rappelons-nous encore que, avec sa virile

---

[1] Herodot. IV, 62.

[2] Herodot. V, 7.

[3] Arnobius adv. Gent. IV, 25, *ibi* interpret., tom. II, p. 231, Orell.; Virgil. Georgic. IV, 462, *Mavortia tellus*; Stat. Thebaïd. VII, 41.

[4] Odyss. VIII, 360.

[5] *Conf.* liv. V, sect. II, ch. I, p. 399; ch. V, p. 492, 495 sqq.

épouse Nériéné, il était fêté au printemps; et nous serons sur la trace de l'idée primitive de ce dieu, du sens total de son symbole le plus général et le plus ancien.

En effet, bien que, chez des peuples barbares ou demi-sauvages, presque exclusivement adonnés à la guerre, ce symbole de la lance ou du glaive ait dû être l'expression naturelle de la redoutable puissance qui préside au destin des batailles, ce ne fut là ni sa seule, ni peut-être sa première signification, du moins chez d'autres peuples. Le Dschemschid de la Perse fend le sein de la terre avec un glaive d'or, et la terre fécondée se réjouit. Mithras, le héros solaire du même pays, porte également un glaive, dont il égorge chaque année le Taureau, emblème de la terre répandant ses dons [1]. En Carie et en Lydie, un dieu singulièrement rapproché de Mars, le Jupiter Labrandeus, était armé d'une hache d'armes et d'une lance, ou encore d'une épée, et ce dieu guerrier était en même temps celui qui fertilisait la terre par les torrens descendus des cieux [2]. Évidemment, dans toutes ces données, le glaive ou la lance ont trait à la terre, dont le sein s'entr'ouvre aux influences célestes; ils figurent l'action violente, mais bienfaisante, d'un pouvoir supérieur, qui la pénètre et la déchire pour la féconder. C'est sous un aspect semblable que déjà le belliqueux Arès nous est apparu dans les mystères cabiriques de Samothrace [3]. Il s'y présente, avons-nous vu, comme le

---

[1] *Cf.* liv. II, ch. IV et V, p. 356 et 380 sq. du tom. Ier.
[2] *Ci-dessus*, ch. I, p. 583.
[3] Liv. V, sect. I, ch. II, art. III, p. 293 sqq.

fécondateur universel par la lutte et par le combat. De son alliance avec Aphrodite, avec le principe de toute union, résultent la vie sans cesse renouvelée de la nature et l'éternelle harmonie du monde. Le Mars du Latium complète cette vieille conception pélasgique, et la détermine davantage. Ouvrant à la fois, au printemps, la carrière de l'année et celle des combats, il se montre sous une face comme le dieu de la nature, sous l'autre comme le dieu de la guerre, mais avec l'idée première d'une lutte perpétuelle, nécessaire au développement du monde aussi bien qu'à celui de la société [1].

Pour qui connaît le génie des religions primitives de la Grèce et de celles du Latium, en grande partie fondées sur l'agriculture, et leurs rapports, soit entre elles, soit avec celles du Nord et de l'Orient, les rapprochemens qui précèdent n'auront rien de trop arbitraire. Le sens des mots vient, d'ailleurs, à l'appui des idées qu'a fait ressortir l'explication des symboles. *Arès* et *Mars*, en grec et en latin, expriment également la notion d'un pouvoir mâle et fort, d'un dieu générateur et vaillant [2].

---

[1] Liv. V, sect. II, ch. V, art. III, p. 511 sqq.

[2] Ces deux noms sont liés, par une même et manifeste analogie, Ἄρης à ἄῤῥην, *Mars* à *mas, maris,* comme l'observe Buttmann dans son Lexilogus, p. 195. La syllabe *ar,* renfermant l'idée de force, de supériorité, paraît être leur racine commune. Déjà Platon (Cratyl. p. 53, Bekker.) dit : κατὰ τὸ ἄῤῥεν τε καὶ κατὰ τὸ ἀνδρεῖον Ἄρης ἂν εἴη. Varron (de L. L. IV, 10 *fin.*) explique *Mars* dans le même sens : *quod maribus in bello præsit.* S'il ajoute : *aut, a Sabina dictione, Mamers,* c'est que ce dernier nom, identique à ceux de *Mars* et *Mavors,* et qui provient, dans l'origine, d'un redoublement (*Marmar,* ci-dessus, p. 515), était une forme propre à la vieille langue osque ou sabine, l'une des

Chez les Hellènes, qui transformèrent, comme on sait, les cultes pélasgiques, en les dépouillant de leur sens physique supérieur et les ramenant à la vie humaine, cette notion complexe se divisa. Seulement Homère, à travers l'enveloppe séduisante d'un mythe profond, nous fait entrevoir encore dans le dieu de la guerre, amant de Vénus, l'antique dieu de la nature, opérant, par une lutte féconde, le grand œuvre de la génération et de l'ordonnance cosmiques [1]. Partout ailleurs, Mars n'est plus que la divinité terrible qui souffle le feu des combats, qui se plaît au carnage, et dont les fureurs dépeuplent la terre. Son caractère âpre et féroce se manifeste déjà dans sa généalogie. Junon, l'épouse rebelle de Jupiter, lui donna le jour en Thrace, à l'insu de son époux, après avoir touché une fleur [2]. D'après la théogonie crétoise, au contraire, Arès était fils de Zeus et de Héra [3]. Sa nourrice, suivant une tradition laconienne, s'appelait *Théro*, ou la férocité, et lui-même en avait emprunté l'un de ses surnoms les plus significatifs [4]. Ses autres épithètes em-

---

sources du latin. *Osci Martem Mamertem appellant*, dit Festus (p. 217, Dacer.), et encore : *Mamers Mamertis facit, id est, lingua osca, Mars, Martis. Neriene*, la force, la virilité, épouse de *Mamers*, vient encore fortifier cette étymologie (*Cf. ci-dessus*, p. 496, et la note 2 au bas). Payne Knight et Hermann, s'attachant à la forme *Mavors*, en ont tenté d'autres, qui ne sont pas beaucoup plus probables que celle de Cicéron: *qui magna verteret* (de N. D. II, 26).

(C-R et J. D. G.)

[1] Odyss. VIII, 266 sqq. *Cf. ci-dessus*, p. 299 sq.

[2] Ovid. Fast. V, 229 sqq.

[3] Iliad. V, 896 ; Hesiod. Theogon. 921.

[4] Θηρσίτας, que Pausanias (III, 19) fait venir directement de θήρ,

portent toutes des idées de guerre et de combats. Une des principales et des plus anciennes était celle d'*Enyalios*, signifiant *le belliqueux*, d'après l'interprétation des grammairiens [1]. Dans la suite, on distingua Enyalios de Mars, et l'on en fit un dieu particulier, subordonné à celui-ci, qui lui aurait donné naissance en s'unissant à *Enyo*, la déesse de la guerre [2]. Les guerriers, en marchant au combat, chantaient un hymne à Enyalios, et lui offraient des sacrifices comme au dieu protecteur des armes [3]. D'autres surnoms de Mars le présentent comme renversant les murailles des villes, moissonnant leurs défenseurs, se souillant de meurtres, et changeant de parti pour mieux assouvir sa soif du sang [4]. C'est le dieu impétueux par excellence, à la voix forte et puissante, et, quand il est blessé dans la mêlée, il pousse un cri tel que si dix mille guerriers criaient à la fois [5]. Marche-t-il au combat, il revêt son armure d'or ; *Phobos* et *Deimos* (l'épouvante et la crainte), ses fils, attellent ses coursiers et marchent, avec sa sœur *Eris* (la discorde),

bête féroce, parce que le guerrier, dit-il, doit se montrer comme un lion dans la mêlée.

[1] Iliad. XVIII, 221, *ibi* interpret.

[2] D'autres le faisaient fils de Cronos et de Rhéa. Schol. Aristoph. Pac. 456, et Sophocl. Aj. 179. *Cf.* Liebel ad Archiloch. fragm. p. 152.

[3] Xenoph. Anab. I, 8, 12 ; Cyrop. VII, 1, 3 ; Arrian. Exped. I, 14, 10, etc.

[4] Τευχεσιπλήτης, Ἀνδραιφόντης, Βροτολοιγός, Μιαιφόνος, Ἀλλοπρόσαλλος. Iliad. V, 31 ; II, 651 ; V, 31, 831, 846 ; *ibi* Heyn. observat.

[5] Θοῦρος Ἄρης, βρωμώος. Iliad. XIII, 521, *ibi* Eustath ; V, 843.

en avant de son char [1]. En un mot, l'Arès homérique, le Mars populaire des Hellènes, est la personnification de la guerre sous tous ses aspects; tous les effets, tous les accidens de ce fléau du genre humain figurent, soit comme les épithètes, soit comme les fils et les compagnons de Mars [2]. Lui-même, être sanguinaire, vindicatif, rebelle, détesté des autres immortels, il forme un frappant contraste avec Pallas-Athéné, déesse à la fois sage et forte, qui préside aussi aux combats, mais pour en modérer la fougue et en assurer le succès par la prudence [3]. Mars, au contraire, force aveugle, aimant la guerre pour la guerre, se précipite à travers les dangers, au risque d'y trouver le châtiment de ses fureurs. C'est ainsi qu'en combattant pour les Troyens il fut blessé par Pallas, comme il l'avait été déjà par Diomède, son favori, et, renversé d'un coup de pierre, il couvrit sept arpens de son vaste corps [4]. Plus anciennement, s'étant attaqué aux fils d'Aloéus, ou plutôt de Neptune, Otus et Éphialtès, il fut enchaîné par eux dans une prison d'airain, où il se consumait depuis treize mois lorsqu'enfin le rusé Mercure parvint à le délivrer [5].

---

[1] Iliad. XIII, 298; XV, 119; IV, 440 sqq.

[2] Sur le bouclier d'Achille, par exemple, *Ker*, génie femelle de la mort, et *Kydoimos*, le tumulte des combats, en compagnie d'*Eris* (Iliad. XVIII, 535, *ibi* Heyn.). On trouve aussi personnifiées *Alke*, la défense; *Alale*, le cri de guerre, etc.

[3] Il est remarquable que, dans l'Iliade, Mars combat pour les Troyens, tandis que Minerve est du côté des Grecs (IV, 439). *Voy.* ch. VIII, *ci-après*.

[4] Iliad. V, 855 sqq.; XXI, 403 sqq.

[5] Iliad. V, 385 sqq. *Cf.* liv. V, sect. I, ch. III, p. 332 sq.

C'est là une tradition locale de la Béotie, dont le sens est probablement physique ou astronomique. Une ancienne tradition de l'Attique rapportait, au contraire, qu'un autre fils de Neptune, Halirrothius, avait péri de la main d'Arès, qui fut jugé et absous pour ce fait, au tribunal des dieux, sur la colline appelée désormais de son nom l'*Aréopage* [1]. Il se peut que cette fable ait puisé son origine dans la dénomination même de la *colline de Mars* : toutefois on ne saurait y méconnaître un caractère à la fois moral et politique. L'auguste tribunal institué pour prononcer sur les attentats à la vie des hommes est inauguré par les dieux eux-mêmes ; et c'est encore un dieu, le dieu homicide, ici véritable symbole du meurtre [2], qui doit y comparaître le premier pour consacrer l'autorité de sa mission.

Chez les Lacédémoniens, le culte d'Arès demeura plus barbare, mais aussi plus significatif que partout ailleurs. Le dieu avait un temple à Géronthres, où les femmes ne pouvaient pénétrer durant sa fête ; et un autre à Sparte, où long-temps furent immolées en son honneur des victimes humaines. La statue d'Enyalios y portait des fers aux pieds, comme si l'on eût voulu enchaîner avec lui la fortune de la guerre, idée que Pausanias rapproche avec raison de celle de la Victoire sans ailes d'Athènes. Les adolescens de Sparte sacrifiaient à Mars un jeune chien, le plus vaillant des animaux domestiques devant

---

[1] Pausan. I, 21 ; Apollodor. III, 14, 2.
[2] *Cf.* Pindar. Pyth. XI, 55 ; Sophocl. Electr. 1419, *al.* 1422.

plaire entre tous au plus vaillant des dieux [1]. C'est donc l'idée d'un pouvoir belliqueux, d'un sanguinaire génie de la guerre, unie à celle d'un pouvoir mâle, qui, depuis les temps homériques, domina dans l'Arès des Hellènes : et, lors même que les Athéniens voyaient associée à son image, dans le temple qu'ils lui avaient dédié, l'image d'Aphrodite aussi bien que celle d'Enyo [2]; lors même que, dans leurs légendes héréditaires, les Grecs donnaient pour fruits à son union avec la déesse de l'Amour, Harmonie aussi bien que Phobos et Deimos [3], Arès n'était encore pour eux que le redoutable dieu des combats. Leurs artistes, fidèles à la pensée populaire, le représentèrent comme un jeune et vigoureux guerrier, ordinairement nu ou vêtu de la simple chlamyde, debout et en marche, portant le casque, le bouclier, l'épée et la lance [4]. Sur les monumens de l'ancien style, on le voit complétement armé, avec la cuirasse d'airain et la double ceinture, d'où il tenait des épithètes caractéristiques [5]. Le casque est son attribut le plus constant. Tandis que le célèbre sculpteur Alcamène avait fait Mars debout, Scopas l'avait figuré assis et au repos [6]. Des groupes, des

---

[1] Pausan. III, Laconic., 14 et 22; coll. Apollodor. fragm. p. 396, Heyn.

[2] Pausan. I, Attic., 8.

[3] Hesiod. Theogon. 933 sqq.

[4] *Voy.* pl. XCVI, 362, 363, et XCII, 356; coll. XCVII, 357 et 357 *a, b*, avec l'explicat.

[5] Pl. LXVI, 250, *i.* Χαλκοθώραξ (Sophocl. Ajax, 179), δίμιτρος, δίζωνος (*V.* Zonar. Lexic. gr. p. 507. *Cf.* Creuzer. Meletem. I, p. 36).

[6] O. Müller (*Archæologie der Kunst*, p. 490 sq.) croit le reconnaître

CH. IV. ARÈS OU MARS. 649

bas-reliefs, des peintures de vases, que nous avons encore, le montrent dans ses divers rapports avec Vénus, avec Vulcain et avec Junon [1].

Du reste, le culte de Mars n'était pas général en Grèce et n'y obtint nulle part la même importance qu'il eut à Rome, où il devint national par excellence. Nous avons vu ailleurs combien le Mars romain se rapproche originairement de l'Axiokersos des mystères de Samothrace; et nous avons parlé au long du mois qui lui était consacré et qui ouvrait l'année sous ses auspices, du double aspect de sa fête, de ses prêtres guerriers les Saliens, enfin des vieux chants dans lesquels il se révèle si manifestement comme un dieu de la nature [2]. Par un contraste frappant avec l'Arès hellénique, auteur de tous les fléaux qui affligent l'humanité et même de la peste [3], le secourable Mamers préservait des funestes influences la famille et les troupeaux, les moissons et les fruits [4]. Cela n'empêche pas que Mars, dans la croyance populaire des belliqueux Romains, ne fût par-dessus tout un dieu de la guerre, idée clairement indiquée par ses surnoms de *Quirinus* et de *Gradivus*, qui le présentent, aussi bien que ses images, brandissant sa lance et mar-

---

sous cet aspect, dans une statue assise et sans casque, de la Villa Ludovisi, que Hirt prend pour un héros, Raoul Rochette (Monum. Inéd. p. 37, pl. 11) pour Achille affligé.

[1] Pl. C, 381; XCV, 380; CXLII, 275; XCVI, 355, et l'explicat.
[2] Liv. V, sect. II, ch. V, art. III.
[3] Sophocl. OEdip. Tyr. 190, *al.* 185. Il y est dépeint sans armes.
[4] *Voy.* le chant des frères Arvales, p. 510, *ci-dessus*, et *cf.* Cat. de Re rustic., CXLI, p. 66 Bip.

chant d'un pas ferme au combat [1]. En ce sens il avait pour compagne *Bellone*, la déesse de la guerre, que les poètes latins dépeignent armée d'un fouet sanglant, ou bien, une torche à la main et la chevelure dégouttant de sang, parcourant les rangs des armées en bataille [2]. Mais la danse mimique des Saliens, prêtres d'Hercule avant de l'être de Mars, leurs sacrés ancilies, au nombre de douze comme eux-mêmes, nous ramènent de la terre au ciel, et nous montrent dans les astres, dans la marche du soleil et des planètes, les types divins de ces créations humaines. Déjà les anciens avaient vu dans Mars la planète qui porte son nom, et que les Grecs appelaient *l'étoile de feu* [3]; ils expliquent son union avec Vénus comme une conjonction planétaire. Ce qu'il y a de sûr, c'est que l'astre dont il s'agit fut consacré à la fois à Mars et à Hercule [4], et que, aujourd'hui encore, chez les Orientaux, des idées de guerre et de sang versé s'y rattachent [5]. Sous d'autres rapports, Mars paraît être le soleil avec ses influences tantôt salutaires et tantôt funestes [6].

---

[1] *Ci-dessus*, p. 495 et 511, coll. pl. XCVI, 366. Cette même planche et la suivante, 364, 365, 367, 368, montrent le Mars romain sous des faces analogues, comme *Victor*, *Stator*, *Ultor* et *Pacifer*. La Frayeur, *Pavor*, et la Pâleur, *Pallor*, ses suivantes, se voient sur la pl. CII, 369, 370. *Cf.* l'explicat. des pl.

[2] Virgil. Æneid. VIII, 703; Silius Italic. V, 221.

[3] Πυρόεις, Cic. de N. D. II, 20. *Cf.* l'hymne homérique à Arès. v. 6 sqq., où le dieu prend évidemment ce caractère astronomique.

[4] Servius ad Virgil. Æneid. VIII, 285.

[5] Hammer, *Fundgrub. des Orients*, I, 1.

[6] Tout en suivant les indications de M. Creuzer, nous avons beau-

CHAPITRE V.

APHRODITE ou VÉNUS.

I. Origine orientale de cette divinité ; propagation de son culte en Cypre, à Cythère, à Cnide, dans toute la Grèce et jusqu'en Sicile; différentes Vénus locales de la Grèce propre.

Aphrodite appartient originairement à ces grandes divinités femelles de la nature, honorées sous différens noms dans l'Asie moyenne et antérieure, et qui tantôt réclamaient de voluptueux hommages, tantôt furent l'objet d'un culte tout guerrier. Déjà ont passé sous nos yeux la Mylitta d'Assyrie, la Mitra des Perses, l'Alilat des Arabes, l'Astarté de Phénicie, représentées chez les Grecs par leur Aphrodite-Uranie ou Vénus-Céleste[1]. C'est avec ce surnom caractéristique que la déesse vint en Grèce, sous les auspices des Phéniciens, qui fondèrent les premiers temples d'Aphrodite à Paphos dans l'île de Cypre, et à Cythère[2]. Nous avons trouvé en Cypre des formes évidemment orientales de ce culte de la nature divinisée dans sa force génératrice : l'androgyne Aphroditos, unissant les deux pouvoirs mâle et femelle,

---

coup profité, pour la rédaction nouvelle de ce chapitre, des articles correspondans de Fiedler. *Mytholog. der Griechen u. Römer*, Halle 1823, et Baur, *Symbolik u. Mythologie*, II, 1, p. 119-128.   (J. D. G.)

[1] *Voy.* principalement liv. IV, ch. III, art. I, p. 24 sqq., *ci-dessus.*
[2] Herodot. I, 105 ; coll. Pausan. I, Attic., 14.

et le cône sacré, symbole distinct de ce dernier pouvoir [1]. Mais, dès les temps les plus anciens, à côté de ces emblèmes non moins bizarres que significatifs, qui semblent tenir en principe aux religions de l'Inde, avait pris place l'attrayante déesse, qui, par son nom de *Cypris*, atteste que l'île entière fut jadis soumise à son empire [2]. Elle y était adorée non-seulement à Paphos, mais à Amathonte; à Soles, où l'égyptienne Isis partageait ses honneurs; dans le bois sacré d'Idalie; sur le promontoire d'Olympe, où nulle femme ne pouvait pénétrer dans son temple, ni même le voir; à Salamine, où elle portait le surnom de *Prévoyante* [3]. Dans l'île de Cythère, *Cythérée*, à qui ce séjour ne fut pas moins cher que celui de Cypre, se présentait sous un aspect différent, mais également oriental, qui nous rappelle l'Anaïtis d'Arménie et de Pont [4]. Pausanias dit avoir vu à Cythère le temple antique et sacré, où résidait la statue armée de la déesse, ainsi que dans la citadelle de Corinthe et à Sparte [5]. A Cnide, ville de Carie, colonisée par les Doriens, Aphrodite était singulièrement honorée; elle y comptait trois temples, le plus ancien sous le nom de *Doritis* ou Dorienne, le second sous celui d'*Acræa* ou Vénus des hauts lieux, le troisième sous ceux de *Cnidia*

[1] *Ci-dessus*, liv. IV, ch. III, p. 85; et ch. VI, p. 221 sq.

[2] Sur ce nom et sur son véritable rapport avec celui de Cypre, *voy.* la not. 12 sur le liv. IV, à la fin du vol.

[3] Strab. XIV, p. 682 sq. Casaub.; Ovid. Metam. XIV, 698 sqq. *Venus Prospiciens*.

[4] Liv. IV, ch. III, art. IV, p. 76 sqq.

[5] III, Laconic., 23; II, Corinth., 4; III, 15.

(Cnidienne) et d'*Euplœa*, la déesse qui donne une heureuse navigation. C'est dans ce dernier temple que se voyait le chef-d'œuvre de Praxitèle [1]. La Vénus *Pontia* et *Limenia*, protectrice de la mer et des ports, adorée à Hermioné en Argolide [2], se rapproche naturellement de la précédente. Dans un autre temple de la même ville, les jeunes filles et les veuves sacrifiaient à Aphrodite avant le mariage [3]. Cette déesse rentre donc parmi les divinités tutélaires de l'hymen ; aussi présidait-elle aux naissances, comme nous l'apprend un des nombreux surnoms qu'elle portait en Attique (*Génétyllis* [4]). Sans doute il faut chercher un sens analogue dans cet autre nom de *Colias*, qui lui était commun avec un promontoire de la même contrée, à la pointe duquel elle avait un temple voisin de celui de Pan [5].

Mais nulle part l'idée d'une divinité génératrice ne se révèle avec des rites et des attributs plus évidemment orientaux, plus voluptueux, plus sensuels, qu'à Corinthe, dans le Péloponèse, et en Sicile, au mont Éryx. A Co-

---

[1] La fameuse Vénus de Cnide, Κνιδία, Εὔπλοια. Pausan. I, 3 ; Plin. H. N. VII, 39 ; XXXVI, 4, 5. *Confér.* le chap. de Neptune, ci-dessus, p. 635.

[2] Pausan. II, 34. *Confér.* ci-dessus, p. 140, n. 1.

[3] Pausan. *ibid.* Comparez l'*Aphrodite-Héra* ou Vénus-Junon de Laconie, dont il a été question plus haut, p. 597 et 604, n. 1.

[4] Aristophan. Nub. 53, *ibi* Schol.

[5] Aristoph. et Schol. *ibid.* ; Pausan. I, 1, *fin.* Κωλιάς, ou encore Κωλῶτις (Tzetzes ad Lycophron. 867) doit venir de κῶλον, κωλῆ (Aristoph. Nub. 987 et 1017), ce qui s'accorde avec la présence des déesses *Génétyllides* dans le temple de Vénus *Colias*, rapprochée d'ailleurs de *Génétyllis* par Aristophane.

rinthe, mille de ces hiérodoules, ou courtisanes sacrées, que nous avons déjà rencontrées dans maint temple asiatique, desservaient les autels d'Aphrodite [1]. Sur le mont Éryx était un antique et riche temple de la déesse, où les femmes se prostituaient en son honneur, au milieu de ses fêtes. Dans l'enceinte de ce temple on nourrissait, comme à Paphos, des troupes nombreuses de colombes. Quand la déesse s'en allait visiter la Libye, les colombes, disait la légende populaire, disparaissaient avec elle du mont Éryx. C'était la fête du départ. Au bout de neuf jours la déesse revenait, lorsqu'une colombe, suivie bientôt de toutes les autres, traversait la mer et s'envolait dans son temple. C'était la fête du retour [2]. La colombe était donc consacrée à la Vénus *Érycine*, aussi bien qu'à la Vénus de Cypre, aussi bien qu'aux divinités analogues de la Phénicie et de la Syrie [3].

Après avoir parcouru ainsi quelques-uns des siéges principaux du culte d'Aphrodite, propagé d'Orient en Occident, cherchons-en les types les plus anciens, les plus caractéristiques, au cœur même de la Grèce, en commençant par l'Attique. Ce culte y datait de loin, comme semble le prouver l'image de la déesse qui se voyait dans le quartier d'Athènes appelé les Jardins. Elle était de forme carrée comme les Hermès, et l'inscription la qualifiait d'*Aphrodite-Uranie*, *l'aînée des*

---

[1] Strab. VIII, p. 378. *Cf.* liv. III, ch. III, art. IV, *passim*.

[2] Ἀναγώγια, Καταγώγια. Strab. VI, p. 272; Pausan. VIII, 24; Athen. IX, 394 sq. *Cf.* Heyne Exc. II ad Virgil. Æneid. V.

[3] *Voy.* les monumens cités plus loin.

CH. V. APHRODITE OU VÉNUS.   655

Parques[1]. C'était donc une grande déesse de la nature et de la destinée, pareille à la déesse de Syrie portant la quenouille, pareille à la bonne fileuse Ilithyia, la génératrice première et la mère de l'Amour[2]. Égée, disait-on, avait introduit son culte à Athènes; et lorsque Thésée, fils et successeur de ce roi, réunit en une seule cité les différentes tribus de l'Attique, il consacra en quelque sorte comme symbole de cette réunion, comme lien de la nouvelle communauté, l'autel d'Aphrodite *Pandemos* ou *Commune*[3]. A Thèbes, Pausanias vit trois antiques statues d'Aphrodite l'une à côté de l'autre, l'*Uranie* ou Céleste, la *Pandemos*, Publique ou Commune, et l'*Apostrophia*, ou celle qui détourne des passions criminelles[4]. Il trouva aussi à Mégalopolis trois Vénus semblables: et, dans un temple d'Élis, la Céleste, de la main de Phidias, posant un pied sur une tortue; et la Commune (terrestre), représentée par Scopas sur un bouc, symbole de la génération[5]. Enfin, outre leur voluptueuse Aphrodite, dont nous avons parlé plus haut, les Corinthiens révéraient, aussi bien que les Arcadiens et les Thespiens de la Béotie, Aphrodite *Melænis* ou Noire[6], qui rappelle la Vénus égyptienne, la ténébreuse Athor, principe de création matérielle, ayant, comme la Vénus grecque, la colombe pour emblème[7].

[1] Pausan. I, 19, coll. 14.
[2] *Cf.* liv. IV, ch. III et IV, p. 29 et 97.
[3] Pausan. I, 22.
[4] IX, Bœot., 16.
[5] VIII, Arcad., 32; VI, Eliac. (II), 25.
[6] Pausan. II, 2; VIII, 6; IX, 27. *Cf.* Athen. XIII, p. 588.
[7] *Cf.* liv. III, ch. X, tom. Ier p. 512 sq. — Schwenck (*Etymolo-*

II. Généalogie d'Aphrodite, son idée fondamentale, sa légende poétique, ses épithètes et ses attributs principaux, ses images et son cortége; un mot sur la Vénus romaine et sur celle des philosophes.

La généalogie d'Aphrodite va maintenant nous mettre sur la voie pour déterminer l'idée fondamentale qui se retrouve, diversement modifiée, sous la plupart de ces symboles et de ces noms significatifs que nous venons de passer en revue. Mais cette généalogie elle-même n'est point uniforme. Suivant la théogonie d'Hésiode [1] et la croyance populaire des Hellènes, la déesse serait née de l'écume de la mer, fécondée par l'organe viril d'Uranus ou du Ciel, alors que Cronos ou le Temps mutila son père et le détrôna. S'étant élevée ainsi du sein des eaux, la fille du Ciel et de la Mer aborda en premier lieu dans l'île de Cythère, et de là vint en Cypre : ce qui semble confirmer, d'une manière générale, les récits des historiens sur son origine phénicienne. Il y a là toutefois un sens supérieur, indépendant de toute relation historique, et

---

gisch-Mythol. Andeutungen, p. 239) rapproche l'Aphrodite-*Melænis* ou *Melanis* de l'Aphrodite-*Morpho* (ὄρφνη, μόρφνη, ténèbres; μορφνὸς, épithète de l'aigle chez Homère), adorée à Sparte dans le même temple que Vénus armée, mais dans un étage supérieur, singularité des plus remarquables (Pausan. III, 15). Ce qui ne l'est pas moins, c'est qu'elle était représentée assise, avec un voile sur la tête et des fers aux pieds. Ce sont, suivant l'écrivain cité plus haut, autant d'allusions symboliques à la période ténébreuse, à la période d'engourdissement de la nature, dont Vénus fut primitivement l'une des divinités. Nous avons vu des exemples analogues, *ci-dessus*, p. 173 sq., et ailleurs.

[1] V. 190 sqq. *Cf.* liv. V, sect. I, ch. IV, p. 363 sq.

CH. V. APHRODITE OU VÉNUS.

que nous allons bientôt dégager. Suivant l'auteur de l'Iliade, au contraire, et le système des dieux de la Crète, Aphrodite naquit de Zeus ou Jupiter et de Dioné, d'où vient qu'elle porte elle-même les noms de *Dionée* et *Dioné*, dont le dernier l'identifie complétement avec sa mère [1]. Parmi les quatre Vénus que distingue Cicéron [2], la fille de Jupiter et de Dioné est la troisième, épouse de Vulcain et amante de Mars, tandis que la seconde est celle qui prit naissance de l'écume de la mer, l'*Aphrogénie* ou la Cythérée d'Hésiode, unie à Hermès, de qui elle eut l'Amour [3]. La première Vénus, fille du Ciel et du Jour, ou de la Lumière, serait, selon le même auteur, la déesse cosmogonique du temple d'Élis, que nous venons de voir portée sur une tortue, symbole qu'il est difficile de ne pas faire remonter jusqu'à l'Inde [4]. Enfin, la quatrième Vénus serait la Vénus phénicienne, Astarté, l'épouse d'Adonis.

Toutes ces Vénus rentrent, au fond, l'une dans l'autre, et ne sont qu'une seule et même divinité, considérée sous des aspects divers, et se révélant, pour ainsi dire, à différens degrés. La céleste déesse, qui est en même temps

---

[1] Hom. Iliad. V, 370; Apollodor. I, 3, 1, *ibi* Heyne; Diodor. V, 72. *Cf.* Bion. I, 93; Ovid. Am. I, 14, 33. Il sera longuement question de *Dioné* dans le livre VIII, tome suivant.

[2] De Nat. D. III, 23, p. 621 sq. Creuzer. *Cf.* Lydus de Mens., p. 89 Schow., p. 212 Rœther.

[3] Quelques-uns la font naître simplement d'*Aphros* ou de l'écume et d'*Eurynome*, fille de l'Océan, appelée ordinairement la mère des Grâces. *Voy.* Apollodore, *ubi supra*.

[4] *Cf.* liv. I, ch. III, tom. Ier, p. 183, l'incarnation de Vichnou en tortue, ou le *Kourmavatara*.

la fille de la lumière et la ténébreuse destinée, qui s'élève du fond de l'abîme, parée de mille attraits, pour régner sur le monde et le vivifier par l'Amour; c'est le principe de la fécondité, de la génération universelles, issu du ciel, qui, en le perdant, est frappé de stérilité, mais recueilli au sein des eaux, où il se développe sous l'empire du temps, où il prend forme pour la première fois, et d'où il se répand, avec une puissance d'attraction irrésistible, dans toutes les parties, dans tous les corps de la nature. C'est la nature elle-même personnifiée dans l'énergie créatrice de l'élément humide, et dans cette grâce divine dont elle revêt toutes ses productions. Ce rapport originel à l'eau, à la mer, explique pourquoi l'Aphrodite grecque était adorée principalement sur les côtes et dans les ports, pourquoi elle était censée régner sur la tempête et invoquée à ce titre par les matelots [1]. Mais elle régnait aux cieux et sur la terre, aussi bien que sur les eaux. Il est difficile de ne pas admettre les rapports, au moins secondaires, de Vénus, soit à la lune dont l'humidité fécondante, telle qu'on la concevait, passait pour être si favorable au développement des corps terrestres, soit à la planète qui porte encore aujourd'hui le nom de la déesse [2].

---

[1] Horat. Carm. I, 3, 1, *ibi* interpret.; Ovid. Heroid. XVI, 23. De là une foule d'épithètes, dont nous avons cité quelques-unes dans l'article précédent.

[2] *Cf. ci-dessus*, p. 50, 145, 599. — La *harpé* même, en forme de croissant, avec laquelle Cronos mutile Ouranos, son père, dans la généalogie d'Aphrodite, citée plus haut d'après Hésiode, ne semble-t-elle pas un symbole de la lune, dont l'apparition, à ce moment

CH. V. APHRODITE OU VÉNUS.

Toutefois ces notions primitives d'une divinité cosmogonique ou astronomique, sans disparaître entièrement, s'effacèrent bientôt dans la religion populaire, pour faire place aux personnifications brillantes et de plus en plus humaines des poètes. Aphrodite devint par-dessus tout la déesse de l'amour, c'est-à-dire du penchant qui, en rapprochant les sexes, renouvelle incessamment les générations des êtres animés. Elle devint la déesse de la beauté et de la grâce, ou plutôt la grâce et la beauté elles-mêmes personnifiées dans cette séduction puissante qu'elles exercent sur le cœur et les sens des mortels. C'est sous ces traits que nous la présentent et la théogonie d'Hésiode, après qu'elle a dépeint sa mystérieuse naissance, et les hymnes homériques qui lui sont adressés [1]. Quand les flots de la mer eurent porté doucement vers le rivage de Cypre la belle des belles, des fleurs naquirent sous ses premiers pas; Éros et Himéros (l'Amour et le Désir) s'attachèrent à elle; les Heures l'accueillirent, voilèrent son corps divin d'immortels vêtemens, placèrent une couronne d'or sur son front, des ornemens d'or autour de son col et de sa poitrine, et lui formèrent un cortége avec les Grâces pour l'introduire dans l'assemblée des dieux. Ceux-ci, transportés d'admiration, la saluèrent avec empressement, et bientôt ils ressentirent eux-mêmes les effets de son pouvoir. Jupiter, pas plus que les autres

---

solennel, donne la première et la plus ancienne mesure du temps? C'est une ingénieuse observation de Hug (*Untersuch. über den Myth.*, p. 167 sq.).

[1] Theogon., 194 sqq.; Hymn. in Vener. VI, et surtout III, *passim*.

immortels, n'en est exempt: pour le séduire, Junon, dans l'Iliade, n'a qu'à emprunter la ceinture magique de Vénus [1], et il s'unit à elle sur le mont Ida. Les trois vierges divines, Pallas, Diane et Vesta, ont pu seules résister à cette irrésistible influence, qu'Aphrodite subit à son tour, après l'avoir exercée sur les dieux et sur les hommes, sur les habitans de l'air, les hôtes des forêts, et tous les animaux que nourrit la terre ou l'onde. Non-seulement elle est infidèle à Vulcain, son époux, et se laisse surprendre avec Mars, dans ce mythe profond de l'Odyssée que nous avons développé ailleurs [2]; mais elle descend sur la terre pour un simple mortel, pour le Troyen Anchise, de qui elle a le pieux Énée [3]. Aussi ne faut-il point s'étonner de la voir, à la guerre de Troie, du côté des Troyens. Pâris, d'ailleurs, ne lui avait-il pas adjugé, sur ses rivales, Minerve et Junon, le prix de la beauté, la pomme d'or, emblème de l'amour, mais en même temps de la séduction, de la discorde et de tous les maux qu'elle mène à sa suite [4]? Dans la mêlée, Vénus

[1] Κεστός, Iliad. XIV, 214 sqq., *ibi* Heyn. observ. et excurs. tom. VI, p. 568, 620 sqq.

[2] Liv. V, sect. I, ch. II, p. 299 sq., coll. 294 sqq.

[3] C'est le sujet de l'hymne épique ou homérique principal à Vénus. — *Conf.* notre pl. CI, 397.

[4] Il est déjà question du jugement de Pâris dans le dernier chant de l'Iliade, v. 28 sqq., et de là était parti l'auteur cyclique des Vers Cypriens (*Cf.* Henrichsen, de Carmin. Cypr., Havniæ 1828, p. 20, 66, 102). Quant à la pomme proposée par Éris ou la Discorde, Schwenck (ouvr. cité, p. 240) y retrouve justement le vieux symbole oriental de l'amour, et du désir de la procréation, considérés comme principe du mal, comme source de corruption et d'infortune.

CH. V. APHRODITE OU VÉNUS.   661

protége et Pâris et Énée : blessée à la main par l'audacieux Diomède, elle s'enfuit, en poussant des cris lamentables, vers sa mère Dioné [1].

Nous avons déjà cité, dans l'article précédent, un grand nombre de surnoms caractéristiques et d'épithètes, locales ou autres, d'Aphrodite. Il en est de générales, et que les poètes lui donnent de préférence, comme à la déesse de la beauté. L'une des plus fréquentes est celle qui la compare au plus précieux, au plus beau des métaux, à l'or : *Venus aurea* [2]. D'autres ont trait à son doux sourire ou aux joyeux éclats du plaisir qu'elle fait naître [3] ; d'autres à la beauté du contour de ses yeux ou à la vivacité de son regard [4]. Moins communes sont celles qui la représentent comme présidant au secret des amours, à leurs voluptés, à leurs artifices [5]. Quant à ses attributs, plus significatifs que toutes ces épithètes poétiques, nous venons de mentionner la pomme, qui, dans l'origine, n'était autre peut-être que la pomme de grenade, symbole de

---

[1] Iliad. III, 374; V, 311 sqq.

[2] Χρυσέη, Iliad. III, 64; Odyss. IV, 14, *ibi* schol. et interpret.

[3] Φιλομειδής, Iliad. III, 424, expliqué dans les scholies par φιλόγελως et ἱλαρά, ce qui rappelle l'Ἀφροδίτη ἐγερσιγέλωτις des poèmes orphiques (Werfer in Act. Philol. Monac. II, 1, p. 150). Hésiode, ou plutôt l'auteur de la Théogonie, dans un vers justement suspect (200), appelle Vénus φιλομμηδής, donnant de ce nom une étymologie bizarrement rattachée à la mutilation d'Uranus.

[4] Ἑλικοβλέφαρος, ἑλικῶπις, interprétés dans l'un et l'autre sens par les anciens grammairiens.

[5] Μυχία ou μυχεία, de μυχός, *recessus*, dans un sens probablement différent des θεοὶ μύχιοι, analogues aux Pénates romains (*ci-dessus*, p. 413, n. 2); μιγωνῖτις, μηχανῖτις, etc. *Cf.* Schwenck, p. 241 sq.

fécondité, consacré également à Junon et à Proserpine [1]. Une idée semblable s'attachait au pavot rempli de ses innombrables graines : Vénus l'avait en partage aussi bien que Cérès [2]. Le myrte, dont les antiques statues de la déesse de l'amour étaient faites [3], lui appartenait en cette qualité aussi bien que la rose. Parmi les animaux, ceux qui se distinguaient par leur fécondité et leur vertu prolifique lui étaient dédiés. On sacrifiait sur ses autels des chèvres, des génisses, des lièvres, et même des porcs [4]. Non-seulement ses colombes chéries, mais des passereaux rapides l'emportaient à travers les airs sur son char, quelquefois encore traîné par des cygnes éclatans [5].

Sur les monumens de l'art, rivaux des descriptions de la poésie, Aphrodite se montre avec la plupart des caractères et des attributs que nous venons de signaler. Sans rappeler ici les antiques ou grossières idoles de

---

[1] Cf. ci-dessus, p. 614; et Schwenck, p. 240.

[2] Cf. liv. VIII; tom. III, passim.

[3] Pausan. V, Eliac. (I), 13. Cf. l'Introd., tom. Ier, p. 63.

[4] A Argos, par exemple, dans la fête appelée ὑστηρία, de ὗς, sus (Callimach. vel Zenodot. ap. Athen. III, p. 95 sq., 373 Schweigh.). Dans l'île de Cypre, où l'on immolait des sangliers à Vénus, en mémoire de la mort d'Adonis (ci-dessus, p. 52, n. 2), les porcs paraissent avoir été consacrés à la déesse (Antiphan. ap. Athen., ibid.). Lui étaient-ils sacrifiés à Corinthe, le contraire semble résulter du témoignage de Pausanias (II, Corinth., 10), et même, par opposition, du passage d'Antiphane que nous venons d'indiquer, quoique ce passage soit loin d'être clair.

[5] Sapphon. fragm. I, 9 sqq.; Horat. Carm. III, 28, 14, coll. IV, 1, 10. Cf. Voss, Mythol. Brief., II, p. 86 sqq., et notre planche C, 393.

Paphos et d'Athènes[1], c'est encore la grande déesse génératrice de la nature qui se révélait à Sicyone dans cette statue d'or et d'ivoire dont parle Pausanias[2], assise sur un trône, le *polos* sur la tête, et tenant dans ses mains le pavot et la pomme. Telle à peu près nous voyons Vénus Érycine, assise, ayant sur la main une colombe et l'Amour à ses pieds[3]. Debout aussi, elle est reconnaissable, dans les monumens de l'ancien style, soit à la colombe, soit à la fleur qu'elle porte d'une main, tandis que, de l'autre, souvent elle relève les plis de son vêtement[4]. On croit la retrouver encore, assise sur un cygne et complétement vêtue, à l'exception d'un des seins que sa tunique laisse à découvert, ce qui est un des traits caractéristiques des représentations de la déesse[5]. Plus tard, elle dépouille par degrés, et la riche draperie et les précieux ornemens de sa parure, jalouse de régner sur les cœurs par les seuls attraits de son corps divin. Telle apparaissait, dans tout l'éclat d'une beauté idéale, la fameuse statue de Vénus que Praxitèle fit pour les habitans

[1] *Voy.* l'art. précédent, p. 652, 654, et liv. IV, ch. VI, art. II, p. 221, 223 sq.

[2] Corinth., *ibid.* C'était un ouvrage de Canachus. — Quant au *polos*, *voy.* la note 11 sur ce livre, fin du vol.

[3] Pl. CI, 392, coll. CIV, 392 *a.* — Aphrodite est représentée plus simplement encore dans les peintures de vases, vêtue, assise, avec ou sans l'Amour, et tenant un miroir.

[4] Mus. Capitol. IV, 22, et notre pl. LXVI, 250, *k*, coll. CI, 397; Mus. Pio-Clem. IV, 8. *Cf.* O. Müller, *Handbuch der Archæologie*, p. 494.

[5] Pl. C, 393, coll. CV, 398. La première figure est prise ordinairement pour celle de Léda. *Cf.* Gerhard, *Prodromus*, p. 93; O. Müller, *ibid.* et p. 502.

de Cnide, et dont les médailles de cette ville retracent à nos yeux la séduisante image [1]. Telle l'admirable *Anadyomène*, ou Vénus s'élevant de l'onde, peinte par Apelles, pour ses compatriotes de Cos [2]. Quelques monumens d'un âge récent ne nous donnent de ce chef-d'œuvre de l'art qu'une idée imparfaite [3]. De ces gracieuses images se rapprochent celles qui, transformant l'Aphrodite armée de Sparte en une jeune héroïne, à demi drapée, nous font voir, dans Vénus *Victorieuse* [4], soit l'amante de Mars, portant dans ses mains les attributs du dieu de la guerre; soit la rivale de Minerve et de Junon, fière de la pomme, signe de sa victoire sur ces déesses [5]. Au contraire, l'Aphrodite qui, à Athènes comme à Sparte et ailleurs, présidait, ainsi que Junon elle-même, à l'hymen, à la naissance, à l'éducation des enfans; l'Aphrodite, mère des générations, reparut, chez les Romains, sous les traits d'une matrone, dans la *Venus Genitrix* ou *Felix*, richement vêtue, et réunissant les attributs de l'empire à ceux de la fécondité [6].

---

[1] Pl. C, 388, coll. CI, 389, 396 b.

[2] Plin. H. N. XXXV, 36.

[3] Pl. C, 384, coll. XCIX, 383, 386; CI, 385; C, 387, avec l'explication. La plupart de ces représentations ont pour objet Vénus *Marine*, telle que nous l'avons vue plus haut, p. 653, 658.

[4] Νικηφόρος. Les Argiens l'adoraient dès long-temps sous ce titre (Pausan. II, 19). *Cf.* liv. II, ch. V, tom. Ier, p. 374, 376, n.; et liv. VIII, tom. IV, chap. des Mystères de l'Argolide.

[5] *Compar.* pl. C, 381 et 390; XCI, 391; et les différentes scènes du jugement de Pâris, CCIX, 749; CCXXIII, 750, cette dernière surtout.

[6] Pl. CI, 395, 396, coll. 396 a, 396 b.

Aphrodite paraît souvent avec *Éros*, l'Amour, fils qu'elle eut d'Hermès ou de Jupiter [1], tandis que de ses rapports avec Mars serait né *Antéros*, qui venge les injures de son frère et commande le retour aux amans [2]. Le culte d'Éros était principalement en honneur à Parium, dans la Propontide, et chez les Béotiens, à Thespies [3]. Pour l'une et l'autre ville, Praxitèle avait créé l'idéal du dieu, soit comme adolescent, ce qui était sa forme la plus ancienne, conservée sur quelques monumens [4]; soit comme enfant, et c'est la forme qui a prévalu dans les conceptions des artistes aussi bien que dans celles des poètes. On la retrouve multipliée et diversifiée à l'infini sur une foule de bas-reliefs, de pierres gravées et d'autres ouvrages d'art [5]. Amour s'y décompose en nombre de petits amours, légers et badins, placés dans des situations où se perd souvent l'idée primitive de ce maître impitoyable des cœurs, qui triomphe de tous les êtres de la nature et des dieux eux-mêmes [6]. Antérieurement,

---

[1] Cic. de Nat. D. III, 23, coll. Euripid. Hippolyt. 535.

[2] Cic. *ibid.*; cum annot. Creuzer., p. 623; Pausan. I, Attic., 30; Ovid. Metam. XIV, 750.

[3] Pausan. IX, Bœot., 27. — Dans le dernier chap. du liv. VII, tome suivant, il sera traité au long de ce culte mystérieux de Thespies, auquel se rattache la fable si intéressante d'Amour et Psyché.

[4] Pl. CII, 401, 402, avec l'explication. — De même sur les vases, avec le carquois et l'arc, ou avec le flambeau.

[5] *Voy.* les sujets déjà indiqués, 385, 392, 396 *a*, 383, 386; et pl. XCIX, 399, coll. 359; CII, 403; CIII, 404; CXLI, 405, etc.

[6] *Cf.* Sophocl. Antigon., 779 sqq.; Euripid. Hippolyt. *ibid.*, et 1258 sqq., avec l'épigramme de Philippe de Thessalonique (Anthol. gr. tom. II, p. 211 Jacobs.), et nos pl. XCVII, 357 sqq.; CLXXXIX, 687, 688, etc., etc.

Éros s'était associé, par une division plus significative, *Himéros* et *Pothos*, le Désir et la Passion, dont nous avons parlé ailleurs [1], et que Scopas avait représentés avec l'Amour en un groupe de statues.

Au cortége d'Aphrodite appartiennent encore et *Pitho*, la déesse de la persuasion, qui l'aide, de concert avec Éros, à séduire les cœurs des mortels ou des immortels [2], et les *Charites* (Grâces), qui lui donnèrent son voile divin [3]. Ces dernières déesses, fort rapprochées des *Heures* (Saisons), dans l'origine, plus tard dispensatrices de tous les dons du ciel qui charment la société humaine et en resserrent les liens, particulièrement de la beauté, furent rattachées d'une manière spéciale à Vénus, quoiqu'elles eussent peut-être des rapports antérieurs avec Junon [4]. D'abord au nombre de deux comme les Heures, comme elles les Grâces devinrent trois sœurs, que l'on remarque sur les monumens, tantôt vêtues et tantôt nues, les bras entrelacés et formant des danses, quelquefois avec des attributs qui rappellent leur idée primitive [5].

---

[1] Liv. V, sect. I, ch. II, p. 301. — *Cf.* pl. XCV, 380, et l'explication.

[2] Pausan. I, Attic., 22. *Cf.* pl. CCXLVII, 752, coll. CCXXXI, 753.

[3] Iliad. V, 338. Hermésianax, comme nous l'apprend Pausanias (IX, Bœot., 35), appelait Pitho elle-même une des Grâces. Homère, ou l'auteur de l'Iliade, semble ne connaître qu'une Grâce primitive, *Charis*, épouse d'Héphæstus ou Vulcain (*ci-dessus*, p. 299, n. 3).

[4] *Voy.*, sur les Grâces, le chapitre important de Pausanias, qui vient d'être cité, et qui a été savamment commenté par Manso, dans ses *Versuche über Gegenstände der Mythologie*, p. 426 sqq., à la suite de recherches étendues sur Vénus et son culte, p. 51 sqq. — *Cf. ci-dessus*, p. 554, 576, 614.

[5] Pl. XCI, 410, 411, 412, 313, etc.

CH. V. APHRODITE OU VÉNUS. 667

La Vénus romaine correspond à l'Aphrodite grecque, et la reproduit sous quelques-uns de ses traits les plus antiques. Elle apparaît, avant tout, comme une déesse de la nature et de l'année, spécialement du printemps, laquelle, dans son union avec Mars, tel que le concevaient les vieilles religions latines ou pélasgiques [1], opère le grand œuvre de la fécondation universelle, de l'harmonie par la lutte, et promet au travail, au combat, les fruits de la terre et ceux de la victoire. Aussi, nous l'avons dit ailleurs [2], le second mois romain, dans la forme d'année antérieure à Numa, avril, était-il consacré à Vénus, comme le premier à Mars dont il portait le nom. Varron [3], il est vrai, affirme qu'au temps des rois, Vénus fut inconnue à Rome, sous son nom latin aussi bien que sous son nom grec. Mais, suivant la tradition, Énée déjà avait apporté de Sicile dans le Latium une antique statue, qu'il consacra à Vénus Mère, sous le nom de *Frutis* [4]. A l'époque de Romulus, il est question d'une Vénus

---

[1] *Cf.* liv. V, sect. II, ch. V, p. 514 sq., coll. 496, *ci-dessus.*
[2] *Ibid.* p. 514, coll. 511; et le chap. précédent, p. 643, 649.
[3] Ap. Macrob. Sat. I, 12.
[4] Solin. cap. II. *Cf.* Heyn. Excurs. II ad Virgil. Æneid. V, tom. II, p. 722 sq. — Ce nom de *Frutis* paraît être ou une abréviation, ou une forme archaïque de Ἀφροδίτη, que les Grecs dérivaient faussement, mais d'une manière conforme à la généalogie mythique (*ci-dessus*, p. 656 sq.), de ἀφρός, écume, et δύω ou δίνω. Il se rapprocherait mieux encore que ce dernier, de ceux de *Frode*, *Frigga*, *Freya*, déesse lunaire et épouse d'Odin, dans la mythologie du Nord (Schwenck, ouvrage cité, p. 237). Baur (*Symbolik und Mythol.* II, 1, p. 129) remarque avec raison que, si nous savions la racine du mot *Aprilis* (tiré lui-même par les anciens de ἀφρός, ou de *aperire*, parce que les germes s'ouvrent au printemps), nous saurions très probablement

Myrtea ou *Murcia*, qui avait une chapelle dans un bosquet de myrtes, au pied du mont Aventin, et qui paraît être identique à Vénus *Cloacina* ou *Cluacina*, la purificatrice, nommée ainsi, dit la légende, parce que les Sabins et les Romains ayant posé les armes, après le combat livré pour l'enlèvement des Sabines, se purifièrent avec des myrtes, symbole d'amour et d'union, au lieu même où fut érigée, sous ce titre, l'image de la déesse [1].

celle du nom grec de la déesse à qui ce mois était consacré; mais ce n'était pas la peine de faire une réflexion juste, pour donner ensuite dans les conjectures aussi vagues que hasardées de Ritter (*Vorhalle*, etc., p. 98). Dans la dissertation citée p. 211, *ci-dessus*, et reproduite en grande partie note 12 sur le liv. IV, fin de ce volume, nous avons indiqué, d'après le sanscrit, une étymologie nouvelle du mot *Aphrodite* (*Abhradatta*), à l'appui de laquelle viennent des rapprochemens assez frappans, et qui, voisine de l'étymologie grecque, ne s'accorde pas moins bien avec la généalogie et l'idée fondamentale de Vénus. Quant à ce dernier nom, les Latins l'expliquaient, *quia ad res omnes* VENIT (Cic. de Nat. D. II, 27, *ibi* Creuzer, p. 320, coll. Arnob. adv. gent. III, 33, *ibi* interpret., tom. II, p. 163 Orell.). Lennep (Etymol., p. 211 sq.) en cherche la racine dans le grec ἔνω, d'où le latin *venio* lui-même dériverait. Baur (ouvrage cité, p. 131, d'après Schwenck) penche à le faire venir du mot Βῖνος, nom d'une déesse, selon Suidas, lequel se retrouverait dans Βένδις, nom que Diane aurait porté dans la Thrace, d'où la fête athénienne appelée Βενδίδεια (Hesych. *s. v.*, et *ci-dessus*, p. 105 sq.). Dans le Desatir, au rapport de M. de Hammer (*Heidelb. Jahrbüch.* 1823, avril), la planète de Vénus est nommée *Benid*, mot qui semble identique aux noms également persans, *Anohid* et *Anaïtis* (*ci-dessus*, p. 77), et qui se rapproche beaucoup du mot *Venus*. Ajoutons qu'en sanscrit un des noms de la même planète est *Ousana*, *Vsana*, qui ne s'en rapproche peut-être pas moins.

[1] Plin. H. N. XV, 36, coll. Varr. de L. L. IV, 43; Livius, I, 33; Festus v. *Murcia*; Serv. ad Virgil. Æn. XII, 120. Lactance (Instit. I, 20, 11) donne au surnom de *Cloacina* une autre origine, mais beaucoup moins vraisemblable. — *Cf.* pl. CIV, 394, avec l'explication.

Jules César, qui prétendait descendre d'Énée, dédia, l'an 708 de Rome, un temple à Vénus *Genitrix*, aïeule de sa famille[1], et la divinité tutélaire des premiers empereurs devint celle des maîtres du monde. Quelques années auparavant, le grand Pompée avait également bâti un temple et institué des jeux solennels en l'honneur de Vénus *Victrix*[2]. Un autre surnom de la Vénus romaine était *Verticordia*, celle qui change les cœurs, véritable pendant de l'*Apostrophia* des Grecs; sa principale fête tombait au mois d'avril[3]. Quant aux Pervigilies, elles paraissent avoir été célébrées seulement par la jeunesse voluptueuse et par les courtisanes[4]. Celles-ci, le 23 avril, aux Vinalies du printemps, couronnaient de myrtes et de roses la statue de Vénus Érycine, dans son temple situé hors de la porte Colline[5]. Aux Vinalies des champs, le 21 août, les jardiniers sacrifiaient à Vénus protectrice des jardins, ce qui rappelle à certains égards les Adonies de la Grèce, et surtout l'*Aphrodite dans les jardins* à Athènes[6].

Chez les philosophes, qui envisagèrent surtout du côté moral les conceptions et les rites populaires, Aphrodite fut prise ordinairement comme un symbole de la passion et de la volupté[7]. Mais déjà les Socratiques distinguaient

---

[1] Plin. XXXV, 9; Dio Cass. XLIII, 22; Serv. ad Virgil. Æn. I, 720.
[2] Plin. VIII, 7; Tacit. Annal. XIV, 20.
[3] Val. Max. VIII, 15; Ovid. Fast. IV, 157. *Cf.* p. 655, *ci-dessus*.
[4] *Voy.* Vernsdorf ad Catull. *Pervigil. Ven.*, in Poet. lat. m. III, 430.
[5] Ovid. Fast. IV, 863 sqq.
[6] Plin. XIX, 19. *Cf. ci-dessus*, p. 49 et 654.
[7] Ἐπιθυμία, ἡδονή, comme dit positivement Théodoret, de Provid.

l'amour pur et intellectuel du beau, personnifié, selon eux, dans Vénus-Uranie, de l'amour sensuel et grossier que leur représentait la Vénus-Commune, ou qui se donne à tous [1]. Cette distinction ne faisait que reproduire, en la généralisant, celle qui, de tout temps, avait existé dans la religion nationale [2]. Elle fut développée par les Néo-Platoniciens, qui appliquèrent seulement à l'Aphrodite-Dionée, par opposition avec la fille du Ciel, ce que les anciens philosophes avaient entendu de la *Pandémos* [3].

orat. I, tom. IV, p. 484 Op. *Cf.* Allegor. Deor. in Creuzer. Meletem. I, p. 44; Tzetzes ad Iliad. p. 55; Apion ad calc. Etymol. Gudian. p. 603, 48; Apollon. Lexic. Hom. p. 180 sq.

[1] Xenoph. Symp. 8, 9; Plat. Symp. p. 385 Bekker.

[2] *Cf.* p. 655, *ci-dessus*.

[3] *Voy.* Proclus in Plat. Cratyl. p. 117 Boissonad. *Cf.* Creuzer. Meletem. p. 28 sq., et *ci-dessus*, p. 657. — L'observation faite au sujet du chapitre précédent (p. 650 sq., n. 6), est, à plus forte raison, applicable à celui-ci, dont la rédaction nous appartient davantage encore. Outre Fiedler et Baur, nous avons consulté beaucoup d'autres auteurs qui sont, pour la plupart, cités dans les notes.

(J. D. G.)

CHAPITRE VI.

HERMÈS ou MERCURE.

I. Rapports antiques et primitifs de ce dieu avec les divinités orientales qui lui sont analogues; son idée fondamentale, d'où dérivent ses principales attributions; son rôle dans les vieilles religions pélasgiques, à Samothrace, en Béotie et en Arcadie; Hermès Ithyphallique, Souterrain, dieu des troupeaux et père de Pan.

Nous avons déjà bien des fois signalé les nombreux rapports de noms, d'idées et de fonctions qui semblent impliquer l'origine orientale du dieu appelé par les Grecs *Hermès*, et par les Latins *Mercure*. Ce dieu nous a paru se retrouver chez les Hindous, soit dans Brahmâ et dans plusieurs dieux de sa famille, particulièrement Naréda, soit dans Bouddha, le génie de la planète de Mercure, le fils de Maïa, l'intelligence et la parole divines incarnées sur la terre[1]. Il correspond également à diverses personnifications analogues de la religion des Perses. A plus forte raison avons-nous dû le reconnaître dans le Thoth d'Égypte et le Taaut de Phénicie, ministre et conseiller des divinités créatrices, chef mystique du sacerdoce et premier sacrificateur, inventeur du langage, de l'écriture, de toutes les sciences et de tous les arts, ainsi que des cérémonies religieuses, en rapport avec le soleil et la lune, avec la lumière et les ténèbres, conducteur des

[1] *Voy.* liv. I, ch. IV et V, t. I*er*, p. 225 sq.; 245, 292 et 293, notes.

âmes à travers les différentes sphères, et présent tout ensemble au ciel, sur la terre et dans les enfers [1]. Comme Brahmâ, comme Bouddha, comme Hom, Thoth, nous l'avons vu, est, en outre, dans sa plus haute expression, le Verbe divin, organe de la création et médiateur entre tous les êtres [2].

Il y a loin, au premier coup d'œil, de ces grandes conceptions orientales à la notion vulgaire de l'Hermès ou du Mercure des Grecs et des Romains, messager des dieux et dieu lui-même, mais dieu de l'éloquence et du commerce, de la ruse, de la fraude en actions, et surtout en paroles, et du gain par tous les moyens possibles. Toutefois, Platon avait déjà pressenti dans la parole, manifestation de l'intelligence, l'idée fondamentale d'Hermès [3]; et à cette idée, en effet, se rattachent assez naturellement la plupart de ses attributions. Hésiode, avant Platon, nous montre le divin héraut douant Pandore de la parole, en même temps qu'il lui inspire les discours décevans et menteurs, et les artificieux penchans [4]. Mais il faut remonter jusqu'aux vieux cultes pélasgiques, jus-

---

[1] Liv. III, ch. IV; et liv. IV, ch. II, *passim*. *Conf.* la note 10 sur le livre III, dans les Éclaircissemens du tome I, p. 851 sqq.

[2] T. I, p. 444, n. 8, et surtout les Éclaircissemens, p. 855 sq., p. 869 sq.

[3] Plat. Cratyl., p. 54 Bekker: Τοῦτό γε ἔοικε περὶ λόγον τι εἶναι ὁ Ἑρμῆς, καὶ τὸ ἑρμηνέα εἶναι καὶ τὸ ἄγγελον καὶ τὸ κλοπικόν τε καὶ τὸ ἀπατηλὸν ἐν λόγοις καὶ τὸ ἀγοραστικόν, περὶ λόγου δύναμίν ἐστι πᾶσα αὕτη ἡ πραγματεία. Et plus loin, Hermès est clairement donné comme le λόγος lui-même. *Cf.* Creuzer, annot. ad Opusc. Mythol., in Meletem., 1, p. 33.

[4] Op. et D., v. 77-80.

qu'aux symboles et aux légendes sacrées de Samothrace, pour découvrir Hermès dans son rôle supérieur d'agent de la création, de principe formateur du monde, et de médiateur entre le ciel et la terre. Tel nous avons vu le premier des cinq Mercures que distingue Cicéron, l'Hermès *ithyphallique*, le Cadmilus ou Cadmus des Pélasges, adoré non-seulement à Samothrace, mais en Béotie, en Attique et dans le Péloponèse [1]. Nous avons expliqué ailleurs [2] son commerce avec Proserpine, d'autres disent avec Hécate, c'est-à-dire avec la Lune, commerce qui le rapproche si singulièrement du Thoth égyptien, et d'où résulte l'œuvre de la fécondation universelle. Ce grand œuvre avait lieu au printemps, comme l'indique peut-être le bélier placé à côté d'Hermès ou porté par le dieu [3]. Il était censé l'opérer en communiquant à la Lune les influences solaires, qui, vivifiant les germes déposés dans son sein, produisaient toutes les créatures. Le monde ainsi créé, dès l'origine des choses, et tous les ans renouvelé par la médiation d'Hermès, est soumis aux lois de l'intelligence : car c'est l'intelligence même, c'est la raison suprême, la parole vivante, en un mot Hermès, le ministre des dieux créateurs, qui a présidé à la création et qui la maintient. La nature organisée n'est qu'une

---

[1] Cic. de N. D. III, 22, coll. Herodot. II, 51 ; Pausan. VI, Eliac. (II), 26 ; et notre livre V, sect. I, ch. II, p. 294, avec les citations, n. 1.

[2] Liv. V, *ibid.*, p. 297 sq., coll. Creuzer ad Cic. de N. D., p. 605 sq.

[3] Pausan. II, Corinth., 3 ; IV, Messen., 33 ; V, Eliac. (I), 27 ; IX, Bœot., 22. Nous verrons plus loin, art. II, les sens vulgaires donnés à cet attribut si fréquent d'Hermès.

révélation de l'esprit incarné en elle, et qui se proclame incessamment dans la beauté de l'univers.

L'Hermès pélasgique nous est apparu sous un autre aspect, mais avec la même idée essentielle de l'esprit de vie, du principe vivifiant et ordonnateur de la matière, de la parole fécondante et secourable, dans le second Mercure reconnu par Cicéron, le Mercure souterrain, qu'il identifie justement avec Trophonius, le héros nourricier et prophète de la Béotie [1]. C'est Hermès *Chthonius* ou *Erichthonius*, révéré sous ces noms en Attique, soit comme dieu, soit comme héros instituteur de l'agriculture. Nous avons vu maintefois que les divinités souterraines sont aussi celles qui donnent les richesses, dont la source réside avec elles au sein de la terre et se renouvelle sans cesse par leur opération. De là en principe l'Hermès dieu du gain, parce qu'il favorise la production; de là l'invention de l'agriculture, mère de tous les autres biens, rapportée à ce chef suprême des génies qui dispensent la richesse aux mortels. Hermès Chthonius ou Trophonius est identique à Jasion, qui de Cérès eut Plutus, comme le Mercure ithyphallique eut, suivant quelques-uns, de Proserpine ou Daïra, le héros Éleusis, symbole, aussi bien que Plutus, des riches produits de la terre [2]. Nous montrerons ailleurs comment toute la conception de l'autre vie se rattache à cette conception

---

[1] Cic. de N. D., *ibid. Cf.* notre livre V, sect. II, ch. III, art. I, p. 327 sqq.

[2] Pausan. I, Attic., 38. *Eleusis*, le même que *Bonus Eventus* et *Proventus. Cf.* Creuzer ad Cic. de N. D., p. 606.

de l'agriculture et des dieux ou génies qui y président, chez les anciens Grecs. Qu'il nous suffise, à présent, de rappeler Trophonius se confondant avec Pluton, si voisin de Plutus, et rendant des oracles du sein des ténébreuses demeures [1]. Nous rencontrerons tout à l'heure l'Hermès Psychopompe ou guide des âmes, qui retrace jusque dans la mythologie populaire l'identité primitive des divinités agraires et des divinités infernales, et cette grande idée de l'esprit partout présent, partout agissant, au ciel, sur la terre et dans les enfers.

Hermès, au premier abord, se présente en Arcadie avec des traits assez différens de ceux sous lesquels nous l'avons vu jusqu'ici. C'est le troisième Mercure de Cicéron, qui naquit, sur le mont Cyllène, de Jupiter et de Maïa, fille d'Atlas et l'une des Pléiades. Il fut père de Pan, qu'il eut de Pénélope [2]. Cette paternité le désigne déjà suffisamment comme le dieu des troupeaux et des pâturages, d'où lui venait l'épithète caractéristique de *Nomios* [3]. On lui donnait en outre pour amante la nymphe

---

[1] *Ci-dessus*, p. 329.

[2] Cic. de N. D. *ibid.*, cum Davis. et Creuzer. animadv., p. 609 sq.

[3] Νόμιος. Homer. hymn. in Mercur. *passim*; Hesiod. Theogon., 444, *ibi* Schol.; Apollodor. III, 10, 2, *ibi* Heyn.; Cornutus de N. D., cap. 16, p. 165. Non minus fréquente est l'épithète, à ce qu'il paraît, purement locale de Κυλλήνιος, le dieu du Cyllène, sur laquelle il faut voir Eustath. ad Iliad. II, 603, XV, 618; Odyss. XXIV, 1, coll. Spohn, Dissertat. de extrem. Odyss. parte, p. 38 sq.; Apollodor. *ibid.*; Pausan. VIII, Arcad., 17. Du reste, les pasteurs béotiens revendiquaient pour leur pays le berceau d'Hermès, qu'ils prétendaient né sur le mont Cérycium (Κῆρυξ), près de Tanagra, ville où le dieu avait deux temples, l'un comme κριοφόρος,

Polymèle (aux nombreux troupeaux), de qui il aurait eu Eudoros (le riche, le libéral) [1]. On ajoute que, pour se rendre maître de Pénélope, il dut recourir à des artifices magiques et prendre la forme d'un bouc [2]. Ainsi le voilà, dans les légendes arcadiennes, presque complétement identifié avec Pan, son fils. Mais qui ne reconnaît, dans le dieu-bouc, l'Hermès ithyphallique des Pélasges, principe de fécondité et source de toute vie, de la vie physique et animale aussi bien que de la vie intellectuelle? Ses rapports avec Pénélope ressemblent singulièrement à ceux dans lesquels nous l'avons vu plus haut avec Proserpine; et quand Virgile, d'après les Grecs, raconte, au troisième livre des Géorgiques [3], qu'un jour Pan, sous l'aspect d'un bélier blanc comme la neige, parvint à séduire la Lune, c'est une nouvelle et significative modification du même mythe [4]. Évidemment, il s'agit ici encore

porte-bélier, l'autre comme πρόμαχος, défenseur. (Pausan. IX, Bœot., 20 et 22.)

[1] Homer. Iliad. XVI, 179 sqq. De ce passage se rapproche naturellement celui du livre XIV, 490 sqq., où il est question de Phorbas aux nombreux troupeaux (πολυμήλου), aimé et favorisé d'Hermès entre tous les Troyens. D'autres amantes du dieu furent Hersé (la rosée), qui lui donna Céphale, et Chioné (la neige), ou Philonis, qui devint mère d'Autolycus. *Voy.* plus loin, art. II, et chapitre de Minerve, art. X.

[2] Lucian. Dial. Deor. XXII, t. II, p. 76 Bip. et *ibi* Hemsterhuis, p. 319. Il est bien clair que ce n'est pas précisément la Pénélope d'Ulysse, telle du moins qu'on la conçoit d'ordinaire, dont il s'agit ici. *Voy.* au reste, sur Pan, ses diverses généalogies et ses rapports avec Hermès, les développemens du livre VII, chapitre de la religion de Bacchus.

[3] III, 391 sq., *ibi* Heyne, t. I, p. 513.

[4] De ce genre était sans doute le λόγος ou la tradition sacrée, rap-

du grand œuvre de la fécondation universelle par l'alliance des deux principes solaire et lunaire, œuvre dont Hermès-Pan figure tantôt comme le médiateur, tantôt comme l'agent.

Symboles et légendes, tout concourt donc, en dernière analyse, à identifier les divers Hermès locaux de la Grèce avec l'Hermès-Cadmilos des mystères de Samothrace, et celui-ci avec le Thoth d'Égypte ou de Phénicie. Les Phénéates arcadiens avaient, soit la tradition, soit le sentiment de cette identité, quand ils racontaient que leur Hermès (le cinquième Mercure de Cicéron) s'était enfui en Égypte, à cause du meurtre d'Argus, et qu'il avait enseigné aux Égyptiens les lois et les lettres [1]. C'est le côté intellectuel d'Hermès, comme Pan en est le côté physique. Et ce côté intellectuel se révèle non-seulement dans Cadmus, qui apporta, dit-on, l'écriture phénicienne aux Pélasges de la Béotie [2]; mais dans l'arcadien Évandre, qui fit jouir du même bienfait les barbares du Latium, et qui, comme Cadmus, n'est qu'une personnification de l'Hermès pélasgique [3].

portée dans les mystères de la *Mère*, au sujet d'Hermès et du bélier, dont parle Pausan. II, Corinth., 3.

[1] Cic. de N. D. *ibid.*, Creuzer. animadv., p. 611, et notre note 10, dans les Éclaircissemens sur le livre III, t. I, p. 856, 863, 865, où ce cinquième Hermès (le second Thoth) est caractérisé selon la vraie doctrine égyptienne, aussi bien que le quatrième (*quartus Nilo patre, quem Ægyptii nefas habent nominare*), qui est le premier Thoth ou Hermès Trismégiste. Ni l'un ni l'autre n'appartient donc originairement à la Grèce.

[2] *Voy.* liv. V, sect. I, ch. I, p. 259 *ci-dessus*, avec la note 1 sur ce livre, § 1, à la fin du vol. *Cf.* même livre, ch. II, p. 294.

[3] *Cf.* liv. V, sect. II, ch. III, p. 444, 445, et liv. VII, chapitre

II. L'Hermès hellénique, dans les traditions propagées d'Arcadie, et développées par l'Épopée; son caractère, ses attributs, ses épithètes et ses images. Le Mercure des Romains. Divers rapports d'Hermès-Mercure avec l'Occident.

Maintenant nous allons voir la double idée d'Hermès, dieu de la vie physique, particulièrement de la vie animale, et dieu de l'intelligence, du génie inventif et créateur [1], se retrouver à travers toutes les modifications qu'il eut à subir pour prendre place dans l'Olympe brillant de l'Épopée. L'hymne homérique qui lui est adressé et qui est le plus précieux de nos documens, le représente, dès sa naissance, comme un enfant merveilleux, fertile en détours, trompeur avec art, adonné au vol, ravisseur de bœufs, guide des songes, espion de nuit, gardien des portes, et destiné à s'illustrer bientôt entre les dieux par ses œuvres. Né avec l'aurore, à midi il faisait déjà résonner les cordes de la cithare, et le soir il déroba les bœufs du redoutable Apollon [2]. Hésiode ou

de la religion de Bacchus, où le point de vue supérieur de Maïa et d'Hermès est plus particulièrement développé.

[1] Hermès est fils de Maïa, dit un ancien (Eustath. ad Odyss. XIV, 435), διὰ τὸ ἐν ζώοις θρεπτικόν, et διὰ τὸ τοῦ λόγου ζητητικόν. Et Proclus (in Plat. Alcibiad. I, t. III, p. 29 sq., Cousin) rattachant à Hermès la science d'une part, l'invention de l'autre, termine ainsi : Ἐκ δὲ τῆς Μαίας προϊὼν, παρ' ᾗ κρυφίως ἡ ζήτησις τὴν εὕρεσιν δωρεῖται τοῖς ἑαυτοῦ τροφίμοις.

[2] Hom. Hymn. in Mercur., v. 13-19, et les ingénieux développemens qui suivent. Il faut comparer Apollodor. III, 10, 2. — Voss a essayé de prouver (*Mythol. Brief.* I, 94 sqq.) que l'hymne à Mercure est postérieur au temps d'Alcée, qui le premier aurait repré-

CH. VI. HERMÈS OU MERCURE. 679

l'auteur hésiodique du poème des femmes célèbres, mères des héros[1], avait également chanté ce vol symbolique des bœufs d'Apollon, mais en l'attribuant à Hermès déjà grand. Quoi qu'il en soit, le dieu-voleur, traduit au tribunal de Jupiter, s'y défendit avec une éloquence pleine d'astuce, et le débat finit par l'échange volontaire des bœufs contre la cithare qu'il venait d'inventer. Désormais dieu des troupeaux, comme Apollon de la musique, il reçut en outre de son rival la précieuse baguette du bonheur et de la richesse; baguette d'or, au triple feuillage, et d'une vertu toute magique[2]. Apollon néanmoins se réserva le don de lire dans l'avenir, mais en renvoyant Hermès aux Parques, pour le dédommager, ou en l'instruisant lui-même dans l'art de la divination par les sorts[3].

senté sous les traits d'un enfant le dieu voleur des bœufs. Mais si la forme poétique est récente, le fond mythologique est bien certainement ancien, plus ancien qu'Homère lui-même.

[1] Le Catalogue des femmes, espèce d'Héroogonie, dont les grandes Éœées n'étaient, à ce qu'il paraît, qu'un des chants. *Cf.* Antonin. Liberal., ch. XXIII; Ovid. Met. II, 685.

[2] Hymn. in Mercur., v. 529 sqq. Cette baguette (ῥάϐδος, d'où l'épithète si fréquente χρυσόρραπις, *à la baguette d'or*, donnée à Hermès) se retrouve, comme nous le verrons plus bas, et dans l'Iliade et dans l'Odyssée, également avec une vertu magique. Elle rappelle la merveilleuse baguette de Circé, dont Ulysse détruit les enchantemens par le secours d'Hermès, plus puissant qu'elle sur la nature (Odyss. X, 277, 293, 319, 331); et cette autre baguette que portent, dans l'Ancien Testament (Exod. VII, 9; VIII, 5; IX. 23), Aaron et Moïse, aussi bien que les magiciens d'Égypte. *Cf.* Baur, *Symbol. u. Mythol.* II, 1, p. 136 sq.

[3] Hymn. in Mercur., v. 552 sqq., coll. Apollodor. III, 10, 2. En lisant, au vers 562 de l'hymne homérique, Θριαὶ au lieu de

Dans l'Iliade et dans l'Odyssée, aussi bien que chez Hésiode, Hermès apparaît encore çà et là comme le dieu bon, le dieu secourable, qui favorise l'accroissement des troupeaux et qui donne la richesse[1]. C'est en même temps le dieu à l'esprit avisé, qui inspire les œuvres d'adresse et les paroles de ruse[2]. Autolycus, grâce à lui, était devenu célèbre, entre tous les hommes, par le larcin et le parjure[3]. Le petit-fils d'Autolycus, l'artificieux

---

Μοῖραι (comme l'a fait Hermann, d'après les plus graves autorités, p. 83 sqq. de son édition), il ne serait question, dans l'un et l'autre récit, que des sorts, auxquels président les Thries, nymphes du Parnasse, nourrices d'Apollon, qui sont évidemment les sorts personnifiés. Θριαί, αἱ πρῶται μάντεις, καὶ νύμφαι· καὶ αἱ μαντικαὶ ψῆφοι, dit entre autres Hesychius, s. v.

[1] *Voy.* les passages déjà cités, p. 676 *ci-dessus*, not. 1; joignez-y Odyss. XIV, 435, où Hermès est associé aux Nymphes dans les offrandes d'Eumée. C'est Hermès ἀκάκητα (Iliad. XVI, 185; Odyss. XXIV, 10) pour ἀκακήτης, ou encore ἀκακήσιος, que les Arcadiens dérivaient d'un certain Ἄκακος, nourricier du dieu (Pausan. VIII, Arcad., 36, coll. Spanheim ad Callimach. Hymn. in Dian. 143); ἐριούνης, ἐριούνιος (Iliad. XX, 34, 72; *ci-dessus*, p. 328, not. 3; et Creuzer Meletem. I, p. 34); κερδῷος, dans le sens le plus simple (Hom. Hymn. in Mercur. *passim*, coll. Spanh. ad Callim. Dian. 68, et al. ap. Creuzer, *ibid.*). L'épithète ἐριούνιος est précédée de celle de σῶκος (Iliad. XX, 72, *ibi* Heyn. Obss. et Apollon. Lex. Hom., p. 628, Toll.), que l'on explique ordinairement par κρατύς, le fort, le puissant, autre surnom homérique d'Hermès (Iliad. XVI, 181; Odyss. V, 49, etc.), la faisant venir de σωκῶ, mais qui pourrait aussi dériver de σώζω, et signifier le sauveur, le gardien des troupeaux (Welcker, *Æschyl. Trilog.*, p. 217; et *ci-dessus*, p. 319).

[2] Iliad. XX, 35; Hesiod. Op. 67, 78. De là les épithètes de ὁ σόφος, l'habile; ποικιλομήτης, δόλιος, στροφαῖος, dans l'un de ses sens. *Cf.* Spanheim ad Aristophan. Plut., v. 1158, p. 636 Beck., et *ci-dessus*, p. 672.

[3] Odyss. XIX, 395 sqq.

Ulysse, avait pour protecteur spécial le dieu fécond en ressources [1]. Lui-même, Hermès, donna des preuves nombreuses de son savoir-faire. C'est lui qui délivra Mars des chaînes où le retenaient les fils d'Aloéus [2]. Prêt, s'il l'eût fallu, à dérober le cadavre d'Hector de la tente d'Achille, il est choisi par Jupiter pour guider secrètement les pas du vieux Priam vers les vaisseaux des Grecs [3]. Alors il attache à ses pieds ses belles chaussures, ses chaussures immortelles et toutes d'or, qui le portent sur l'élément humide ou sur la vaste terre avec la rapidité du vent. Il saisit cette baguette avec laquelle il appesantit, quand il le veut, les yeux des hommes, et réveille ceux que le sommeil tenait endormis [4]. Ainsi se présente-t-il à Priam, sous les traits d'un jouvenceau d'illustre naissance, dont la barbe commence à pousser, et dans toute la grâce de la jeunesse.

Tel est l'aspect nouveau que revêtit peu à peu l'antique Hermès des Pélasges, dans sa transformation successive

---

[1] *Voy.* particulièrement le chant X de l'Odyssée. Notre livre VII, chapitre de la religion de Bacchus, fera ressortir des rapports plus profonds entre Mercure et Ulysse. *Cf. ci-dessus*, p. 676.

[2] Iliad. V, 385. *Cf.* ch. IV, p. 646 *ci-dessus*.

[3] Iliad. XXIV, 23, 335 sqq.

[4] *Cf.* Odyss. V, 43 sqq.; XXIV, 1 sqq.; X, 277 sqq.; et la belle imitation de Virgile (Æneid. IV, 238 sqq.), que nous ne pouvons nous empêcher de citer, en partie du moins, d'autant qu'elle prépare ce qui va suivre :

> Tum virgam capit: hac animas ille evocat Orco
> Pallentes; alias sub Tartara tristia mittit;
> Dat somnos adimitque, et lumina morte resignat.
> Illa fretus agit ventos, et turbida tranat
> Nubila.

par les chants épiques des Achéens et des Hellènes. Il devint le serviteur, le messager des dieux, particulièrement de Jupiter [1], et se modela de plus en plus sur le patron des hérauts qui remplissaient auprès des guerriers de si divers offices [2]. Mais à ce travestissement, à ce rôle en apparence subalterne du dieu de l'intelligence et de la parole médiatrice, continuent de se rattacher les idées les plus hautes, exprimées par certaines épithètes, ou représentées par certaines fonctions également caractéristiques. Le surnom de messager, de serviteur, si fréquemment donné à Hermès, est presque toujours accompagné de celui de *meurtrier d'Argus* [3], où se révèlent,

---

[1] Ce n'est guère que dans l'Odyssée qu'Hermès commence à jouer ce rôle : dans l'Iliade, excepté le dernier chant, c'est Iris qui porte les messages des dieux, qui annonce à la terre les volontés du ciel, comme l'arc-en-ciel dans la Genèse. Buttmann pense toutefois (Lexilog. I, p. 217 sqq.) que l'épithète διάκτορος appliquée déjà à Hermès dans l'Iliade (II, 103 ; XXI, 497; *ibi* Heyn. Obss., t. IV, p. 212 sq.), mais bien plus souvent, il est vrai, dans l'Odyssée, emporte l'idée fondamentale du *héraut des dieux*, du héraut par excellence (ὁ κῆρυξ), venant, par διάκτωρ, non de διάγω, mais de διώκω, διήκω, διώκω, aussi bien que διάκονος, et signifiant de même *messager, serviteur* (primitivement *coureur*, Διὸς τρόχις, διάκονος, ἄγγελος, comme dit Prométhée chez Eschyle, en parlant d'Hermès, et encore θεῶν ὑπηρέτης, v. 943 sq., 956, 971 Wellauer).

[2] De là Hermès échanson des dieux, du moins chez Sappho (Athen. V, 192 Cas.); et, dans l'Odyss. (XV, 319 sqq.), Ulysse faisant hommage, au dieu qui donne à toutes les œuvres humaines grâce et renom, de différentes fonctions analogues, et plus ou moins subalternes, dont il sait s'acquitter avec dextérité. *Cf.* Hymn. in Mercur., v. 108 sqq.

[3] Διάκτορος Ἀργειφόντης, Iliad. *l. l.*, coll. XVI, 182; Odyss. I, 38, et *passim*; Hymn. in Mercur., 73, *ibi* Ilgen., etc.

aussi bien que dans les légendes pélasgiques expliquées plus haut, ses rapports avec la lune et avec le ciel étoilé. La vache Io, en effet, et le vigilant Argus, qui a ses innombrables yeux fixés sur elle, ne paraissent pas être autre chose. Quant à Hermès, envoyé par le maître des dieux pour délivrer son amante de ce surveillant incommode, il ne fait, en tuant Argus, qu'accomplir la mission qui lui est confiée, de présider à l'alternative du jour et de la nuit, de la vie et de la mort[1]. C'est lui, d'ailleurs, qui, en qualité de héraut divin, parcourant incessamment l'espace, met en communication le ciel et la terre, le monde supérieur et le monde inférieur[2]. Il assiste à la naissance de tous les êtres, des dieux eux-mêmes[3], et il est chargé de conduire aux enfers les âmes de ceux qui ont vécu[4]. Quelquefois il les en ramène[5], comme il en ramène le sommeil et les songes, enfans de la nuit[6]. De là les épithètes de conducteur des âmes ou des morts, de guide des songes, de dispensateur du som-

---

[1] Cette interprétation dont Euripide (Phœn., 1123) et Macrobe (Sat. I, 19) ont eu l'idée, et que Heyne adopte en principe (*ubi sup.*), est développée par M. Welcker, dans son *Æschyl. Trilog. Prometh.*, p. 129 sqq. Elle nous parait beaucoup plus vraisemblable que celles qui ont été indiquées par Schwenck, *Etymol. Mythol. Andeut.*, p. 125, et Baur, *Symbol. u. Mythol.*, I, 1, p. 193 sq.

[2] *Superis Deorum gratus et imis*, Horat. Carm., I, 10, *fin.*

[3] Par exemple de Bacchus et d'Hercule: *voy.* plus bas, p. 689.

[4] Il remplit pour la première fois ce rôle dans l'Odyssée, XXIV, 1 sqq. *Cf.* Sophocl. Aj., 832; Euripid. Med., 754 (πομπαῖος, χθόνιος, p. 675 *ci-dessus*); Horat., I, 10, 17.

[5] Hygin., fab. CIII, CCLI, *ibi* interpret.; et Virgil., *ubi supra.*

[6] Odyss. VII, 138, *ibi* Schol. Palat.; Hesiod. Theog., 212, 758.

meil[1], etc. De là encore ses rapports avec les Parques, avec les divinités infernales, et ses attributions prophétiques[2].

Le caractère le plus général d'Hermès, au moins dans la mythologie populaire, paraît être celui d'un médiateur bienveillant, qui procure et favorise les communications, les déplacemens, les échanges, qui préside aux principaux rapports des hommes entre eux, au commerce, aux affaires, à tout ce qui fait le développement et le bienêtre de la vie. C'est lui qui montre la route aux voyageurs, qui les conduit et les escorte[3]. C'est lui qui se tient aux portes pour les garder, et qui les fait tourner sur leurs gonds, pour les fermer ou les ouvrir, selon les circonstances[4]. Il est le dieu de la place publique, où triomphe la parole dans la lutte des opinions et des intérêts, où se tient le marché. Il est par excellence, et dans

---

[1] Ψυχοπομπός, ψυχαγωγός, νεκροπομπός, ὀνειροπομπός, ὑπνοδότης. *Cf.* Eustath. ad Odyss. VIII, 278, p. 311 Basil.

[2] Schwenck (ouvr. cité, p. 123 sqq.) cherche à prouver l'identité primitive d'Hermès souterrain, auteur de la richesse, Psychopompe, etc., et de Pluton (Πλούτων, Πλουτοδοτήρ) ou Hadès (Ἀΐδης, Ἀΐς, l'invisible). Il observe que, dans le combat des Géans, Hermès porte encore le casque magique d'Aïs (Apollodor., I, 6, 2), tandis que ce dernier, chez Pindare (Olymp. IX, 50 sqq., coll. Odyss., XXIV, 5), armé de la baguette d'Hermès, pousse les âmes des morts dans les sombres demeures. *Cf. ci-dessus*, p. 679.

[3] Ἐνόδιος, ἡγεμόνιος, ἀγήτωρ. Aristophan. Plut., 1160, *ibi* interpret.; Pausan., VIII, 31.

[4] Προπύλαιος, στροφαῖος, de στροφεῖς, *cardines*, sens différent de celui que nous avons vu plus haut, p. 682, n. 2. *Cf.* sur cette épithète et sur les suivantes, Aristoph., *ibid.*, v. 1154 sqq., et les commentateurs déjà indiqués, éd. de Beck.

un sens précis, le dieu du commerce et du gain qu'il donne [1]. Il est, de plus, le dieu des gymnases et des exercices de la palestre, où se développent les forces du corps, où brille l'adresse physique [2]. Car le physique et le moral se touchent par tous les points dans cette merveilleuse conception d'Hermès; de lui relèvent également la souplesse de l'esprit et celle du corps. Sa statue se voyait à l'entrée du stade d'Olympie, et il était censé présider aux jeux qui s'y célébraient [3]. Quelques-uns vont jusqu'à lui en déférer l'invention et l'établissement, honneur qu'il partage ordinairement avec Hercule [4]. Nous avons vu, du reste, et nous verrons encore, dans la suite, quels singuliers rapports unissent entre elles ces deux divinités.

Hermès, dans les premiers temps, dieu de la musique, puisqu'il trouva non-seulement la lyre, mais les pipeaux rustiques [5], devint ainsi le dieu de la gymnastique, partie si importante de l'éducation chez les Grecs, et bientôt le dieu de la rhétorique, cette gymnastique de l'esprit. L'art de l'éloquence se rattacha naturellement à l'antique divinité de la parole créatrice [6], et toutes les autres manifestations, tous les procédés de l'intelligence, tous les arts et

---

[1] Ἀγοραῖος, ἐμπολαῖος, κερδῷος.

[2] Ἐναγώνιος. *Cf.* Eustath. in Odyss. VIII, 266, p. 309 Bas.

[3] Pausan. V, Eliac. (I), 14. Myrtile, écuyer d'OEnomaüs, est vulgairement donné comme fils d'Hermès.

[4] Oppian. Cyneg., II, 27. *Cf.* Spanheim et Bergler ad Aristoph. Plut., 1162.

[5] Hymn. in Mercur., v. 512, coll. Apollodor., III, 10, 2.

[6] Hermès à la fois λόγιος et λόγος. *Cf. ci-dessus*, p. 672.

toutes les sciences, à commencer par le langage et l'écriture, furent successivement les inventions d'Hermès [1]. Ministre des dieux et servant du banquet céleste, il fut considéré comme l'instituteur du culte divin, comme le premier sacrificateur [2]; c'est à ce titre qu'il porte la patère aussi bien que le caducée [3]. En Attique, il passa pour l'aïeul des Céryces, famille sacerdotale, dont les membres remplissaient, aux fêtes d'Éleusis, les fonctions de hérauts et de sacrificateurs, si bien que l'hiérocéryx ou héraut sacré y représentait Hermès lui-même [4].

En Arcadie, puis en Attique et ailleurs, les plus anciennes représentations d'Hermès furent des piliers carrés, d'abord de bois, ensuite de pierre, surmontés d'une tête barbue et caractérisés par le phallus [5]. Ces piliers appelés des *Hermès*, lors même que, plus tard, on les transporta à d'autres divinités, se voyaient dans tous les lieux où le dieu multiple qu'ils rappelaient était censé opérer par sa présence, dans les champs et sur les routes,

---

[1] Diodor. Sic., V, 75, *ibi* interpret. *Cf.* Fabric. Bibl. Græc. ed. Harless, I, p. 89-94.

[2] Diodor., *ibid.*; Euseb. Præpar. Evang., II, 1, coll. Hymn. in Mercur., v. 115 sqq.

[3] Σπονδεῖον, κηρύκειον — *caduceus*. *Cf.* la figure indiquée plus bas, p. 689. Les hérauts (κήρυκες) eurent, entre autres fonctions, dans l'origine, celle de préparer les sacrifices.

[4] *Cf.* liv. VIII, sect. II, ch. I.

[5] Τετράγωνος ἐργασία, ἄκωλοι Ἑρμαῖ, quelquefois encore avec le piléus et un manteau. *Voy.* Pausan., VIII, 31, 39, 48; I, 24; IV, 33; VII, 22, 27; X, 12; coll. Thucyd., VI, 27; Aristoph. Lysistr., 1093, *ibi* interpret. *Cf.* O. Müller, *Handb. der Archæol.*, p. 44.

sur les places publiques et dans les gymnases [1]. Peu à peu ces grossières images, qui se perfectionnèrent elles-mêmes, firent place à la figure humaine de plus en plus idéalisée, et le vieil Hermès des Pélasges apparut aux premiers artistes comme il s'était révélé aux premiers poètes, sous l'aspect d'un homme fort et vigoureux, avec une barbe en pointe et de longs cheveux bouclés, la chlamyde ordinairement retroussée, le pétase ou chapeau à larges bords en tête, des ailes aux pieds et le caducée à la main. Tel on voit encore le héraut divin sur une foule de monumens de l'ancien style [2]. Le caducée qu'il porte en cette qualité, ne fut originairement qu'une baguette d'olivier avec des bandelettes, auxquelles on substitua plus tard des serpens entortillés autour [3].

[1] On se rappelle les Hermès d'Athènes, sur lesquels Hipparque, fils de Pisistrate, fit graver des maximes à l'usage du peuple. On s'en servait aussi comme d'indicateurs sur les chemins et dans les carrefours, d'où les Hermès à trois et quatre têtes. (Plat. Hipparch., p. 238 Bekker; Philochor. fragm., p. 45 Siebelis; Eustath. ad Iliad. XXIV, 333; Hesych. s. v. Ἑρμ.).

[2] Pl. LXVI, *l*; CVI, 413, 414; coll. pl. CVII, 415, avec l'explication. Le caducée est constant, les autres attributs varient. Les ailes aux pieds ou les chaussures ailées, πτερόεντα πέδιλα, doivent être beaucoup plus anciennes dans la sculpture qu'on n'a voulu les faire. *Cf.* O. Müller, ouvr. c., p. 415 et 504.

[3] Ainsi l'explique, en partie d'après Böttiger (Amalth., I, p. 104), O. Müller lui-même. Nous remarquerons toutefois avec un autre savant (Baur, *Symb.*, II, 1, p. 139), que le caducée primitif ne semble pas pouvoir être distinct de cette baguette magique, d'où Hermès avait pris le surnom de Χρυσόρραπις (*ci-dessus*, p. 679). Quant aux serpens, symbole ici de concorde et de prudence, ils paraissent avoir appartenu, dès le principe, comme emblêmes de la vie souterraine et de l'agriculture, à Hermès Chthonius et Trophonius (Schol. ad Aristoph. Nub., 504).

Déjà, nous l'avons vu, chez Homère, Hermès se transforme en un jouvenceau, dont la barbe commence à pousser, et dans toute la grâce de la jeunesse. L'art s'empara tardivement de cette conception, et en vint à réaliser dans Hermès l'idéal de l'éphèbe beau de sa vigueur, comme le faisaient les exercices du gymnase. On reconnaît à ce caractère de force et de souplesse à la fois, à la grâce virile de ses traits, à ses cheveux courts et crépus, quelquefois encore ombragés du pétase, à sa chlamyde ordinairement rejetée en arrière, ou bien roulée autour de son bras gauche, le dieu désormais imberbe de la gymnastique. Telle paraît, entre autres, appuyée contre un tronc de palmier, symbole de la victoire, la fameuse statue que l'on a long-temps prise pour celle d'Antinoüs [1]. Hermès, dieu de la parole, ne diffère guère du précédent que par son attitude d'orateur [2]. Comme dieu de la musique, il a près de lui la tortue dont il forma la première lyre [3]. Mais c'est surtout le messager des dieux que les artistes, ainsi que les poètes, se sont plu à représenter avec des attributs caractéristiques. Sa taille est plus élancée; il porte de petites ailes, non-seulement aux talons, mais à la tête, à son pétase, par fois à son caducée; il est toujours en mouvement, presque toujours debout, et, quand il se repose, on voit encore qu'il va partir [4]. Dieu du commerce et de la ruse,

---

[1] Pl. CVII, 416, coll. CVI, 417.
[2] Pl. CXLVIII, 418, avec l'explication.
[3] *Ibid.*, coll. LXVIII, 252, *f*, et surtout Mus. Nap., I, 54; Mazois Pompéï, II, p. 2.
[4] Pl. CVII, 419, coll. CXLVIII, 418.

CH. VI. HERMÈS OU MERCURE.

dieu fripon, Hermès prend quelquefois aussi, sur les monumens, la figure d'un enfant, qui, d'un air malin, tient un doigt sur sa bouche, et, dans l'autre main, une bourse[1]. Habituellement ses traits respirent la finesse et la bienveillance; sa tête légèrement penchée marque la réflexion, et tout son idéal est un merveilleux assemblage de beauté physique et de dextérité d'esprit.

Hermès est figuré avec l'attribut du bélier, soit comme dieu des troupeaux, soit comme auteur des sacrifices; et c'est à ce dernier titre, avons-nous dit plus haut, qu'il porte la patère[2]. Comme Psychopompe, ou conducteur des âmes, on le voit assez fréquemment sur les bas-reliefs des tombeaux[3]. Du reste, il assiste à la vie et à la mort tour à tour, quand il reçoit Bacchus sortant de la cuisse de Jupiter, Hercule du sein d'Alcmène, et quand il pèse les âmes d'Achille et de Memnon[4]. On le rencontre dans une foule d'autres compositions, où tantôt il fait l'office de guide des dieux et des hommes, tantôt favorise, en gai compagnon, leurs projets amoureux[5].

C'est ici le lieu de se rappeler le rôle que joue Hermès dans les amours de Mars et de Vénus[6]. Lui-même il parvint au comble de ses vœux en s'unissant à la déesse; et

---

[1] Pl. CVI, 420, coll. CXCV, 690; CVII, 423, 424. La bourse est un des attributs les plus récens d'Hermès, souvent même une restauration toute moderne.
[2] Pl. CVI, 422, coll. 422 a, et *ci-dessus*, p. 686.
[3] Pl. CIII, 421; CLVII, CLVIII, 602, 603; CCXXVIII, 773, et la belle pierre gravée, CVII, 421 a.
[4] CX, 432; CLXXV, 653; CCXXXVI, 812.
[5] Par ex., CXCI, 679; CLXXIV, 652, etc.
[6] Liv. V, sect. I, chap. II, p. 300, *ci-dessus*, coll. pl. XCV, 380.

de cette union résulta l'être à double nature, appelé *Hermaphrodite*, où les caractères des deux sexes, les beautés de l'homme et de la femme ont été si admirablement fondus par les artistes[1]. Les poètes, de leur côté, donnèrent au fils prétendu d'Hermès et d'Aphrodite une légende gracieuse, qu'on peut lire dans Ovide[2], et où ils rendirent compte à leur manière d'un symbole qui avait cessé d'être compris, symbole analogue à celui du Phallus, et très probablement dérivé des religions pélasgiques[3]. A Hermès s'associent, en outre, mais par une tout autre alliance, sur ces piliers quadrangulaires qui furent ses premières statues, plusieurs divinités que des rapports d'idées ou de fonctions rapprochèrent de lui à différentes époques. De là ces têtes géminées qui portent les doubles noms d'Herméraklès, d'Hermathène, d'Herméros, d'Hermarès, d'Hermopan, d'Hermanubis, etc., et qui se voyaient principalement dans les gymnases, au moins les trois premières[4].

Le nom latin *Mercurius* se dérive ordinairement de *Merces*, marchandise[5]; et, en effet, Mercure était sur-

[1] Pl. CVI, 425, 426, avec l'explicat. *Cf.* l'Introduct., tom. Ier, p. 55.
[2] Met. IV, 285 sqq., *ibi* Gierig.
[3] *Cf.* p. 298, *ci-dessus*.
[4] Aux gymnases présidaient, avec Hermès, Hercule, Minerve et l'Amour. — Sur l'origine et le caractère de tout cet ordre de représentations figurées, et particulièrement sur les Hermaphrodites, il faut consulter Heinrich Comm. de Hermaphrod., Hamburg. 1805; Welcker, *über die Hermaphroditen*, dans le tom. IV des *Studien* de Daub et Creuzer; Böttiger, *Amalthea*, I, p. 352.
[5] Festus *s. v.* Servius (ad Virg. Æn. VIII, 138) et d'autres le font venir de *medius currere*, dans des sens divers. Isidore (Orig. VIII,

tout adoré à Rome, comme le dieu du commerce. Il avait son temple principal dans le voisinage du Cirque. Le jour de sa fête, qui tombait le 15 mai, les marchands lui offraient des sacrifices au-devant de la porte Capène, afin d'obtenir ses faveurs, et se purifiaient, à une source voisine, des faux sermens et des autres infractions à la vérité ou à la justice, qu'ils avaient pu commettre[1]. On connaît le célèbre hymne d'Horace, qui passe pour avoir été composé à l'occasion de cette fête, bien que la chose soit douteuse[2]. Il résume, en quelques traits expressifs, toutes les attributions que les Grecs donnaient à leur Hermès, et que nous avons développées plus haut. Le nom même du mois de *Mai*, qui vient de *Maia*, la terre mère ou nourrice chez les Romains[3], et la mère de Mercure, montre que ce dieu, dans le Latium comme dans la Grèce, eut d'abord trait à l'agriculture[4]. Ce qui confirme cette idée, c'est que l'Hermès des Étrusques s'appelait *Turms*, évidemment analogue à *Terminus* ou au dieu Terme, qui, sous la figure d'une borne, protégeait les limites des champs[5]. Il est difficile de n'être pas frappé

---

[1] s'exprime ainsi : *Ideo Mercurius quasi medius currens appellatur, quod sermo currat inter homines medius:—Ideo et mercibus præesse, quod inter vendentes et ementes sermo fit medius.* L'étymologie est absurde, mais le fond de l'idée n'en est que mieux saisi.

[1] Ovid. Fast. V, 663 sqq.

[2] Cet hymne paraît être une imitation d'Alcée, partielle du moins. *Cf.* Mitscherlich ad Horat. Carm. I, 10; A. Matthiæ Alcæi reliq., p. 24 sq.

[3] Macrob. Sat. I, 12. *Cf. ci-dessus*, p. 504, n. 6.

[4] *Cf.* l'art. précéd., p. 674, et Schwenck, ouvr. c., p. 121.

[5] Dionys. Halic. A. R. II, 9. *Cf. ci-dessus*, p. 486, 495.

44.

du double rapport qui existe, d'une part, entre le Dieu-Borne et la forme antique des Hermès; d'autre part, entre les noms *Hermès*, *Turms*, *Terminus*, et le mot grec *Herma*, signifiant base, appui, colonne[1]. Peut-être, comme on l'a pensé, le nom latin *Mercurius*, ramené à son étymologie la plus générale[2], n'a-t-il pas au fond un sens différent. Mais peut-être aussi est-ce la notion fondamentale d'Hermès-Mercure, qui, par la diversité de ses applications, a produit ces coïncidences et de mots et d'idées[3].

Si l'on en croit les historiens Romains, le culte de Mercure aurait été en grand honneur dans l'Occident, chez les Germains et chez les Gaulois. Ceux-ci, au rapport de César[4], révéraient en lui l'inventeur de tous les arts, le guide tutélaire des hommes sur les chemins et dans les voyages, la source féconde de la richesse et des produits

---

[1] Ἕρμα (et non pas Ἕρμα). *Cf.* les Éclaircissem. du liv. III, tom. Ier, p. 852.

[2] La racine indo-germanique *Merken*, d'où *Mark*, limite, frontière, et le français *marquer*. *Cf.* Baur, *Symbol.* II, 1, p. 146.

[3] Le nom, aussi bien que la notion d'*Hermès*, nous paraît se rapporter avec le plus haut degré de probabilité à la parole, soit comme expression, comme manifestation de l'intelligence; soit comme lien, comme moyen de communication, comme terme de comparaison général pour tout ce qui indique et distingue, rapproche et sépare, unit et soutient, etc. Nous le dérivons donc de ἔρω, εἴρω, d'où Ἑρμῆς, ἕρμα, comme de *sero sermo*. On voit que réellement les idées de *parole*, *lien*, *limite*, à la fois indice et soutien, se confondent par les mots même destinés à les rendre. *Mercurius*, l'indicateur, le marchand, le coureur, n'a, dans le fond, ni une autre étymologie, ni un autre sens. *Cf.* Lennep et Scheid, Etymol. Ling. Gr., p. 221, coll. 196.

[4] De Bello Gall. VI, 17.

du négoce. Suivant Tacite [1], les Germains lui immolaient des victimes humaines, comme les Gaulois à Teutatès, tour à tour leur Mars, leur Hercule et leur Mercure. On veut que *Teutatès* soit le même que *Theuth* ou *Taaut*, et qu'il ait été importé dans l'Europe occidentale par les Phéniciens, aussi bien que cet Ogmios, dieu de la guerre et de l'éloquence à la fois, qui entraînait les hommes attachés par l'oreille à des chaînes d'or et d'ambre, sortant de sa bouche [2]. Sans entrer ici dans l'examen de ces questions délicates, nous nous bornerons à rappeler l'observation faite dans un de nos précédens livres, que, chez les Romains eux-mêmes, Hercule et Mercure avaient plus d'un rapport, soit entre eux, soit avec le dieu Mars [3]. Comme les Romains juraient par Hercule, les rois des Thraces, qui se prétendaient issus d'Hermès, juraient par ce dernier [4], et les Athéniens gardèrent cet usage [5], où reparaît, sous son aspect le plus moral, le dieu instituteur de la parole, ce lien sacré de la société humaine [6].

[1] De Mor. Germ. IX; coll. Lucan, Phars. I, 444; Lactant. Inst. I, 21.

[2] *Cf.* Am. Thierry, Hist. des Gaulois, tom. II, p. 78; Michelet, Hist. de France, tom. Ier, p. 41 sq.

[3] Liv. IV, chap. complém., p. 238 *ci-dessus*. *Cf.* Baur, *Symb.* II, 1, p. 147 sq.

[4] Herodot. V, 7.

[5] Spanheim ad Aristoph. Nub. 1239, *al.* 1223.

[6] Plus encore que dans les chapitres de Mars et de Vénus, nous avons été abandonnés dans celui-ci à nos propres forces, le texte de M. Creuzer nous ayant à peine fourni quelques indications, sans aucun développement. Nous avons mis à profit les ouvrages fréquemment cités de Schwenck, Baur, O. Müller, etc., tout en cherchant à ne point nous écarter des idées fondamentales de notre auteur.

(J. D. G.)

CHAPITRE VII.

HESTIA ou VESTA.

Origine asiatique et probablement persique de cette divinité; son idée fondamentale et ses principales attributions ; foyer, centre et base tutélaire de la famille, de la cité et de toutes choses. Culte de Vesta en Grèce et particulièrement à Rome; temple, autel, prêtresses; Vestales et leurs fonctions. Rapports de Vesta avec plusieurs autres divinités; point de vue mystique et philosophique, idées des Orphiques, des Pythagoriciens et des Platoniciens; représentations figurées.

Le nom grec et le nom latin de cette déesse ont une même racine; ils paraissent signifier également une ferme assiette, une solide base[1]. Tous deux, vraisemblablement, ils sont d'origine orientale aussi bien que Vesta elle-même; l'Asie-Moyenne, l'Iran, c'est-à-dire la Perse antique, doivent avoir été la première patrie de son culte, étranger à l'Égypte, suivant Hérodote[2]. Les écrivains

---

[1] Ἑστία ou Ἱστίη, primitivement Γεστία, *Vesta*, de ἕζω ou ἕστω, ἵστω (στάω). Cicéron (de N. D. II, 27) dérive *Vesta* de Ἑστία, ajoutant : *Vis autem ejus ad aras et focos pertinet. Cf.* de Leg. II, 12 ; Ovid. Fast. VI, 299; Arnob. III, p. 119, c. 32, *ibi* Orelli, tom. II, p. 162; Lennep, Etymol. l. gr., p. 224. — Le vieil allemand *Veste*, d'où *Fest*, est analogue, dans l'idée ainsi que dans le mot, comme on le verra plus bas (Wachter Glossar. Germ. I, 527, II, 1783).

[2] II, 50. — Cependant les légendes hiéroglyphiques des monumens égyptiens signalent, sous le nom d'*Anouke*, une divinité que reconnait aussi l'inscription des Cataractes, et qu'elle assimile à l'*Hestia* grecque (Ανουκει τηι και Εστιαι). Il en est donc, à cet égard, de Vesta comme de Junon. *Cf. ci-dessus*, p. 592, et tom. Ier, Éclair-

grecs, qui nous parlent d'une Hestia persane, et que nous avons citée ailleurs [1], hasardaient un rapprochement confirmé par tous les faits.

Dans le système des dieux de la Crète, *Hestia* ou *Vesta* apparaît comme la fille aînée de Cronos et de Rhéa [2]. Elle rejeta les alliances de Neptune et d'Apollon, et demeura vierge, ainsi que Minerve [3]. Voilà pourquoi l'on consacrait à l'une et à l'autre de ces déesses une génisse âgée d'un an [4]. C'est pour une raison analogue que Vesta avait peu ou point d'histoire mythique, des symboles fort rares, et un culte extérieur des plus simples.

Déjà nous avons exposé, dans le livre second, l'idée fondamentale de cette divinité, en la rapprochant de Mithra [5]. C'est celle d'un principe inextinguible du feu caché au centre de la terre et du ciel. De là vient que l'on consacrait à Vesta un feu pur, qui ne devait jamais s'éteindre, et qui brûlait en son honneur sur l'autel domestique, c'est-à-dire sur le foyer [6]. En effet, de même

---

cissem., p. 835, 848, avec la pl. XXXVIII, 158, et l'explicat.; Letronne, Recherches sur l'Égypte, p. 344 sqq.; Champollion jeune, Panthéon égyptien, pl. 20, 20 *a*, avec l'explicat. (J. D. G.)

[1] Tom. Ier, p. 372. *Add.* Plat. Cratyl., p. 41 Bekker.

[2] Hesiod. Theog. 454; Hom. Hymn. in Vener. 22, coll. Heyne ad Apollodor., p. 7, et *ci-dessus*, p. 368.

[3] Et Diane ou Artémis (Hymn. in Vener. 24 sqq., coll. 7 sqq.). « Au lieu de l'hymen, ajoute le poète, son père Jupiter lui conféra un sublime honneur : elle prit place (elle s'assit) au centre de l'Olympe (au milieu de la maison).... Dans tous les temples des dieux elle est révérée. » (J. D. G.)

[4] Spanheim ad Callim. H. in Cerer. 109.

[5] Tom. Ier, *ibid.*

[6] Dionys. Halic. Antiq. II, p. 126. *Cf.* Spanheim, Diatribe de Vesta. § 10, p. 678 sqq., in Grævii Thes. Ant. Rom., tom. V.

que la grande déesse du feu agit par un pouvoir invisible du sein de la terre où elle réside; de même, du fond de la maison où on l'honore, elle répand ses bénédictions sur la maison et la famille entière. Elle est la condition incompréhensible et merveilleuse de tout ce qu'expriment et renferment les mots maison, prospérité et asile domestiques. Elle est comme un centre tutélaire, un garant sûr et mystérieux de l'association, de l'union et de tous les liens domestiques et civils [1]. Aussi l'avons-nous vu prendre un des premiers rangs parmi les pénates des Romains, et portait-elle chez eux l'auguste nom de Mère, tandis que Mars, l'autre grand pénate national, s'appelait Père [2]. Elle avait différentes autres épithètes, suivant les différens points de vue sous lesquels on envisageait le foyer domestique [3]. Et comme ce foyer, demeure de Vesta, était l'asile sacré, inviolable, du suppliant, la déesse se trouvait par là même dans une étroite relation avec son frère Jupiter, qui présidait également au foyer protecteur des malheureux [4]. Elle était encore invoquée avec lui dans les alliances; c'est en son nom que l'on jurait les traités, les conventions de toute espèce; et nul serment ne liait avec plus de force, avec une autorité

---

[1] *Rerum custos intimarum*, dit Cicéron, de N. D., à la suite du passage que nous avons cité plus haut.

[2] *Vesta Mater*, sur les médailles, dans les inscriptions, etc. *Cf.* Spanheim de Vesta, § 14, p. 682, 684 sqq., et liv. V, sect. II, chap. II, p. 412-415 ci-dessus.

[3] Ἑστία πατρῷα (*domestica*, *patrima*), δωματίτης, ἐφέστιος, ἔνοικος, σύνοικος. Spanheim, *ibid.*, § 3, p. 666 sqq., et ad Callim. *ubi supra.*

[4] Reinesii Inscript. p. 201. *Cf.*, chap. I de ce livre, p. 568-572 ci-dessus.

plus irréfragable. Enfin, c'est par elle que commençaient et finissaient toutes les prières et tous les sacrifices. Elle était, comme dit Homère, la première et la dernière [1].

Mais l'idée d'un centre tutélaire de la famille et de la maison s'étend et s'élève, ainsi qu'on a pu l'entrevoir, jusqu'à celle d'un point central de la cité, qui est la grande famille, de la société civile et de l'État. Vesta, en ce sens, c'était la patrie elle-même. Et de même que dans la partie la plus secrète de chaque habitation privée, le foyer brûlait perpétuellement en son honneur, de même au sein de chaque ville un édifice lui était consacré, où, comme dans un foyer public, brûlait un feu éternel. Cet édifice se nommait le *Prytanée*, et les autorités de la ville elles-mêmes appelées *Prytanes*, y offraient à la déesse un sacrifice solennel, au nom de tous les habitans, de tous les membres de la communauté [2]. Véritable foyer de l'État personnifié, la déesse dans cette haute fonction prenait les noms de *Prytanitis*, de Hestia ou Vesta commune, de Vesta de la cité, de Vesta conseillère ou présidant aux conseils publics [3], etc. Nous ne devons donc

---

[1] Πρώτη καὶ πυμάτη (Hymn. Hom. XXIX, 5). De là le proverbe ἀφ' Ἑστίας ἄρχεσθαι, et l'assertion mal à propos contestée de Cicéron : *Itaque in ea dea.... omnis et precatio et sacrificatio extrema est* (de N. D. II, 27, à la suite, *ibi* Davis. et contre lui Creuzer, p. 315. Davies a confondu l'usage des Romains avec celui des Grecs). *Cf.* Spanheim, de Vesta, p. 664 sqq., 668; Heindorf ad Plat. Cratyl., p. 62; Wyttenb. ad Plutarch. de Ser. Num. Vind., p. 22; Marini *gli Atti de' fratelli Arvali*, p. 378.

[2] Pausan. V, (Eliac. I), 15; Livius, XLI, 20; Dion. Hal. c. 65, p. 125. *Cf.* de Vest., p. 679 sq., et ad Callim., p. 734 sqq.

[3] Πρυτανίτις (de Πρυτανεῖον, Πρύτανις), κοινὴ Ἑστία, Ἑστία τῆς πόλεως

point nous étonner d'entendre l'oracle de Delphes appeler au même titre la ville d'Athènes le foyer public ou le Prytanée de la Grèce entière[1].

Le culte de Hestia Prytanitis, outre les Prytanes dont nous avons parlé, était confié à des prêtresses, qui, en Grèce, pouvaient être des veuves[2], tandis qu'à Rome il fallait absolument qu'elles fussent vierges. Ce sont les fameuses *Vestales*, dont la principale fonction était l'entretien du feu sacré, qu'elles ne devaient jamais laisser éteindre. Chez les Grecs, les prêtresses de Vesta se nommaient *Hestiades*, *Prytanes* ou *Prytanides*[3]. Rien de plus simple, au reste, surtout dans les temps anciens, que les honneurs rendus à cette déesse. On lui offrait d'abord, et ensuite aux autres dieux, des herbes vertes, dont on parsemait l'autel[4]. A Rome on faisait à Vesta, en même temps qu'à Janus et aux Lares, des libations de vin[5]. Plus tard, l'encens fut substitué aux herbes, et l'on finit par sacrifier à Vesta, comme à toutes les divinités, des animaux. Ces sacrifices avaient lieu, non-seulement chez les Grecs[6], mais chez les Romains, où les frères Arvales, pour citer cet exemple remarquable, immolaient des brebis en l'honneur de la chaste déesse.

(*focus urbis*, *focus publicus*, comme dit Cicéron, de Leg. II, 12; § 29; 8, § 20), Ἑστία βουλαία.

[1] Ælian. V. H. IV, 6, *ibi* Perizon. *Cf.* Creuzer, annot. ad Orat. de Civit. Athen., p. 54 sq.
[2] Plutarch. Num., cap. 9.
[3] Spanheim ad Callim. in Cer. 129.
[4] Theophr. ap. Porphyr. de Abstin. II, 5, p. 106 Rhœr.
[5] Spanheim de Vest., p. 665, 676.
[6] Æschyl. Agam., 1065, *al.* 1026.

En général, les mêmes idées que les Perses, ainsi que les Grecs, attachaient à l'être divin qui nous occupe, et que nous avons développées plus haut, faisaient la base du culte de la Vesta romaine, et même y ressortent d'une manière encore plus caractéristique. L'origine de ce culte remonte aux premiers temps de Rome. On s'accorde assez généralement à regarder Numa comme son instituteur[1]. Ce fut lui, du moins qui, le premier, éleva en l'honneur de la déesse un temple vraiment public et national; temple d'abord d'une extrême simplicité, puisqu'il consistait en un entrelacs d'osier, recouvert de feuilles de peuplier, et de forme ronde, parce que Vesta, est-il dit, était la terre, et que la terre est ronde[2]. Plutarque, au contraire, prétend que cette forme imitait celle du monde entier, au centre duquel, suivant l'idée des Pythagoriciens, résidait le feu appelé Hestia ou la Monade[3]. Il ne se trouvait dans ce temple, d'après le témoignage formel d'Ovide[4], aucune image de la déesse, mais seulement un autel avec le feu sacré qui en tenait la place. L'accès dans l'intérieur du temple était interdit à tout homme. Servius Tullius étendit le culte de Vesta et augmenta le nombre des vierges Vestales, instituées

---

[1] Livius, I, 20; Plutarch. Num., 11; Ovid. Fast., VI, 259; Gell., I, 12, et surtout Denys d'Halic. (II, 65, p. 125), qui résout la question dans le sens que nous avons cru devoir adopter.

[2] Festus s. v., p. 460 Dacer; Ovid. Fast., VI, 265 sqq., ibi Gierig. — Cf. pl. CXLI, 541, coll. 540, avec l'explicat. (J. D. G.)

[3] Vit. Num., 11, coll. Sympos., VII, 4, § 7, p. 899 Wytt.

[4] Fast., VI, 295, ibi Gierig., p. 337.

par Numa pour le desservir[1]. Tant que tous les sacerdoces demeurèrent la propriété exclusive des Patriciens, les Vestales furent exclusivement choisies dans les familles patriciennes. Mais, plus tard, la loi Papia statua qu'elles pourraient être prises dans tout le peuple, les Plébéiens compris. Il faut même croire, d'après un passage de Dion Cassius[2], que les Patriciens avaient cessé de voir avec plaisir leurs filles condamnées aux soins d'un culte si sévère et à la triste existence qu'il commandait. L'on sait, en effet, que l'extinction du feu sacré étant regardée comme un présage sinistre, comme un signe de la destruction de Rome[3], la Vestale qui l'avait laissé éteindre était punie de sa négligence par un châtiment infamant. Elle recevait des coups de fouet, comme les esclaves, de la main du grand pontife, quoique en un lieu écarté. C'était, au reste, ce grand pontife qui avait la surveillance des Vestales aussi bien que l'inspection suprême du culte de Vesta.

Outre l'entretien du feu qui, une fois éteint, ne pouvait plus se rallumer qu'à une pure étincelle émanée du soleil[4], nous avons vu que le vœu de chasteté était prescrit aux Vestales, soit à cause de cette pureté même du feu et de la déesse qu'il représentait, et qui exigeait dans ses ministres une pureté semblable à la sienne; soit parce

---

[1] *Voy.*, sur les Vestales, Plutarch. Num., 9-11; Dionys. Hal., II, 65; Gell., I, 12.
[2] IV, 263, coll. Sueton. August., 31, et, en général, Heineccius ad Leg. Jul. et Pap. Popp., p. 4-8.
[3] Ἀφανισμοῦ τῆς πόλεως, Dionys., II, p. 128, coll. Liv. XXVIII, 11.
[4] Festus, *s. v. Ignis Vestæ*, ibi Dacer., p. 178.

que le feu, comme la virginité, est stérile de sa nature [1] ; soit, enfin, comme dit Cicéron dans les Lois [2], pour que des vierges missent plus de vigilance à le garder, et pour faire sentir aux femmes tout ce qu'on exige en elles de chasteté. Les Vestales avaient encore de nombreux sacrifices à offrir avec différentes occupations qui s'y rapportaient, et dans lesquelles elles sont souvent représentées sur les vases et sur les médailles [3]. Par exemple, dans les plus anciens temples de Vesta, on préparait le pain. Un passage de Suidas [4] fait de plus entendre que Numa avait confié aux Vestales le soin de l'eau en même temps que celui du feu. Enfin, c'était dans le temple de Vesta, et sous la garde de ses saintes prêtresses, que résidait le Palladium, gage du salut de l'État, auquel se rattachait vraisemblablement un culte mystérieux, dont nous parlerons plus loin [5]. Sous ce point de vue, Vesta apparaît comme déesse tutélaire et comme appui de la cité. La fête de cette divinité tombait au mois de juin. L'on y célébrait une procession où figurait l'âne, consacré d'ailleurs à

---

[1] Plutarch. Num., 9; Ovid. Fast., VI, 284 sqq., etc.
[2] II, 12.
[3] Juste-Lipse a fait graver plusieurs médailles de ce genre, ch. X, p. 643, de son Syntagma de Vesta et Vestalibus (in Grævii Thesaur. Antiq. Rom., tom. V), où il faut chercher les développemens de ces rapides indications, aussi bien que dans le traité de Spanheim déjà cité nombre de fois. Ajoutez G. H. Noehden *On the Worship of Vesta*, etc., dans le *Classical Journal*, vol. XV, p. 123 sqq., et p. 257 sqq.—*Cf.* notre. pl. CXLI, 541, en rapprochant les pl. CXL, 542, et CV, 542 a, qui montrent les portraits de deux Vestales connues par leurs noms. (J. D. G.)
[4] *Ap.* Lips. *lib. laud.*, p. 644.
[5] *Cf.* le chapitre de Minerve, art. III et IV *ci-après*.

Cybèle. Il est vrai que cet animal, par son cri effrayant, avait jadis rendu à Vesta elle-même un signalé service, en la sauvant des brutales atteintes de Priape, qui voulait l'assaillir pendant son sommeil [1]. C'est pour cela que les lampes, paisibles dépositaires de la flamme domestique, et placées sous la protection de Vesta, étaient surmontées de têtes d'âne, comme on le voit aujourd'hui encore par les débris de l'antiquité [2].

L'on a pu jusqu'ici facilement saisir dans notre développement de l'idée de Vesta, mainte analogie avec plusieurs autres divinités, telles que Géa ou la Terre, Rhéa, Cybèle, Diane, Cérès, Proserpine. Comme toutes ces déesses, elle portait au nombre de ses principaux titres celui de Mère, ainsi que nous l'avons vu plus haut. Nous ne devons donc point nous étonner de trouver une Déméter maîtresse du foyer; une Proserpine, sous le nom de Hestia souterraine [3]. Tout à l'heure se découvrira le rapport comme le contraste de Vesta et de Cérès, déesses de la terre, et dans le chapitre suivant nous comparerons de même les deux déesses du feu, Minerve et Vesta. Sans revenir sur le parallèle établi dans le livre second, entre le culte de la Vesta romaine et celui de Mithra, chez les Perses, il est bon de noter ici d'avance la relation intime de notre déesse avec un autre grand dieu du feu éternel, probablement aussi d'origine étrangère,

---

[1] J. Lydus de Mens., p. 107 Schow., 250 Rœther; Ovid. Fast., VI, 311-348.

[2] *Cf.* pl. CXL, 539, coll. 539 *a*.   (J. D. G.)

[3] Δημήτηρ ἑστιοῦχος, χθονία Ἑστία (Sophocl. OEdip. Col. 1727.)

avec le Pan arcadien, relation attestée par le rapprochement de leurs autels à Olympie[1].

Si maintenant nous recherchons le point de vue mystique et philosophique dans la divine Vesta, reconnaissons d'abord combien ce point de vue domine et devait dominer en elle, puisqu'elle occupait si peu de place dans les légendes et les cérémonies populaires. Le chantre Orphique lui assigne sa place au centre du feu éternel et très grand; il parle de sa flamme qui purifie les cœurs et les prépare aux saints mystères[2]. Plusieurs Pythagoriciens paraissent l'avoir conçue à peu près de même, comme on en juge par les dogmes de Philolaüs, rapportés dans Plutarque[3], et où le feu central est appelé le foyer (Hestia) de l'Univers. D'autres, au contraire, voyaient dans Hestia la terre, sans doute comme placée au centre du tout[4]. Mais il n'est pas facile de concilier cette opinion avec la précédente, ni avec le sentiment analogue de Platon, s'il est vrai que ce philosophe ait pris Hestia pour l'âme du monde, identique avec le feu central de Philolaüs. Hestia, suivant un fameux passage du Phædrus[5], qui a donné lieu à tant d'interprétations,

---

[1] Pausan., V (Éliac. I), 15. *Cf.*, dans le liv. VII, le chapitre de la religion de Bacchus.

[2] Orph. Hymn. 84 (83).

[3] De Placit. Philosoph., III, 11. — *Cf.* Stob. Eclog. I, 23, 1, p. 488, et l'ouvrage spécial de Bœckh, *Philolaos des Pythagoreers Lehren*; p. 94 sq. (J. D. G.)

[4] Tim. Locr., p. 97. *Cf.* Euripid. fragm. 178 (152 Boissonad.); Ovid. Fast., 267, 460, avec 291; et contre cette manière de voir, Plutarch. Num., 11. *Add.* Spanheim, de Vest., § 16, 17, p. 687.

[5] P. 251 Heind., 41 Bekker, coll. Ast, p. 297 de son commentaire sur ce dialogue.

lorsque les dieux quittent leur demeure y reste seule. Nul doute, au reste, que les Platoniciens n'aient conçu cet être divin, déjà fort exalté dans les croyances vulgaires, en un sens non moins élevé, mais qui ne faisait souvent que développer ces croyances et les raisonner. Si quelques-uns identifiaient simplement Vesta avec Cérès, Plotin, dans sa théorie particulière sur la vie de la terre, avançait que Hestia est l'esprit, l'intelligence de la terre, tandis que Déméter en est l'âme[1]. Proclus, d'un autre côté, comparant Vesta avec Junon, les considère toutes deux réunies comme les deux élémens communs des causes efficientes. Il voit dans la première le principe de constance, de permanence et d'immutabilité, qui est en quelque sorte la base de l'être, le fond intime et solitaire sur lequel il repose en lui-même. L'autre, au contraire, est le principe qui porte l'être à se produire au-dehors, par conséquent à se diviser, à se multiplier; elle est la source vivifiante de toutes choses et la mère des forces génératrices. Aussi Junon épouse-t-elle le créateur Jupiter, pour participer à son œuvre, tandis que Vesta, fidèle à son vœu de virginité, demeure toujours la même, toujours seule, et communique à toutes choses cette constance et cette indépendance qui la caractérisent[2].

Les représentations figurées de Vesta sont sujettes à beaucoup de difficultés, car souvent on a pris pour telles

---

[1] Ennead. IV, 4, p. p. 419. *Cf.* Proclus ad Plat. Tim., p. 284; Hermias ad Plat. Phædr., p. 133 sqq.

[2] Proclus ad Plat. Cratyl., p. 83 sq. Boissonad.

des images de simples Vestales. Long-temps même les assertions formelles d'Ovide et de Pausanias ont fait penser que la déesse avait pour symbole unique, dans ses temples de Rome et de la Grèce, la pure flamme qui lui était consacrée [1]. Du reste, il fallait bien avouer que, hors des temples, Vesta était représentée de différentes manières, comme on la trouve encore aujourd'hui sur divers monumens [2]. Cependant, déjà Spanheim avait établi, dans sa dissertation savante sur cette divinité, qu'indépendamment de la flamme éternelle qui brillait à tous les yeux sur l'autel, dans son temple de Rome, le sanctuaire intime de ce temple, accessible à ses seules prêtresses, et nommé *Penus*, renfermait sa statue avec celles des autres Pénates [3]. C'est ce que prouvent non-seulement maints passages des auteurs romains, qui parlent d'un simulacre de Vesta, Ovide lui-même [4], mais encore les nombreuses médailles qui montrent la déesse sous la figure d'une femme avec un voile tombant derrière la tête, et portant ou le Palladium, ou une clef dans l'une de ses mains et un sceptre dans l'autre [5]. Ces

---

[1] Ovid. Fast., VI, 295 sq., *ibi* Gierig., p. 237, coll. Pausan. II, Corinth., 35.

[2] *Voy.* Winckelmann, *Monum. Ined.*, nos 5 et 6; Zoëga *Bassirilievi*, n° 101; et notre pl. LXVI, 250, *m*. — Dans ces diverses représentations, Vesta est en costume de matrone, mais sans les caractères de la maternité; son expression est grave et simple; elle porte ordinairement le sceptre. Elle tient en outre la lampe, symbole du feu sacré, dans la statue que reproduit notre pl. CXL, 539. *Cf.* l'explicat. des pl. (J. D. G.)

[3] Spanh. de Vest., § 12, 13, coll. Lips., cap. III.

[4] Fast., III, 45.

[5] Spanh. *ibid.* — *Cf.* notre pl. CXLI, 540, et surtout 541, où se

médailles ont fréquemment l'inscription *Vesta Mater*. En Grèce, la plupart des temples de Hestia, dont parle Pausanias, renfermaient également, selon cet écrivain, des statues qui la représentaient[1]. A la vérité nous manquons de notions exactes sur la forme de ces statues, et nous sommes forcés de la présumer vaguement d'après un passage de Porphyre chez Eusèbe[2], et certaines médailles. Ce philosophe dit que Hestia, le principe de la puissance terrestre, était figurée sous l'image d'une vierge placée près d'un foyer ardent, et que, pour exprimer la vertu génératrice de cette puissance, on la représentait comme une femme avec des mamelles pendantes[3]. C'est ainsi que sur une médaille publiée par Spanheim[4], l'on voit Vesta assise, et tenant dans sa main la figure d'une autre déesse avec de nombreuses mamelles, comme la Diane d'Éphèse.

---

voit la statue de Vesta au fond de son sanctuaire et devant un autel, avec la flamme sacrée entretenue par les Vestales.   (J. D. G.)

[1] P. ex., I, Attic., 18, etc.
[2] Præp. Ev., III, 109.
[3] *Cf.* pag. précéd., n. 2, avec la statue indiquée, qui est bien celle de Vesta.   (J. D. G.)
[4] De Vesta, p. 685.

CHAPITRE VIII.

PALLAS-ATHÉNÉ ou MINERVE.

1. Origines et caractères généraux du culte de cette déesse sage et guerrière, son aspect élémentaire et cosmogonique; Minerve Tritogénie en Libye et en Grèce, ses rapports avec Poseidon ou Neptune et avec Jupiter.

Déjà nous avons vu, dans nos précédens livres, les écrivains anciens mettre leur Athéné ou leur Minerve en rapport avec ce que les religions de l'Égypte et de l'Orient possédaient de plus élevé et de plus mystérieux[1]. Nous allons la voir, en effet, prendre son essor dans les régions les plus sublimes des croyances helléniques. Mais il s'agit d'abord d'expliquer les origines naturelles de son culte; car, ainsi que toutes les autres divinités de la Grèce, c'est d'ici-bas que cette grande déesse s'élève vers les cieux. Elle se montre d'abord en connexion et tout à la fois en opposition avec les eaux. Avant d'obtenir l'empire de la ville qui porte son nom (Athènes), elle eut à combattre le dieu des eaux, Poseidon ou Neptune[2]. Nous reconnaissons ici en même temps la déesse

---

[1] Liv. II, chap. IV, art. I; liv. III, chap. X, *passim*, p. 347 et 517 sqq. du tom. Ier.

[2] Herodot., VIII, 55; Pausan., I, Attic., 27; Dion. Hal. Antiq. lib. deperd., XIV, 4, p. 44, ed. pr. Mediol.; Plutarch. Themist., cap. 19; Procli Hymn. in Min., v. 21. *Cf.* Meursius, Cecropia, cap. XV; de Regn. Attic., I, 1 et 10. — Et notre pl. XCIII, 339. (J. D. G.)

45.

belliqueuse, qui s'associe à Mars, comme elle partage avec Vulcain le domaine des arts [1]. Elle est donc aussi la déesse savante et sage : mais pour accepter ce titre, il faut qu'elle ait vu finir ces combats antiques que, dans son alliance avec le ciel et le feu, elle doit livrer aux puissances de l'humide et ténébreux abîme. La Libye, l'Asie et l'Europe, les trois parties du monde ancien, ont conservé les témoignages de ces luttes et de ces victoires élémentaires de Minerve. Son histoire s'ouvre en Libye par la vigilance et la résistance, sur les bords du lac Triton, dont la nymphe lui donna le jour avec Neptune, suivant la tradition du pays. Mais irritée contre ce dernier, elle se réfugia, dit-on, auprès de Jupiter [2]. Déesse austère et chagrine, les femmes de Libye célébrant son culte, avaient les premières fait entendre ces chants de douleur, qui retentirent ensuite dans ses fêtes à Troie et à Athènes [3]. Le costume des statues de Minerve et la redoutable égide venaient aussi des peaux de chèvre peintes en rouge, dont les Libyennes se couvraient [4]. Ces rites et ces usages avaient certainement trait à des phénomènes de la nature, ainsi que ces combats dont nous parle Hérodote, et que se livraient entre elles, à la fête annuelle de leur grande déesse, les jeunes filles de Libye, comme épreuves de leur virginité. Elles se réu-

---

[1] Proclus in Plat. Cratyl., p. 117 Boissonad. Elle est à la fois φιλοπόλεμος et φιλόσοφος.

[2] Herodot., IV, 180.

[3] Ὀλολυγή, Herodot., IV, 189, coll. Hom. Iliad., VI, 301, 304; Aristoph. Av., 222; Matthiæ ad Hymn. Hom., p. 157.

[4] Herodot., ibid., coll. Heinrich. ad Hesiod. Scut., v. 223.

nissaient ensuite pour honorer la plus vaillante, la paraient d'un casque corinthien, d'une armure complète à la grecque, et la promenaient, montée sur un char, tout autour du lac. Hérodote présume qu'avant d'être revêtue d'armes grecques, la vierge victorieuse l'avait été, dans des temps plus anciens, d'armes égyptiennes. Quoi qu'il en soit de cette conjecture, il est impossible de n'être pas frappé d'une certaine ressemblance entre les cérémonies que nous venons de décrire et celles qui se célébraient à Saïs, également autour d'un lac, dans l'enceinte du temple d'une déesse appelée Athéné par Hérodote, ainsi que la divinité du lac Triton [1].

Nous avons trouvé plus haut, dans le mythe des Amazones [2], l'alliance de la chasteté avec l'ardeur belliqueuse, et des rites appartenant à une religion de la lune et du soleil : l'aversion pour les hommes, des combats renouvelés périodiquement, au retour de certains cycles solaires et lunaires. Le culte de la Pallas libyenne nous offre les mêmes caractères. Aux cris de douleur se mêlaient dans ses fêtes les sons de la flûte, instrument qu'elle passait pour avoir inventé, en cela bien distincte de l'Athéné grecque qui le repoussait [3]. Et celle-ci, cependant, suivant une tradition [4], avait elle-même joué de la flûte,

---

[1] Herodot., IV, 180, coll. II, 170. — *Cf.* les notes de Bæhr sur tout le récit du quatrième livre d'Hérodote, vol. II de son édition, pag. 593 sqq., 614, 615 sq.　　　　　　　(J. D. G.)

[2] Liv. IV, chap. III, art. IV, p. 87 sqq. de ce tome.

[3] Kayser ad Philetæ fragm., p. 56, coll. Böttiger, *Attisches Museum*, I, 2, p. 349 sqq.;—et notre pl. CXLIII, 340.　　(J. D. G.)

[4] Ap. Schol. Pindar. Pyth. II, 127.

pendant que les Dioscures exécutaient une danse guerrière, non moins symbolique que les combats des Amazones et ceux des filles de Libye. Nous savons, en effet, que, dans la religion de Minerve, les Dioscures étaient identifiés avec les Corybantes, fils du Soleil et de la déesse [1]. Tout concourt donc à nous le prouver; nous sommes ici dans le domaine des cultes solaires et lunaires. Mais si nous voulions, en ce moment, rechercher les vraies causes et les sources premières des rites que nous venons de signaler, il faudrait porter nos regards bien au-delà de l'Égypte et de l'Asie-Mineure. Il faudrait nous rappeler ces antiques combats des traditions religieuses et poétiques de l'Inde, cette guerre de Lanka, dont la représentation dramatique offrait une épreuve du feu, par laquelle Sita devait prouver sa pureté; et cette autre guerre des fils de Kourou et de Pandou, des enfans de la Lune, où figure Crichna avec le signe du soleil à son cou et le triangle dans la paume de sa main [2]. Nous verrons plus loin que le triangle était aussi consacré à Minerve; et nous découvrirons maint autre rapport entre cette déesse et les incarnations divines de l'Inde.

Hérodote ne parle qu'en termes vagues et énigmatiques de la colère de Minerve contre son père Neptune et de sa retraite vers Jupiter. D'autres écrivains nous en apprennent davantage. Minerve, disent-ils, alla jusqu'à donner la mort à l'auteur de ses jours, qui menaçait sa virginité. Ce père incontinent est ici nommé Pallas et

---

[1] Strab., X, p. 472 Cas.
[2] Liv. I, chap. III, art. III, p. 199 sqq., 203, 207 sqq., 210, tom. 1ᵉʳ.

représenté comme portant des ailes [1]; mais c'est évidemment le même être que Poseidon, le dieu du mouvement, l'incontinent par excellence. Elle fuit les poursuites de ce dominateur des eaux, résiste à sa fougue insensée et trouve un asile au sein de Jupiter, le dieu du feu, son véritable père. En d'autres termes : le soleil, la lune et les étoiles, suivant la croyance antique, se couchent dans la mer; mais ils n'y perdent point la force ignée qui est en eux, et leur substance propre demeure intacte. Toutefois, le mythe de la naissance de Minerve, comme fille de Neptune et de la nymphe Tritonis, a pour base une idée plus générale encore. Il repose sur le dogme primitif selon lequel l'Océan et Téthys, c'est-à-dire, ainsi qu'on l'explique ordinairement, l'eau et la terre auraient donné l'être à tous les dieux [2]. Mais l'essence de Minerve n'appartient proprement ni à la terre ni à l'eau, quoiqu'elle soit en rapport avec l'une et l'autre à la fois. La vierge pudique et belliqueuse du lac Triton, la véritable *Pallas*, repousse en même temps et son indigne père, du même nom, et cette autre Pallas mortelle, compagne de ses jeux guerriers, mais dont l'âme est souillée par l'envie et l'image par un contact impur [3].

[1] Cic. de N. D., III, 23, p. 625 Creuzer., coll. Tzetz. schol. ad Lycophron., v. 355, p. 553 sq. ed. Müller.

[2] Iliad. XIV, 201, *ibi* Heyn. Observat., tom. VI, p. 565. Ce dogme orphique, qui devint le fondement de la doctrine des philosophes ioniens, est fréquemment rappelé dans Platon.

[3] *Voy.* le mythe curieux conservé dans Apollodore, III, 12, 3, *ibi* Heyn., p. 297.—*Cf.* pl. XCII, 338, XCIII, 338 *a*, avec l'explicat., Minerve combattant Pallas transporté dans la Gigantomachie.

(J. D. G.)

C'est elle encore qui, devenue Athéné, rejette bien loin la flûte dont les sons passionnés provoquent de dangereux transports.

Non-seulement Pallas-Athéné, dans son aversion pour tout ce qui tient à la terre et aux élémens inférieurs, tend à s'élever jusqu'aux régions supérieures et se réfugie en Jupiter; mais encore, suivant la généalogie commune, elle n'a pas d'autre père que ce dieu, qui l'engendra de sa tête, sans le concours d'une femme. Ce fut même là, selon toute apparence, l'un des sens du surnom de *Tritogénie*, surnom qui, du reste, exprimait les idées les plus variées [1]. Quant au mythe qui fait naître la déesse de la tête de Jupiter, il était fort ancien, puisque Hésiode le reçut dans sa Théogonie [2]. Homère aussi l'avait probablement en vue, lorsqu'il appelait Pallas la *fille du Fort* [3]; et si l'on examine de près les cérémonies

---

[1] Τριτογένεια, *née du lac Triton* ou *de la tête de Jupiter* (Τριτὼ γὰρ Βοιωτικοῖς ἡ κεφαλή, Tzetz. schol. ad Lycophr., v. 519, p. 666 sqq. Müller); ou par allusion au troisième jour du mois (τρεῖς, τρία, τρίτος), aux trois phases de la lune, aux trois puissances de l'âme, aux trois saisons, aux trois qualités de la sagesse; ou bien encore, s'il faut épuiser les arguties des grammairiens, parce que la déesse fait trembler (τρεῖν) les méchans (Cornut., 20, p. 186; et de là Eudoc., p. 4). Le nom de *Triton* n'avait pas des applications moins nombreuses, et il se retrouve dans les lieux divers qui furent les principaux siéges du culte de Pallas. Un fleuve de Thessalie et un autre de Béotie le portaient, depuis ces temps reculés où, dans cette dernière contrée, Cécrops régna sur les cités antiques d'Orchomène, d'Éleusis et d'Athènes, près des bords du Triton. *Cf.*, sur ces traditions, O. Müller, *Orchomenos*, p. 45, 213, 351 sqq.; et Ritter, *Vorhalle*, p. 418.

[2] V. 924 sqq. — *Cf.* mêmes planches, 336, 337. (J. D. G.)

Ὀβριμοπάτρη, Iliad., V, 747.

et les fables libyques que nous avons rapportées plus haut, l'on y découvrira le même fond d'idées qui domine dans les peintures des poètes grecs. C'est toujours une vierge aussi austère que pure, fière, belliqueuse, impitoyable même, qui se plaît au bruit des armes, aux jeux sanglans de Mars, foule aux pieds toute faiblesse, comme suite d'impureté, et récompense la force dans la chasteté [1].

II. Minerve unie à Vulcain et mère d'Apollon, suivant les traditions de l'Attique; déesse de la pure lumière, source de la force et de la stabilité; rapports avec les doctrines égyptiennes.

Le rôle que Neptune, et son représentant Pallas, jouaient dans les traditions de la Libye, par rapport à Minerve, était donné, dans celles de l'Attique, à Héphæstus ou Vulcain et à Prométhée [2]. La vierge forte s'y dérobait également aux poursuites de l'un et de l'autre. Tous deux, divinités terrestres, voulaient enlever à la

---

[1] Le récit d'Hérodote sur la déesse libyenne, qu'il assimile à l'Athéné grecque, et que M. Creuzer regarde avec lui comme l'un des types de cette dernière, a donné lieu, de la part de quelques savans, particulièrement d'O. Müller, à une critique hardie, d'où sortirait un résultat tout opposé. La Minerve *Tritogénie* serait venue, non pas d'Égypte mais de Grèce, en Libye, ou par l'intermédiaire de Cyrène, ou par les Minyens émigrés de la Béotie, et s'y serait naturalisée avec son nom et ses rites caractéristiques. *Voy.* le développement de cette opinion dans la note 13 sur ce livre, à la fin du volume. (J. D. G.)

[2] *Voy.* Apollodor., III, 14, p. 358 Heyn., coll. Creuzer. annot. ad Cic. de N. D., III, 22, p. 599; Duris Sam. ap. Schol. Apollon., II, 1253; Hemsterh. ad Lucian. dial. deor., VIII, p. 28, et annot., p. 274 sq.

fille du cerveau de Jupiter ce feu céleste, source de la vie immortelle, qui seul pouvait préserver de la destruction leurs créations matérielles. Mais il était un autre Vulcain, un Vulcain le plus ancien de tous et fils du Ciel. Loin de repousser celui-ci, Minerve, dans son alliance intime avec ce dieu pur, donnait le jour à Apollon, chef des ancêtres et protecteur de la cité à laquelle la vierge divine, devenue mère, avait accordé son nom [1]. Bien plus, d'après une troisième généalogie, elle-même aurait été fille de ce Vulcain avec qui elle aimait à s'unir [2]. Quoi qu'il en soit, suivant les vieilles traditions de l'Attique, recueillies dans Platon, Héphæstus et Athéné, doués d'une nature commune, sont frère et sœur, et tous deux enfans de Jupiter. Animés d'une même ardeur pour la sagesse et les arts, et poursuivant un même but, ils prennent l'Attique sous leur protection spéciale, afin d'y réaliser l'idéal d'un bon gouvernement. Sous leurs auspices la population du pays se partage en tribus distinctes, et c'est dans l'enceinte même de leur temple commun que la tribu des guerriers établit son séjour. Voilà donc Minerve, amie de la sagesse et de la guerre tout à la fois, s'associant à un frère dont les goûts sont semblables, avec le Vulcain céleste, dieu du feu pur. Cette tradition, que Platon nous a transmise [3], porte au plus haut degré l'empreinte de l'Égypte, ou, pour mieux dire, elle est toute

---

[1] Cic. de N. D., III, 22, p. 598, coll. III, 23, p. 622 sq. Creuzer.; — et *ci-dessus*, liv. IV, chap. IV, p. 123, avec l'indicat. de la n. 3.   (J. D. G.)

[2] Jul. Firmic. de err. prof. Relig., p. 20.

[3] Dans le Critias, p. 150-156 Bekker.

memphitique et saïtique. Le Vulcain d'Athènes, fils du Ciel ou de Jupiter, s'unissant à Minerve, et avec elle enfantant le divin père des Ioniens, Apollon, reproduit trait pour trait le Phthas de Memphis et de Saïs, époux de Neith, qui lui donne pour fils Horus [1]. Considérée en elle-même, cette double généalogie, athénienne et égyptienne, a le même sens fondamental : elle veut dire que le feu immatériel mâle s'alliant au feu immatériel femelle, engendre le feu matériel le plus pur, c'est-à-dire la substance du soleil, astre de la nature et de l'esprit tout ensemble. L'essence de ce soleil vraiment divin, la source de cette lumière à la fois physique et intellectuelle, réside donc en Phthas et Neith. Ces dieux suprêmes rejettent loin d'eux ce mélange inévitable (de l'esprit et de la matière), duquel seul peuvent être produites les existences particulières; ils veillent sans cesse à écarter de la pure substance de leur être tout contact qui pourrait la souiller; ils sévissent et combattent pour sauver cette lumière idéale et céleste, sans laquelle toute lumière terrestre et bornée cesserait d'être lumière. C'était là un dogme saïtique; et la caste guerrière de l'Égypte campait autour du temple de la déesse de Saïs [2], comme, dans l'antique Athènes toute sacerdotale, une tribu semblable de guerriers occupait l'enceinte consacrée à Vulcain et à Minerve. Il y a plus, c'est qu'au rapport de

---

[1] Plus exactement *Phré* ou le Soleil, que les Grecs comparaient à l'ancien Apollon, à l'Apollon d'Athènes. *Cf.* liv. III, chap. X, p. 519 sq., coll. p. 517, tom. Ier, surtout les notes. (J. D. G.)

[2] Hérodot., II, 164, 165.

quelques écrivains[1], Saïs était le nom égyptien de la déesse éponyme d'Athènes; et de même qu'en Égypte, non-seulement une ville, mais un nome entier portait ce nom, de même une des quatre tribus les plus anciennes de l'Attique empruntait le sien d'Athéné. Érichthonius, disait la tradition, avait partagé toute la population du pays en quatre *Phyles*, auxquelles il avait imposé les noms de quatre divinités, Jupiter, Minerve, Neptune et Vulcain[2].

En réunissant les documens conservés chez Platon, et d'autres encore épars dans les auteurs[3], l'on parvient à compléter cette généalogie religieuse, par laquelle s'ouvraient les annales de l'Attique. Le Ciel et la lumière, ou le Jour, composent un premier couple, qui donne la naissance à Héphæstus ou Vulcain. Vulcain uni à Minerve forme un second couple, d'où provient Apollon. Celui-ci prenant Creuse pour son épouse, un troisième couple met au jour Ion, le premier ancêtre des Ioniens. Sous cette forme généalogique se classaient les vieux souvenirs du pays, depuis les temps reculés d'Ogygès. A cette époque, où la Béotie était un vaste marais, où les champs de l'Attique étaient fréquemment ensevelis sous les flots de la mer, toute la contrée recevait justement le nom de Posidonia ou Neptunienne[4]. C'est alors qu'Ogy-

[1] Pausan., IX, Bœot., 12, et al. ap. Creuzer. Meletem., I, p. 63.
[2] *Cf.* chap. I, art. III, p. 563 *ci-dessus*.
[3] Plat. Euthydem., p. 453 Bekker; Cic. de N. D., II, 22; J. Lyd. de Mens., p. 105 Schow., 244 sq. Rœther.
[4] Strab., IX, p. 397 Cas.

CH. VIII. PALLAS-ATHÉNÉ OU MINERVE.

gès, l'antique symbole des inondations, c'est alors que Poseidon, le dieu des eaux, dominaient sur la Béotie et l'Attique à la fois; que Cécrops, le fils de la terre, à la double nature, régnait, dans le premier de ces deux pays, sur les villes primitives d'Orchomène, d'Éleusis et d'Athènes, et que Minerve, dont il institua le culte, était adorée sur les bords du fleuve Triton, en Béotie. Mais quand la nuit fut dissipée, et que Jupiter, le grand corps de la nature, s'unissant avec le Jour, eut engendré le dieu du feu céleste, qui à son tour s'unit à Athéné, la déesse de la lumière et de la chaleur; et quand de ce dernier hymen fut né le puissant dieu du soleil : la terre ayant été desséchée, Érichthonius, l'homme de la terre et de l'agriculture, put enfin diviser ses sujets en quatre tribus, dont l'une porte le nom du dieu des eaux, et les trois autres ceux des dieux de la lumière. Maintenant Jupiter prend son rang en Attique comme chef de la cité [1]; Poseidon est réconcilié avec Athéné, qui donne son nom à une Athènes nouvelle et devient l'épouse de Vulcain. Ces quatre divinités se partagent la tutelle de la population entière. Quant aux associations religieuses, aux confréries ou *Phratries*, elles sont placées sous la protection de Jupiter et de sa fille. Tous deux s'appellent dieux des Phratries, et Apollon, père d'Ion, se nomme le dieu des pères, des ancêtres, et le chef des familles [2].

---

[1] Ἑρκεῖος, πολιεύς. *Cf.* liv. VI, chap. I, art. III, p. 557, 564 sq. *ci-dessus*.

[2] Πατρῷος, ἀρχηγέτης. *Cf.* p. 123, 564 et 565 *ci-dessus*, avec la n. 1 au bas de cette dernière, où il est question d'une Athéné γενητιάς, protectrice des familles (γένη) comprises dans les phratries.

Il est possible que ces traditions et toute cette généalogie aient été embellies par les poètes; mais ceux-ci n'en furent point les inventeurs; elles reposaient sur la base profonde de l'antique religion naturelle du pays, et le sentiment pieux des peuples les avait dès long-temps adoptées. Elles représentent au vrai l'histoire de la première civilisation de l'Attique. Une première génération de puissances célestes en produit une seconde, qui donne naissance à une troisième, afin de consacrer la terre et les habitans divisés entre toutes. Nous avons trouvé en Égypte une succession semblable d'émanations divines. Les premiers souverains de cette contrée avaient été également des dieux. Le dieu précédent absorbe toujours le suivant en soi-même, et ce phénomène présenté sous des couleurs humaines, c'est une mort divine, un tombeau divin. Neith-Isis meurt, elle est ensevelie dans le temple de Phtha, qui en qualité de seconde puissance est son époux, et comme première son père. De même Osiris ou Horus, qui le reproduit, avait sa sépulture à Saïs, dans l'enceinte du temple de l'Athéné égyptienne, où l'on célébrait une fête des flambeaux en l'honneur de cette déesse, où, sur un lac sacré, l'on représentait dans un mystérieux spectacle la passion et la mort d'un dieu, où s'élevaient en l'honneur du soleil de gigantesques obélisques[1]. Mais ni Osiris ni Horus, l'Apollon fils de Minerve[2], ne sauraient mourir pour toujours; images

---

[1] Herodot., II, 59, 62, 170 sq., *ibi* Bæhr. — *Cf.* liv. III, p. 469, 514, 519; et les Éclaircissemens, p. 881 du tome 1er.

[2] *Voy.* la n. 1, p. 715. Toute cette série d'émanations est présentée

du soleil qui reparaît plus éclatant chaque année, ils possèdent une vertu lumineuse qui sans cesse se renouvelle, parce qu'elle a sa source dans Athéné, dont l'essence n'a rien de mortel. La déesse communique à toutes ses œuvres un principe de durée et de stabilité. Le Palladium lui-même, lorsqu'elle l'a repoussé loin d'elle, comme atteint d'impureté, devient un gage et un signe d'éternelle permanence.

III. Minerve, puissance conservatrice, en qualité de Pallas; le Palladium, rapports avec Palès et avec la doctrine du Phallus sous une forme épurée; alliance des religions de l'Inde et de l'Égypte dans Pallas-Athéné; diverses étymologies de ces noms et de celui de Minerve.

Sur le mont Pontius, auprès de Lerne, dans l'Argolide, Pausanias vit jadis les débris d'un temple de Minerve Saïtique[1]. L'on y célébrait aussi des mystères sur le lac d'Alcyone, parce que là, disait-on, Dionysus était descendu aux enfers pour en ramener Sémélé, sa mère.

avec beaucoup plus de rigueur historique, liv. IV, chap. IV, p. 123 sq., où sont nettement distingués *Phré*, le Soleil, fils de Neith, analogue à l'antique Apollon des Pélasges, fils de Minerve, et *Horus* ou *Arouéris*, fils d'Isis et d'Osiris, qui répond à l'Apollon hellénique. *Cf.*, dans les Éclaircissemens du tome Ier, la note 6 sur le livre III. On pense bien, du reste, que la critique, qui s'est attaquée aux origines libyques du culte de Minerve, n'a pas manqué non plus de contester cette étroite connexion des généalogies divines et des institutions religieuses de l'Égypte et de l'Attique, d'où il semble si naturel de conclure que le premier de ces pays a civilisé l'autre en lui donnant ses dieux. *Voy.* la note 13 sur ce livre, fin du volume.

(J. D. G.)

[1] Ἀθηνᾶς Σαΐτιδος (II, Corinth., 36).

Cette terre-mère, pas plus que lui, ne devait rester au royaume des morts, plongée dans l'engourdissement des ténèbres; elle devait, au contraire, revivre à la lumière du jour et jouir de l'aspect du ciel en qualité de Libera. Le signe sacré de sa résurrection était le Phallus, qui, pareil aux obélisques plantés sur les bords du lac de Saïs, figurait dans les fêtes mystérieuses de Lerne, auprès d'un autre lac des morts [1]. Or, des idées tout-à-fait analogues, des idées de mort, de renaissance et d'immortalité, de ténèbres et de lumière, de pureté et d'impureté, se rattachaient, comme nous l'avons vu, aux noms de Pallas et du Palladium. Ce rapprochement de *Pallas* avec le *Phallus* peut sembler extraordinaire au premier abord; voyons toutefois s'il ne saurait pleinement se justifier. Les anciens donnaient des noms de *Pallas* et de *Palladium* diverses étymologies. Phérécyde rapportait l'origine de ce dernier à l'action par laquelle la déesse irritée avait lancé sur la terre l'image céleste qu'il désignait [2]. D'autres y voyaient une allusion à l'action analogue de cette vierge belliqueuse dardant sa lance. Quelques-uns songeaient au géant Pallas, vaincu par Minerve, ou à ce père du même nom, dont elle avait puni de mort l'infâme tentative. Suivant d'autres, Pallas était la vierge par excellence [3]; enfin, ce nom lui venait, disait-on, de ce

---

[1] *Cf.* liv. VII de cet ouvrage, chapitre de la religion de Bacchus.

[2] Πάλλειν, βάλλειν, lancer, darder. *Voy.* Sturz, Pherecyd. fragm., p. 194 sq. edit. sec., coll. Heyn. ad Apollodor., III, 12, p. 295.

[3] Παλλάξ, *Juvenis*, ὁ, ἡ, dont πάλλος et παλλάς seraient des formes plus simples et plus antiques, analogues à παῖς, *puer*, *puella*. *Cf.* T.

qu'elle avait porté le cœur encore palpitant de Dionysus, déchiré par les Titans, dans le sein de Jupiter son père[1]. On trouvera dans le Cratyle de Platon, et ailleurs, ces étymologies et d'autres encore [2]. Quelque forcées qu'elles puissent paraître, surtout celle qui est contenue dans le dialogue précité, il est une remarque importante faite par Proclus, son commentateur : c'est que Socrate attache au nom de Pallas l'idée d'une puissance conservatrice et protectrice[3]. Cette idée, en effet, est ici fondamentale. Tantôt la déesse conserve le cœur de Bacchus, tantôt c'est sa propre virginité qu'elle défend; ou bien elle protège contre les efforts des Géans la citadelle de l'Olympe; elle est le conseil et l'appui des héros, de Persée, d'Hercule, d'Ulysse et d'autres encore. D'un autre côté, les plus anciens rites du culte de Pallas ramènent sans cesse, on l'a vu, dans de frappans contrastes, les notions d'homme, de femme et de vierge pure. La déesse, qui, dans les jeux armés du lac Triton, donne la victoire à la plus chaste, a peine à se défendre elle-même contre les coupables désirs d'un père incestueux, qui porte comme elle le nom de Pallas; elle combat contre une indigne sœur du même nom, et repousse le Palladium souillé par des mains impures. Il y a plus, dans les anciennes

Hemsterh. in Lennep. Etymol. l. gr., p. 543; Schwenck, *Etymol.-Mythol. Andeut.*, p. 230. (J. D. G.)

[1] Παλλομένην καρδίαν.

[2] Cratyl., p. 51 sq. Bekker; Apollon. Lex. Hom., p. 526; Etymol. M. v. Παλλάδια; Eustath. ad Odyss., I, 320, p. 59 Bas.; Tzetz. schol. in Lycophr., 355, p. 553, *ibi* Müller.

[3] Φρουρητικήν. Procl. in Cratyl., p. 117 Boissonad.

religions de l'Attique, cette vierge austère nous l'avons vue devenir mère. Chez les Orphiques, elle est homme et femme tout ensemble, et n'en demeure pas moins la déesse de la sagesse et de la guerre[1]. Le nom de Pallas est des deux genres, et aux noms qui en dérivent se rattache l'idée de l'échange des sexes, comme le montre un mythe curieux rapporté dans les fragmens de Denys d'Halicarnasse[2]. Enfin, pour donner le jour à Pallas-Athéné, il faut que Jupiter lui-même, devenu mère, soit délivré de son fruit comme une femme; seulement, c'est de la tête qu'il enfante. Nous voilà donc légitimement parvenus, en poursuivant les développemens du grand symbole de Pallas, sur la trace d'une doctrine épurée et supérieure du Phallus. En effet, n'est-ce point Isis-Neith qui, après la mort d'Osiris, dont l'anniversaire était célébré dans son temple à Saïs, institue le culte du Phallus? N'avons-nous pas vu ce même Phallus mis en rapport avec Minerve à Lerne, aux lieux mêmes où Dionysus était descendu chez les morts? Si Minerve n'eût sauvé son cœur, ce dieu n'aurait pu voir le jour, puisqu'il fallut que Sémélé avalât le cœur de Zagreus pour enfanter Dionysus; comme pour enfanter Minerve elle-même, Jupiter dut avant tout avaler Métis[3]. Dans ces religions tout indiennes d'origine, tantôt les divinités s'unissent sous la forme d'androgynes, tantôt elles s'absorbent mutuel-

---

[1] Orph. Hymn., XXXII (31), v. 10.

[2] XVII, 3, p. 103, ed. princ. Mediol. Il s'agit d'un établissement grec sur le mont *Palantium* ou *Pallantium*, depuis, le mont Palatin.

[3] Hygin. fab. 176, p. 282 Stav.; Hesiod. Theog., 886 sqq.

lement. Car, pour le dire en peu de mots, une branche entière du culte de Pallas est évidemment sortie du vieux tronc des religions de l'Inde, fondées, comme on sait, sur le système de l'émanation. Pallas n'est autre que Bhavani-Dourga : or, Bhavani est l'Yoni cosmique du mont Mérou, la grande mère et la matrice des êtres, du sein triangulaire de laquelle s'élève le Phallus du monde, qui produit les trois personnes divines de la Trimourti. C'est encore Bhavani qui, dans l'embrasement général de l'univers, recueille en soi les semences des choses. En qualité de Dourga, c'est la déesse de difficile accès, guerrière vigilante, montée sur un lion, armée du bouclier et de la lance, et combattant sans relâche les géans et les mauvais génies, qui voudraient détruire toute vie dans sa source [1]. Elle veille incessamment à la conservation de la substance du monde. De même, Pallas armée de toutes pièces, combat du haut de l'Olympe les puissances ténébreuses, les géans; et quand les Titans ont réussi à déchirer le corps sacré de Zagreus-Dionysus, c'est elle qui, avec son cœur encore palpitant, sauve la substance de la nature. Ajoutons que Dourga, comme divinité vengeresse et terrible, est supposée naître de l'œil ardent que Siva porte au milieu du front; et que son idole, à la fin de sa fête solennelle, est plongée dans les eaux : ce qui nous rappelle Minerve naissant menaçante de la tête de

---

[1] *Cf.* liv. I, chap. II, p. 148, 150 sq., 156 sqq., 162-166; et chap. III, p. 191 du t. Ier; avec la note 8 dans les Éclaircissemens sur ce livre, même tome, p. 619 sqq., *possim*. (J. D. G.)

Jupiter, ou du sein du lac Triton sur les bords duquel se célébraient ses fêtes.

C'est cette doctrine épurée du Phallus que des sages étrangers, successeurs de Mélampe, et plus éclairés que lui, apportèrent en Grèce, au rapport d'Hérodote [1]. Ces dogmes indo-égyptiens se répandirent au loin, et partout l'on en trouve des traces. Les dieux *Palici*, dont nous avons parlé ailleurs, rentrent dans le même ordre d'idées, ainsi que *Palès*, dont leur nom les rapproche naturellement [2]. Cette déesse, qui préside à la multiplication des animaux, possède, comme nous l'avons vu [3], les deux sexes; l'Yoni-Lingam est la raison de son être, et le *Phallus* celle de son nom, aussi bien que de celui d'Hermès-*Phalès*, c'est-à-dire du Phallus solaire, communiquant à la lune ténébreuse la règle et la lumière à la fois, engendrant les pensées et les lois, et faisant lire dans les constellations comme sur les obélisques, images de ses rayons, les caractères sacrés qui expriment ces lois et ces pensées toutes divines [4]. Ainsi les représentations phalliques et celles du Palladium, Phallus d'un ordre supérieur lancé des cieux sur la terre, étaient elles-mêmes des

---

[1] II, 49, *ibi* Bæhr, p. 599.

[2] *Cf.* liv. IV, chap. V, p. 185 sq.; et liv. V, sect. II, p. 447 *ci-dessus*. — M. Creuzer remarque lui-même que l'étymologie qu'il a donnée plus haut du nom des *Palici* (πάλιν), s'accorde peu avec celle qui motive ce rapprochement avec *Palès* (φαλλός), rapprochement que paraît admettre aussi M. Gerhard (*Prodromus mytholog. Kunsterklærung*, p. 68, 110). (J. D. G.)

[3] Liv. V, sect. II, chap. V, p. 515 sqq. *ci-dessus*.

[4] *Cf.* chap. VI de ce livre, p. 676, et liv. V, sect. I, p. 297 sq. *ci-dessus*, coll. liv. III, chap. IV, p. 440 sq., t. Ier.

espèces d'hiéroglyphes, des signes permanens de la vie et de la durée, des emblèmes fixes de la stabilité dans tous les sens, des gages éternels de prospérité physique et sociale. Pallas cependant, l'inviolable Pallas, se dérobant à tout contact impur ou mortel, était censée résider au sein de Jupiter, son divin père, dans ce séjour sublime où, placée sous sa garde, elle veille incessamment à la conservation de la lumière et de la vie éthérées. Et comme la colonne de feu, se dirigeant vers la terre, représentait Hestia, déesse du feu terrestre, de même l'obélisque élançant sa pointe vers le soleil, indiquait à la fois la tendance et l'essence de Pallas-Athéné [1].

Il est à croire que cette doctrine du Phallus, ainsi présentée dans les mystères de Saïs, dérivait du vichnouïsme indien, dont elle porte le caractère. La même opposition que l'on remarque entre le vichnouïsme si pur et le grossier sivaïsme [2], se retrouve dans les plus anciens mythes sur Pallas. Toujours Pallas et le Palladium ont besoin d'être défendus contre les impures atteintes d'un transport matériel et terrestre. Ils s'y dérobent ou les repoussent, et la vierge inaccessible ne saurait prêter l'oreille qu'à l'immortel et lumineux époux près duquel elle réside dans la céleste citadelle. C'est à cette Pallas-Athéné que s'appliquent ces paroles vraiment divines que l'on lisait dans son temple de Saïs : « Je suis tout ce qui est, tout ce qui fut, tout ce qui sera. Personne n'a soulevé mon

[1] *Cf.* liv. II, ch. V, p. 372 sq., t. Ier.
[2] Liv. I, chap. III, p. 214 sqq.

voile, et le fruit que j'ai enfanté, c'est le soleil¹. » En effet, suivant la doctrine égyptienne, Pallas-Athéné habitant la région supérieure du ciel, c'était dans son sein maternel que le soleil, la lune et les astres prenaient naissance. Vulcain et Minerve sont les puissances génératrices du monde en un sens transcendant; et ce couple cosmique était représenté hiéroglyphiquement dans les temples égyptiens, Vulcain par un scarabée et un vautour, Minerve par un vautour et un scarabée, chacune de ces divinités étant supposée mâle et femelle à la fois ². Sur les tableaux calendaires gréco-romains, on trouve l'oiseau de Minerve, le hibou, précédant immédiatement le bélier, signe du printemps nouveau et de la lumière renaissante, aussi bien que d'Hermès qui porte la lumière³. Sur certaines pierres gravées on voit l'instrument de guerre, appelé bélier, avec la tête de l'animal en avant, au-dessus un hibou et à côté le sceptre d'Hermès⁴. Ces images, d'un fond tout égyptien, sont de véritables hiéroglyphes, tout-à-fait analogues aux idées qui viennent d'être développées. Le hibou voit et veille au sein des ténèbres, et des ombres de l'hiver sort et brille dans le signe du bélier le soleil du printemps, astre puissant et fécond. Il faut expliquer dans le même sens les têtes de

---

¹ *Cf.* t. 1ᵉʳ, p. 519 sq.

² Horapoll., I, 12 et 13, p. 22-24 Paw. — *Cf.* t. 1ᵉʳ, *ibid.*, et surtout les Éclaircissemens sur le liv. III, p. 828 sq., 947 sq.
(J. D. G.

³ *Voy.* pl. LXVIII, 252, c, d, avec l'explicat.

⁴ Tischbein, *Homer in Bildern*, II, p. 1, coll. Heyne, *ibid.*, p. 31.

bélier qui décorent quelquefois le casque de Minerve [1], ainsi que les griffons sculptés par Phidias aux deux côtés du même casque, dans l'une des statues de la déesse que l'on voyait à la citadelle d'Athènes [2]. Le griffon, comme le bélier, était un symbole du soleil, ou de cet Apollon athénien, auquel Minerve avait donné le jour. Enfin, même chez Homère, l'on entrevoit encore des traces de ces antiques hiéroglyphes : Minerve, dans l'Odyssée, est comparée à l'aigle, oiseau de lumière par excellence [3].

Pour jeter un dernier coup d'œil sur l'origine de notre déesse, nous ferons remarquer que la Neith-Athéné de Saïs était née du sein des eaux, aussi bien que la Pallas du lac Triton. La Minerve égyptienne passait pour fille de Nilus ou du Nil [4]. Un autre hiéroglyphe, en rappelant cette origine par l'image expressive d'un autre animal, constatait en même temps, d'une manière irrécusable, la première patrie de l'Athéné grecque. Nous savons, en effet, que celle-ci était représentée, dans la citadelle même d'Athènes, assise sur un crocodile, pour marquer qu'elle était venue d'Égypte [5]. Telle fut, au reste,

[1] Par exemple, sur un saphir, d'une grande beauté, qui fait partie de la collection de M. de Schellersheim. *Voy.* K. Morgenstern, *Reise in Italien*, p. 445.

[2] Pausan., I, Attic., 24. — *Cf.* nos pl. XCIV, 343 ; XCIII, 347, avec l'explication. (J. D. G.)

[3] Φήνῃ εἰδομένη (III, 372, *ibi* Eustath., p. 134 Bas.). C'est proprement l'orfraie.

[4] Cic. de N. D., III, 23, p. 623 sq. — *Cf.* les Éclaircissemens du liv. III, p. 824 sq., n. 2, et p. 828. (J. D. G.)

[5] Charax ap. Schol. Aristid. Panath., p. 95 Jebb.—Aristid. vol. III, p. 17 Dindorf. Ce récit justement suspect est apprécié à sa valeur dans la note 13 s. c. l., fin du vol. (J. D. G.)

l'opinion de plusieurs grands écrivains de l'antiquité. Platon fait entendre clairement, dans un de ses dialogues[1], que le nom d'*Athena* n'est qu'une traduction de celui de *Neith*. Les plus illustres philologues modernes se sont rangés à l'autorité de Platon : quelques-uns cependant l'ont interprétée en ce sens, que la dénomination grecque serait une transcription pure et simple de la dénomination égyptienne, lue de gauche à droite[2]. Quant à nous, nous n'avons nul besoin de ce genre de preuves pour être convaincus que la Pallas d'Athènes, dans le plus haut développement de son idée, fut originaire de Saïs et vint en Grèce au temps des antiques Pharaons. L'ensemble des rapprochemens d'idées et de faits présentés jusqu'ici, en dit plus à cet égard que tous les rapprochemens de mots. Toutefois il ne saurait être indifférent de passer en revue les autres étymologies du nom d'Athéné qui avaient cours chez les anciens; car les plus fausses ont souvent pour fond des notions importantes. Par exemple, les deux que donne Platon dans son

---

[1] Tim., p. 12 Bekker. Αἰγυπτιστὶ μὲν τοὔνομα Νηΐθ, Ἑλληνιστὶ δέ.... Ἀθηνᾶ.

[2] Hemsterhuis, Valckenaer, Ruhnken. Ils sont obligés de supposer la forme égyptienne *Netha*, d'où *Athen*. Cf. Jablonski et Te Water, Voc. Ægypt., p. 426. — Champollion jeune (Panthéon égyptien, explicat. de la pl. 6 *quinquies a*) donne *Nat* ou *Neth* comme le nom véritable, mais sans en apporter aucune preuve. Ajoutons que, parmi les anciens, un certain nombre d'auteurs (Pausan., IX, 12; Charax, *ubi sup.*, etc.) veulent que Σάϊς ait été l'appellation commune de la déesse et de la ville où son culte était le principal. *Saïs*, du reste, n'est pas expliqué d'une manière plus satisfaisante que *Neith*. (J. D. G.)

Cratyle [1], quelque forcées qu'elles paraissent, reposent sur des idées essentielles à la grande conception de Minerve. La suite de ces recherches nous prouvera que cette déesse, sous un point de vue métaphysique, était réellement considérée comme *Theonoa*, c'est-à-dire comme l'esprit en Dieu. De même, sous un point de vue moral, elle était *Ethonoe*, c'est-à-dire celle dont les sentimens sont conformes à la raison. On peut voir en note d'autres étymologies du même nom, la plupart tirées des Stoïciens, et qui n'ont rien de commun entre elles, si ce n'est l'intention manifeste d'approprier Minerve à la Grèce, tandis qu'Hérodote et ceux qui le suivaient donnaient à la déesse une origine égyptienne [2]. Cependant

[1] P. 81 Heindorf., avec la note; p. 52 Bekker.
[2] Ainsi Ἀθηνᾶ de ἀθρεῖν, voir, ou de ἀθρόος, réuni en troupe (avec trait aux épithètes ἀγελής, ἀγελαία, celle qui rassemble les guerriers); ou de α privatif, et θῆλυς, θηλή, parce qu'elle n'a rien d'une femme et ne suça jamais le lait d'une mère; ou de θήνεσθαι, avec le même α privatif, parce qu'elle n'est soumise à personne; ou de α intensif, au contraire, et de θήνη (τιθήνη), venant de θάω, comme qui dirait la grande nourrice des êtres; ou de αἰθήρ, *quasi* αἰθερονεία, celle qui habite la région supérieure de l'air; ou enfin de ἀθανάτη, l'immortelle. *Cf.* Cornut. de N. D., cap. XX; Eudoc. Violar., p. 4; Muncker ad Fulgent., p. 667 Staveren. — Des modernes, qui donnent également à Minerve une origine toute grecque, ont vu dans Παλλὰς Ἀθηναίη le nom complet de la *Vierge Athénienne* (O. Müller, *Prolegom. Mythol.*, p. 244. *Cf.* ci-dessus, p. 720), faisant ainsi de Ἀθηναίη l'adjectif de Παλλάς et le féminin de Ἀθηναῖος. Mais, en admettant que la forme attique Ἀθηνᾶ soit une contraction de Ἀθηναία, qui seul se trouve sur les monumens publics avant l'Archontat d'Euclide (Böckh, *Staatshaushalt. der Athen.*, II, p. 200), la forme ionique Ἀθήνη, qui se rencontre chez Homère concurremment avec Ἀθηναίη, est-elle dans le même cas, par rapport à cette dernière, et celle-ci tout au moins ne doit-elle pas être regardée comme purement par-

cette divinité, complexe comme nous l'avons vue jusqu'ici, renfermant en elle des élémens évidemment asiatiques, il était naturel que des savans modernes demandassent la raison de son nom aux langues de l'Asie. Ils y ont trouvé ou l'idée de la force ou celle de l'intelligence[1], qui, selon nous, ne doivent point s'isoler l'une de l'autre, étant primitivement unies dans Athéné. Quoi qu'il en soit, si ce nom n'est point originairement égyptien, il faut attendre, à notre avis, que quelque heureuse découverte nous fasse retrouver dans les livres sanscrits son étymologie véritable. Car, pour le répéter en finissant sur ce sujet, la conception de Pallas-Athéné donne pour élémens intégrans et également incontestables, la doctrine indienne de Vichnou, combinée avec la théorie égyptienne de la lumière[2].

agogique? Selon nous, c'est avec raison que M. Creuzer considère Ἀθήνη (doriquement Ἀθάνα, peut-être *Thana* chez les Étrusques; *ci-dessus*, p. 486) comme le nom primitif, quelle qu'en soit du reste l'étymologie. (J. D. G.)

[1] De אֵיתָן, *fortis*, ou de תָּנָה, *meditari*. *Cf.* Gerh. Vossius, de Orig. Idololatr., II, 42, p. 199; Daniel Heinsius, Aristarch. Sac., p. 712.

[2] Il y a beaucoup à dire pour et contre cet amalgame d'élémens hindous et égyptiens dans la formation de la Minerve grecque, aussi bien que sur les rapports établis entre *Pallas* et le *Phallus*, Hermès-*Phalès*, *Palès*, les *Palici*. Ces rapports ont paru généralement hasardés ou prématurés. *Voy.* la note 13 s. c. l., fin du vol. (J. D. G.)

IV. Religion du Palladium, combien antique et répandue ; à Rhodes avec Danaüs et les Danaïdes, à Troie, à Athènes ; rapprochement de Cérès-Thesmophore et de Pallas-Athéné, tribunal près du Palladium d'Athènes ; divers autres Palladiums ; rapports possibles du culte de Minerve avec l'Assyrie et la Perse, plus certains avec la Phénicie par l'intermédiaire de Cadmus.

De l'Égypte et de la Libye, suivons cette religion dans sa marche ultérieure, le long des côtes de l'Asie-Mineure et vers celles de la Grèce. Danaüs de Chemmis, en Égypte, est forcé de fuir au-delà des mers, pour dérober ses cinquante filles aux poursuites des cinquante fils d'Égyptus. Minerve seconde son entreprise, et lorsqu'en Argolide quarante-neuf des poursuivans sont tombés sous les poignards d'autant de Danaïdes ; lorsque leurs têtes ont été plongées dans le lac de Lerne, c'est encore cette déesse qui, de concert avec Mercure, se charge de purifier les vierges meurtrières[1]. Ce lac qui reparaît, en rapport avec l'idée de tête comme le lac Triton ; Lyncée aux yeux de lynx, seul sauvé entre les fils d'Égyptus ; ce nombre cinquante-deux fois répété, ces traits et beaucoup d'autres évidemment symboliques, montrent que le mythe des Danaïdes prit son origine dans un calendrier figuré, ou du moins passa par le milieu d'une théorie de la lumière toute hiéroglyphique[2]. Mais ce que nous voulons surtout faire remarquer ici,

---

[1] Herodot., II, 91, VII, 94 ; Apollodor., II, 1, 5, *ibi* Heyne, p. 105 sq. ; Diodor., V, 58 ; Meziriac sur Ovide, t. II, p. 77, 81.

[2] *Cf.* les développemens, liv. VII, chapitre de la Doctrine des Mystères ; et liv. VIII, chapitre des Mystères de l'Argolide, avec les planches citées là même.

c'est que, comme dans le mythe de Minerve, il y est question de virginité menacée et de fuite. Ainsi les Danaïdes partagent le sort de leur divinité tutélaire. Celle-ci les sauve cependant; elles échappent aux enfans d'Égyptus, qui les poursuivaient comme les éperviers poursuivent les colombes, pour nous servir de l'expression d'Eschyle[1]; et enfin elles touchent au port de Lindos, dans l'île de Rhodes. A peine ont-elles posé le pied sur la terre-ferme, qu'elles s'empressent d'élever un temple et une statue à la déesse de toute stabilité[2]. Cette statue de la Minerve de Lindos est citée parmi les plus anciens ouvrages de l'art des Grecs; elle était extrêmement grossière et ressemblait, selon quelques-uns, à une colonne ou à une pierre conique[3]. Souvenons-nous, au reste, que Rhodes fut une des contrées habitées par les Tel-

---

[1] Prometh., 857 Schütz., 881 Boissonad. Il faut lire tout ce beau passage.

[2] Herodot., II, 182, et, avec une légère modification, Diodor. *ubi sup. Cf.* Bæhr et Wesseling.

[3] Callimach. fragm. CV, p. 477, *ibi* Bentley et Ernesti; Toup ad Longin., p. 365; Wyttenb. ad Plutarch. fragm., p. 763; Heyn. Opusc. Academ., vol. V, p. 345. — *Cf. ci-dessus*, p. 595. Évidemment il s'agit encore ici d'un simulacre en bois, et il faut garder dans le fragment de Callimaque λεῖον ἕδος, qui s'explique à merveille, comme l'a senti O. Müller (*Archæologie*, p. 43), mais que ne paraît pas avoir compris, tout en le retenant, Sillig (*Catalog. Artific.*, p. 422 sq.). Fr. Thiersch (*Epoch. der Bild. Kunst*, 2ᵉ édit., p. 21 sq.) a de nouveau tourmenté ce texte, en lisant λᾶαν βρέτας, au lieu de λᾶαν ἕδος ou κίον' ἕδος, proposés par Toup et Bentley. Il n'y a nulle contradiction dans les vers de Callimaque sainement interprétés, tandis que ces prétendues corrections en forment une des plus choquantes avec le sens général du passage de Plutarque (ap. Euseb. Præpar. Ev., III, 8), où ces vers se trouvent encadrés. C'est ce qu'a parfaitement vu Heffter, *Die Götterdienste auf Rhodus im Al-*

chines, dont elle porta même le nom[1]. Suivant une tradition précieuse, ces antiques et puissans artistes auraient les premiers érigé une idole en l'honneur d'Athéné *Telchinia*, c'est-à-dire *magicienne*[2]; car les Telchines étaient magiciens et communiquaient à leurs ouvrages une vertu magique. C'est aussi comme un cercle magique de Palladiums que nous allons voir s'ouvrir sur les côtes de l'Asie-Mineure.

Un grand nombre de villes dans l'ancien monde se glorifiaient de posséder le Palladium, et y voyaient un gage de leur prospérité[3]. Pallas, disait un mythe auquel nous avons déjà fait allusion[4], jeta le Palladium du ciel sur la terre. Ilus le trouva devant sa tente, après avoir imploré de Jupiter un signe favorable pour fonder la ville qu'il appela de son nom. Cette image sacrée, tombée des sphères célestes, avait en soi une vertu solaire. C'est du ciel que viennent la vie et l'immortalité, dont le Phallus est un symbole. Le Phallus, en tant qu'il représente la vie éthérée des dieux, appartient au point culminant du ciel, où réside la pure et sévère Pallas. Il descend sur la terre, selon que Jupiter, dans ses conseils suprêmes,

terthume, II, p. 8 sq., dissertation dont le second cahier est consacré à la Minerve de Lindos. (J. D. G.)

[1] Liv. V, sect. I, chap. II, p. 280 sqq. *ci-dessus*.

[2] Ou *sorcière*, βασκάνου, d'après l'explication de Nicolas de Damas lui-même (p. 282, *ci-dessus*). On pourrait à la lettre entendre *jalouse*; mais les deux idées rentrent l'une dans l'autre.

[3] *Voy.* les Mémoires de Fontenu et de du Theil, dans le recueil de l'Acad. des Inscript. et Belles-Lettres, t. V, p. 260 sqq.; et t. XXXIX, p. 238 sqq.

[4] Art. I, p. 711; II, p. 719, *ci-dessus*.

veut accorder la durée à l'existence matérielle, aux villes et aux choses humaines en général. Alors, comme il doit manifester ici-bas le principe de vie incorruptible et indestructible, c'est sous l'image d'une vierge pure, sous celle de Pallas qu'il est consacré. Le Palladium était un être tout mystérieux. Quiconque osait porter sur lui un œil téméraire perdait la vue. Du reste, il était difficile de le reconnaître au milieu des statues pareilles dont la défiante prévoyance des rois et des prêtres l'avait entouré. C'est ce qui rendait presque impossible son enlèvement, dont l'heureuse entreprise fut regardée, avec raison, comme le fait le plus important et le plus décisif de la guerre de Troie[1]. Le Palladium de cette ville avait, dit-on, trois coudées de haut; ses jambes étaient collées l'une à l'autre, comme dans toutes les plus anciennes idoles; il tenait la lance levée dans sa main droite, dans la gauche la quenouille et le fuseau. Heyne pense que la statue qui nous est décrite sous ces traits, par Apollodore[2], n'était point le Palladium primitif, beaucoup plus simple et plus grossier, que l'on supposait tombé du ciel[3]. Sans entrer dans cette discussion, nous ferons observer qu'en

---

[1] *Voy.*, sur ce fait, la tradition curieuse rapportée dans Conon, cap. XXXIV, p. 30 sq. Kann. *Cf.* Spanheim ad Callim. Hymn. in Pallad., v. 39, p. 650 sqq.; Heyn. Excurs. IV** et IX ad Æneid., II, p. 330 et 345 sqq.

[2] III, 12, 3, *ibi* Heyn. Observ., p. 296, coll. Müller Æginet., p. 110.

[3] Ce qu'il y a de sûr, c'est que les Palladiums connus en Grèce avaient pour seuls attributs la lance et le bouclier, tels que les porte encore, sur les monumens existans, le Palladium troyen ravi par Diomède. *Voy.* nos pl. CCXVII, 777, CCXX, 776; CCXXXV, 779; CCXLIV, 778, 780, etc. (J. D. G.)

CH. VIII. PALLAS-ATHÉNÉ OU MINERVE.   735

tout cas la quenouille et le fuseau figuraient parmi les
plus anciens attributs des déesses, telles qu'elles étaient
représentées en Syrie, dans d'autres contrées asiatiques
et dans l'antique Italie. Ces attributs formaient avec le
péplus, solennellement consacré à la Pallas de Troie [1],
un ensemble organique de symboles. Pallas avait le péplus à Ilion comme à Saïs et à Athènes, et pour les
mêmes motifs. Elle était l'ouvrière du tissu cosmique,
elle-même supérieure au monde, son ouvrage, et cachée
sous le péplus. Mais cette déesse cachée avait produit la
lumière du soleil, d'où vient que la Minerve *Iliade* ou
Iliée porte encore un flambeau à la main, sur les médailles de la nouvelle Troie [2]. Le Palladium, à peine apporté dans le camp des Grecs, manifesta son mystérieux
pouvoir en lançant des rayons lumineux. Ceci nous rappelle et la fête des flambeaux, célébrée durant la nuit à
Saïs, et la fière Dourga de l'Inde, née de l'œil flamboyant
de Siva, et Mitra qui purifie par le feu. Le feu pur, le

---

[1] Iliad., VI, 92 sq., 273, 303, *ibi* Heyn. Observ., t. V, p. 195; et
son Excursus sur Virgile, Énéid. II, p. 347. L'idole dont il est ici
question, et qui était assise, doit avoir été distincte du Palladium
proprement dit, toujours figuré debout. Nous verrons plus loin, en
Grèce même, d'autres Pallas assises. — *Cf.* pl. XCIV, 353, la Pallas
troyenne debout, mais également distincte du Palladium, rapprochée
de l'Athéné-*Chrysé* de Lemnos, 354, sous une forme tout-à-fait primitive.   (J. D. G.)

[2] Eckhel D. N. V., vol. II, p. 484 sq. Ἀθ. Ἰλιάς, Ἰλιεία; en l'honneur
de qui étaient célébrés les Jeux Iliens, Ἰλίεια. *Cf.* Creuzer. Meletem., I,
p. 22 sq. Pallas se voit souvent aussi avec une lampe (Zoëga chez
Welcker, *Zeitschrift für alte Kunst*, I, 39, *ibi* Welcker, p. 77). —
Déjà, dans l'Odyssée, XIX, 34, la lumineuse déesse tient une lampe
d'or allumée, aux côtés d'Ulysse et de Télémaque. *Cf.* O. Müller,
Archæologie, p. 482, et notre pl. XCIV, 353 *a*.   (J. D. G.)

courage viril et la guerre reparaissent sans cesse comme idées intégrantes du culte de Pallas.

Il faut voir toutes ces idées passer maintenant dans les mythes de l'Attique. Un roi nommé Démophon, et fils de Thésée, suivant la tradition, y est mis en rapport avec le Palladium, qu'il fait transporter à Athènes par Bouzygès, trompant Agamemnon au moyen d'une fausse idole et d'un stratagème assez singulier[1]. De pareilles légendes n'étaient pas rares, chaque ville prétendant posséder le gage véritable du salut, et l'on connaît d'ailleurs l'antique rivalité d'Athènes et d'Argos. Le nom de *Démophon* paraît signifier le sacrificateur du peuple, ou bien il a trait à la graisse et à la flamme purifiante du sacrifice. D'un autre côté, *Bouzygès* veut dire celui qui attelle les bœufs. Nous montrerons par la suite que le premier de ces noms était lié, en effet, dans les mystères de Cérès, au dogme de la purification par le feu, et à la fameuse guerre d'Éleusis. Quant au second, il fait allusion à l'établissement de l'agriculture et des institutions qui en dérivent[2]. Cérès, avec les épis, apporte au peuple athénien les lois; elle est et s'appelle Thesmophore. Mais ces lois sont aussi celles de Pallas. En même temps que le Palladium, une antique juridiction fut fondée à Athènes, un tribunal fut établi à tout jamais pour juger les meurtres involontaires, sous l'invocation de la stable et ferme Pallas. Ce tribunal, l'un de ceux que l'on nom-

---

[1] Polyæni Stratag. I, 5. coll. Plutarch. Thes. cap. XXVIII; Meursius de regno Athen., III, 6-8.

[2] *Cf.* liv. VIII, sect. I, tome suivant.

mait *des Éphètes*, c'est-à-dire d'appel[1], connaissait aussi des cas de guet-apens et de mort par suite de blessures. Démophon, ajoute-t-on, y fut traduit le premier, l'on ne sait au juste pour lequel de ces crimes[2]. Dans le cas de meurtre involontaire, le meurtrier, quoique absous de l'accusation capitale, était obligé de quitter le pays pour un an, par une route qui lui était prescrite, et durant cet espace de temps il pouvait s'arranger avec les parens du mort. Mais après son retour, il n'en était pas moins soumis à une purification religieuse[3].

Il nous reste à montrer, en peu de mots, que ces coutumes antiques avaient pris leur source dans la notion même de Minerve. La déesse, comme nous l'avons vu[4], forcée de se défendre contre les embûches d'une sœur criminelle, lui porte un coup mortel, sans avoir médité sa perte. Et cependant Minerve, troublée de la mort de Pallas, fonde elle-même le premier Palladium, qui doit être à la fois un avertissement et un signe de justice pour les traîtres, qui est pour la vierge pure Athéné une éternelle justification. Une autre tradition, égale-

---

[1] Ἔφεσις, de ἐφίημι, d'où Ἐφέται.... ἐπὶ Παλλαδίῳ.

[2] *Voy.* le récit de Pausanias, I, Attic., 28, *ibi* Clavier et Siebelis. *Cf.* sur l'origine et l'organisation du tribunal des Éphètes, Pollux, Onomast., VIII, 118; Harpocrat. in ἐπὶ Παλλ.; Hesych, I, p. 994, II, p. 1374 et 1547 Alb.; Etymol. M. in ἐπὶ Π.; Suidas, même article, comparé avec Photius, Lex. Gr., p. 36, et Zonar. Lex. Gr., p. 812 et 926, et avec les fragm. de Phanodème et Clitodème, recueillis par Lenz et Siebelis, p. 11 et p. 37.

[3] Καθάρσιον. Demosth. in Neær., p. 1348; in Everg., p. 1160. *Cf.* Matthiæ de Judiciis Athen. in Miscellan. philol., p. 150.

[4] Art. I, *ci-dessus*, p. 711.

ment relative à la jurisprudence criminelle d'Athènes, était destinée à expliquer le proverbe et l'usage du *vote de Minerve*[1], c'est-à-dire de ce suffrage favorable qui, dans le cas de partage des voix, faisait pencher la balance en faveur de l'accusé. Minerve, disait-on, la première avait sauvé Oreste de cette manière devant l'Aréopage. Depuis, le suffrage de Minerve signifia un jugement d'absolution, et, par une extension qui fait honneur aux mœurs athéniennes, autant que cet usage lui-même, un juste jugement.

C'est ainsi que du culte de Minerve, comme de celui de Jupiter, dérivèrent les principes d'un droit antique fondé sur des coutumes. Mais le Palladium, on le sait, garantissait avant tout protection et durée; chaque ville prétendait à le posséder. Les traditions les plus remarquables sont celles qui nous racontent sa translation à Laurente, à Albe-la-Longue, et enfin à Rome, dans le temple de Vesta, d'où le César Élagabale le fit transporter dans celui de Jupiter[2]. La Rome nouvelle, Constantinople, fidèle aux antiques religions, se glorifiait encore, dans la décadence de l'empire, d'être proté-

---

[1] Ψῆφος Ἀθηνᾶς. *Voy.* Philostrat. Vit. Sophist., II, 3, p. 568; Zenob. et alior. Adagia, p. 600, v. 374. *Cf.* Antiphon de cæde Herod., p. 135, et p. 730 Reisk.

[2] Ces traditions tirées en partie des poètes cycliques, sont rassemblées et examinées dans Heyne, Excurs. IX ad Æneid. II, p. 345 sqq. *Cf.* les recherches exactes de Cancellieri *le sette cose fatali di Roma antica*, p. 45 sqq.; les judicieuses réflexions de Niebuhr, *Röm. Gesch.*, I, p. 199 sqq. et 207, 3ᵉ édit.; et, pour les derniers temps, Irmisch ad Herodian., I, 14, p. 603.

CH: VIII. PALLAS-ATHÉNÉ OU MINERVE. 739

gée contre le temps par l'image sacrée de l'immuable Pallas [1].

En terminant cet article, revenons au point où nous l'avions commencé, et achevons de parcourir le cercle entier des rapports de Minerve, soit avec l'Orient, soit avec les autres contrées étrangères à la Grèce proprement dite. Peu d'années après que Danaüs ou les Danaïdes eurent fondé le Palladium de Lindos, Cadmus vint à Rhodes, et honora Minerve par des offrandes, entre autres par celle d'un bassin d'airain, d'un travail fort antique, avec une inscription phénicienne, qui attestait que le premier il était passé de Phénicie en Grèce[2]. A l'opposite de l'île de Rhodes se trouvait en Phénicie la ville d'Astyra: cette ville avait aussi sa Pallas, surnommée, dit-on, *Astyris*[3]. Priène en Ionie, ainsi que Phocée, possédaient des temples de Minerve. A Érythres, dans un autre temple consacré à Minerve Poliade, l'on voyait une grande statue de la déesse, en bois, assise sur un trône, ayant dans une main la quenouille et sur la tête un casque[4]. Pausanias, qui nous a conservé ces

---

[1] Olympiodor. in Meteor., 1. *Cf.* Meursii Lect. Attic., lib. V, p. 1888, in Gronov. Thes., vol. V; Cancellieri, p. 56. — Procope (de bell. Gothic., I, 13) fait du Palladium romain, d'après un bas-relief du temple de la Fortune, une description tout-à-fait analogue à l'image de celui de Troie, tel que le représentent les monumens. *Cf.* O. Müller, *Archæolog.*, p. 482; et les sujets indiqués *ci-dessus*, p. 734, n. 3.   (J. D. G.)

[2] Diodor., V, 58, *ibi* Wesseling. — *Cf.* p. 259, *ci-dessus*; et la note 1ere sur le livre V, § 1, fin du vol.   (J. D. G.)

[3] Steph. Byz., p. 189 Berkel.

[4] Pausan., VII, Achaïc., 5. — Le texte dit : *dans chaque main*

47.

détails, nous fait découvrir en Laconie une Minerve asiatique et qui en portait le surnom. Castor et Pollux, si l'on en croit la tradition, lui avaient élevé un temple, dont on voyait les ruines près de la ville de Las, en mémoire de leur heureux retour de la Colchide, pays où, suivant la même tradition, l'on adorait une *Athéné-Asia*[1]. Peut-être fut-ce par cette route que vint chez les Grecs une Minerve, originaire de l'Assyrie ou de la Perse, avec l'idée austère de la purification par le feu, et de compagnie avec Persée, ce génie assyrien ou perse, ce juste meurtrier [2], qui assiste la déesse et qui en est assisté dans

(ἐν ἑκατέρᾳ τῶν χειρῶν), comme l'entendent Clavier et Siebelis; et, *sur la tête le polos*, πόλον, leçon des Mss., maintenue par ces deux éditeurs. Heyne, dans ses Opusc. Acad., V, p. 342 sq., a cru devoir y substituer πῖλον, parce que, suivant Eustathe, la Minerve troyenne avait le *pileus;* et M. Creuzer, plus arbitrairement encore, traduit *un casque*, parce que les images du Palladium le portent d'ordinaire. Mais il ne s'agit point ici du Palladium; il s'agit d'une idole qui paraît avoir été le pendant de la Pallas assise de Troie, dont nous avons parlé plus haut (p. 735, et n. 1), idole à laquelle le *polos* convenait beaucoup mieux que le casque. *Cf. ci-dessus*, p. 663, et la note 11, s. c. l., fin du vol. (J. D. G.)

[1] Ἀθηνᾶ Ἀσία, Pausan., III, 24. — Las était située entre trois montagnes, dont une se nommait *Ilium*, une autre *Asia;* elle avait même occupé le sommet de cette dernière, et c'est là que se voyaient les ruines du temple d'*Athéna-Asia*. On est tenté de penser qu'à cette simple circonstance était dû le surnom de la déesse, devenu l'occasion naturelle de la légende rapportée dans Pausanias, lorsqu'on eut commencé à rapprocher Minerve de différentes déesses asiatiques, notamment de la belliqueuse déesse de Comana (*ci-dessus*, p. 80 sq.). Le nom d'Ilium toutefois est une objection, car il nous reporte vers l'Asie. (J. D. G.)

[2] C'est l'expression de Pisandre (δικαιοτάτου φονῆος), appliquée à Hercule, mais applicable également à Persée, comme le remarque

l'œuvre de la purification. Quoi qu'il en soit, les relations de Minerve avec la Phénicie sont jusqu'ici mieux prouvées. L'on montrait à Thèbes de Béotie un autel en plein air avec une statue, l'un et l'autre passant pour avoir été dédiés par Cadmus à *Onga*, nom phénicien d'Athéné [1]. Il est vrai que, dès le temps de Pausanias, quelques-uns rapportaient à l'Égypte et Cadmus et par conséquent Onga elle-même [2]. Les modernes se partagent entre les deux opinions, et l'un d'eux va même jusqu'à les rejeter toutes deux à la fois, rapprochant *Onga* ou *Onka* du nom presque semblable d'un village voisin de Thèbes, *Onkœ*, où se trouvait la statue de la déesse, et proscrivant du reste toute idée d'origine étrangère [3]. Pour nous, nous ne saurions découvrir une raison suffisante d'abandonner l'opinion commune, qui fait conduire une colonie phénicienne en Béotie par Cadmus. C'était lui, disait-on, qui avait fondé à Thèbes le temple d'Athéné-Onka ou *Onkœa*, rival de celui de Minerve Isménienne, peut-être également phénicien d'origine [4].

Olympiodore, cité p. 162, *ci-dessus*. *Voy.*, là même, l'article de Persée, p. 157-165, avec les planches qui y sont indiquées.

[1] Pausan., IX, Bœot., 12. La vraie leçon, adoptée par tous les derniers éditeurs, est Ὄγγα, au lieu de Σίγα. *Cf.* Æschyl. Sept. adv. Theb., v. 163, 146 Schwenck, *ibi* Schol. La déesse, ici et ailleurs, est appelée Ὄγκα.

[2] Id. *ibid*. *Cf.* Creuzer. Fragm. histor. gr. antiquiss., p. 35 sqq.; et Commentat. Herodot., I, p. 90 sq.

[3] O. Müller. *Orchomenos*, p. 121 sq., où sont cités le Schol. de Pindare, Ol., II, 39; et Tzetzes ad Lycophron., v. 1225. — *Cf.* la note indiquée plus haut, sur le livre V, fin du vol.   (J. D. G.)

[4] Ὀγκαίας—Ἰσμηνίας (Ἀθηνᾶς), ap. Schol. Sophocl. OEdip. Tyrann.,

On parle même d'une inscription par laquelle Cadmus aurait consacré le premier de ces temples [1]. Le grand critique Valckenaër, frappé de l'importance des traditions et des témoignages historiques qui tendent à établir l'origine orientale de Thèbes, n'a pas manqué de chercher dans la langue phénicienne l'étymologie du nom de *Onka*; il y trouve le sens de l'*éminente*, de la *sublime* (*déesse*) [2]. Ce nom reviendrait alors aux épithètes de *Acria* ou l'élevée, et de déesse des tours, données par les Grecs à leur Pallas, ou encore à la Minerve Poliade et protectrice des villes [3]. Ce qu'il y a de sûr, c'est que Minerve Onka était considérée comme la déesse des portes, et que, parmi celles de Thèbes, on cite la porte *Oncéenne* [4]. Un autre savant croit découvrir dans le nom biblique *Enakim*, la véritable source de l'épithète qui nous occupe, en un sens à la fois physique et moral, comme exprimant la taille gigantesque et la suprématie, la majesté de Pallas-Athéné [5].

20, *ibi* Brunck et Bothe. *Cf.* ce qui a été dit de l'Apollon Isménien de Thèbes, p. 126 sqq. *ci-dessus.* (C.-R et J. D. G.)

[1] Schol. Euripid. Phœn., v. 1068, *ibi* Valcken., p. 725 sq.

[2] עוּנְקָה, du verbe ענק.

[3] Ἀκρία, Ἐπιπυργῖτις, Πολιάς, Πολιοῦχος, Ῥυσίπολις. Valckenaer, *ibid. Cf.* Creuzer. Meletem., I, p. 23.

[4] Schol. Æschyl. Sept. adv. Theb., v. 163 sq., coll. 503. Ὀγκαῖαι ou Ὀγκαΐδες πύλαι, la même que la porte Ogygienne, Ὠγύγιαι (Hesych. v. Ὄγκας). *Cf.* Brunck ad *h. l.*, et Porson ad Euripid. Phœn., 1150; Heyne ad Apollodor., III, 6, 6, p. 248 Observ. — Schwenck (*Etymol.-Myth. Andeut.*, p. 180) va jusqu'à identifier les deux noms.
(J. D. G.)

[5] Sickler, dans son *Cadmus*, p. LXXIX sq.

CH. VIII. PALLAS-ATHÉNÉ OU MINERVE. 743

V. Idées fondamentales et principaux attributs de Minerve en Grèce : comme Onka et Tritonis, particulièrement en Béotie ; comme Glaucopis, Gorgo, Alalcoménéenne, Ogygienne ; rapports à l'eau, à la lune, à l'air, au feu, aux révolutions physiques.

C'est en Béotie que nous apparaît la Minerve *Onka*, et c'est par elle que nous commencerons le développement des idées fondamentales et des attributs principaux qui, de l'Asie ou de l'Égypte, apportés dans la Grèce, et modifiés peu à peu, transformèrent avec le temps une conception mystérieuse de l'Orient en une personnification hellénique. L'autel de Onka-Athéné, avec la statue de la déesse, fut élevé, suivant Pausanias, au lieu même où le taureau, guide de Cadmus, et qui devait lui marquer la place de sa ville nouvelle, était tombé de fatigue, c'est-à-dire que cette antique cité, comme plusieurs autres, avait été bâtie sous le signe du Taureau. Le taureau s'affaissant figurait aussi avec un sens astronomique dans le segment du zodiaque qui se rapporte au printemps ; et lorsque, dans la suite de cet ouvrage, nous traiterons des religions de Bacchus et de Cérès, nous verrons en un sens plus élevé encore le Taureau-Bacchus expirant, recueilli par Athéné-Minerve, d'où sortent et où rentrent tous les êtres créés. Comme Onka-Athéné était adorée à Thèbes en qualité de déesse des portes, et comme elle présidait sous ce titre à l'entrée et à la sortie, il serait possible qu'elle y eût été représentée portant les clefs [1].

---

[1] C'est une conjecture qui semble résulter du passage d'Eschyle (Sept. adv. Theb. v. 164 sqq.), comparé avec celui d'Aristophane (Thesmophor. v. 1153 sqq.).

Cet attribut que Phidias avait donné à l'une de ses statues de Minerve [1], conviendrait de tout point, ainsi que l'épithète de *porte-clefs*, prise en des sens si divers chez les anciens, à la suprême sagesse qui siége au conseil du maître de l'Univers [2]. Tout annonce, du reste, que le nom et le culte d'Onka avaient pénétré dans le Péloponnèse. Un bourg appelé *Onkœ* se trouvait en Arcadie comme en Béotie [3]; des inscriptions semblent attester qu'une déesse *Onga* ou *Oga* était adorée en Laconie [4], et nous savons par Pausanias que les Messéniens des environs du promontoire Coryphasium connaissaient une Minerve surnommée de même [5]. Mais c'est surtout des Minerves de la Grèce centrale et septentrionale qu'il s'agit en ce moment.

Retournons donc en Béotie, sur les bords du lac Co-

---

[1] Plin. H. N. XXXIV, 19, p. 650 Hard.

[2] « C'est toi, dit en un sens tout intellectuel Proclus, dans son hymne à Minerve (v. 7), c'est toi qui as ouvert les portes de la sagesse, dont le seuil est foulé par la divinité. » *Cf*., sur l'épithète κλη-δοῦχος, Spanheim ad Callimach. Cerer. v. 45; et Wesseling, Observ. I, 3.

[3] Tzetz. ad Lycophr. 1225, p. 965 Müller. *Cf*. Antimach. fragm., p. 65 sq. Schellenberg; O. Müller, *Orchomen*., p. 121 sq.

[4] Acad. des Inscript., tom. XV, p. 400 sqq. *Cf*. Larcher, Chronol. d'Hérodote, p. 354 sqq.; Raoul Rochette, Hist. des Colon. Grecq., tom. I, p. 205 sq. — On sait que l'authenticité des inscriptions d'Amycles, dues à Michel Fourmont, souffre de grandes difficultés, quoiqu'elle ait été attaquée et soutenue avec une égale vivacité, et avec une incontestable érudition de part et d'autre. *Voy*. Raoul Rochette, Lettres à mylord comte d'Aberdeen; Letronne, dans le Journal des Savans, 1819, décembre; 1820, janvier et mars; et surtout Bœckh, Corpus Inscript., tom. I, p. 61, 66, 77 sqq.   (J. D. G.)

[5] IV, Messeniac., 36.

CH. VIII. PALLAS-ATHÉNÉ OU MINERVE.

païs. Nous y trouverons, comme en Libye, d'antiques souvenirs des catastrophes d'un monde primitif, rattachés au culte d'Athéné. Nous y trouverons un ruisseau nommé Triton, auquel la tradition des Béotiens donnait le pas sur le lac Triton de la Libye [1]. C'était, disait-on, sur les bords de ce ruisseau que Minerve avait été élevée; c'était de lui qu'elle avait pris le surnom de *Tritonis*. Déjà nous avons eu occasion de remarquer plus haut combien de sens divers comportait à la fois ce surnom, ainsi que tant d'autres noms divins choisis exprès par les prêtres. Ils se rapportaient à des lieux non moins divers, et cette diversité même annonce en eux un caractère mystérieux et sacerdotal. Non pas que tout poète ou tout écrivain, en nommant Minerve Tritogénie, ait dû nécessairement posséder le secret des rapports si multipliés de cette épithète, et voulu en exprimer le vaste sens. Mais dans l'hymne Orphique, par exemple, qui invoque Athéné sous ce titre entre plusieurs autres [2], on peut sans scrupule, d'après l'esprit général qui règne dans ce chant religieux, supposer une telle intention. C'est sans doute aussi à l'influence d'un génie sacerdotal, aux communications de Pythagore avec les prêtres égyptiens, qu'il faut attribuer cette forme symbolique donnée à des connaissances exactes, par suite de laquelle les disciples de ce philosophe, dans leur système arithmétique et géométrique, personnifiaient le nombre trois et le triangle en la personne de Minerve. Ils appelaient Athéné-Tritogénie

---

[1] Pausan. IX, 33. — *Cf.* l'art. I *ci-dessus*, principalement p. 712-713, not.; et l'art. II, p. 716 sq.
[2] Hymn. Orph. XXXII (31), v. 13.

le triangle équilatéral, divisé en six élémens, formant six triangles rectangles [1].

Souvent les anciens rapprochent du surnom de Tritonis ou de Tritogénie donné à Minerve, celui de *Glaucopis* ou déesse aux yeux bleus, qui fait allusion à la couleur des lacs et des rivières, à la couleur d'eau en général. En effet, semblable aux incarnations divines de l'Inde, source première de cette religion, c'est du sein des eaux, suivant la conception la plus ancienne, que s'élève cet être merveilleux, qui parcourt ensuite différentes métamorphoses. Cependant le feu est son essence, et c'est de Minerve que les astres empruntent leur lumière. Les philosophes de la nature avaient aussi nommé la lune *Glaucopis*, et, selon sa coutume, Euripide s'était approprié cette épithète [2]. Elle exprimait, soit la lueur bleuâtre de la lune à son lever, soit la teinte argentée du disque de cet astre. C'était autant de raisons pour l'appliquer également à l'air; et quelques-uns, en effet, voyaient dans Minerve-Tritogénie l'atmosphère, qui éprouve dans les trois saisons de l'année trois modifications essentielles. C'est comme déesse de l'air que Minerve prend sous sa protection Persée, le héros du soleil; c'est au même titre qu'elle a pour ennemie la Gorgone, c'est-à-dire le jour fugitif et périssable; voilà pourquoi Persée parcourant

---

[1] Plutarch. de Isid. et Osir., p. 561 Wyttenb.; Damasc. ms. in Plat. Parmen., ap. Creuzer. Comment. Herodot. I, p. 343, coll. p. 165 sqq. et p. 317, ad Herodot. II, 49 et 123.

[2] Hemsterh. ad Lucian. Dial. Deor. VIII, tom. II, p. 274 Bip., et *ibi* citat. Empedocl. et Euripid. *Cf.* Empedocl. fragm., v. 176, *ibi* Sturz, p. 591.

l'air sous la conduite de Minerve, coupe la tête de la Gorgone [1]. Mais de même que nous avons vu Athéné prendre le nom de Pallas sa rivale, de même elle porte aussi celui de *Gorgo*, sous lequel l'adoraient les habitans de la petite Syrte [2]. C'est encore dans les religions de l'Inde qu'il faut chercher la clef de ces apparentes contradictions. On y rencontre fréquemment des dieux auxquels vient s'opposer une trompeuse image d'eux-mêmes, qui reproduit avec une habile imposture leur caractère et leurs attributs; mais c'est précisément dans son imposture qu'elle trouve sa perte.

La couleur d'eau ou de mer brille aussi dans les yeux des animaux féroces, des léopards et des lions; l'homme ne saurait soutenir leur regard, qui annonce le sang et la mort. Ce même regard, ce regard étincelant et terrible est donné à Minerve, si redoutable en effet pour ses ennemis [3]. C'est l'Athéné guerrière, telle que la conçurent et représentèrent les poètes. Tandis que les chantres orphiques attachaient au surnom de *Glaucopis* le sens précédemment développé [4], Homère et ses imitateurs, et les

[1] J. Lyd. de Mens., p. 66 Schow., p. 168 Rœther.; Tzetz. ad Lycophron., v. 17, tom. I, p. 296 Müller. Si l'on en croit Diodore (I, 12, p. 16 Wesseling.), il y aurait là encore un fond de notions égyptiennes. *Cf.* Arnob. III, 31, et Orell. append. annot., p. 42;— et *ci-dessus*, liv. IV, chap. V, art. I, p. 160-162.

[2] Palæphat. XXXII, 6, p. 136 sq. Fischer. *Cf.* les développemens de l'article suivant.

[3] Cornut. de N. D. 20, p. 185 Gal., et *inde* Eudoc., p. 3 sq.; J. Lyd. de Mens., p. 84 Schow., p. 204 Rœth.

[4] Hymn. Orph. XXXII (31), v. 14. *Cf.* Procl. Hymn. in Min., v. 34.

artistes à leur suite, y virent l'impression de terreur que jetaient dans les âmes les yeux de la déesse, étincelans sous son casque, lorsqu'elle portait la mort et la ruine à ses ennemis [1].

C'est sous un point de vue analogue qu'il faut concevoir la Minerve *Alalcoménéenne*, rapprochée par Homère de la Junon d'Argos [2]. Pausanias, en nous parlant du temple qu'elle eut jadis en Béotie, dans le bourg d'Alalcomènes, aux lieux mêmes dont il était question tout à l'heure, rapporte diverses traditions où sont mentionnés un certain *Alalcoménès*, père nourricier de Minerve, et une fille d'Ogygès, appelée *Alalcoménie* [3]. Dans le passage d'Homère cité plus haut, la plupart des modernes, sur l'autorité de Strabon, ont pris l'épithète d'*Alalcoménéenne* comme une dénomination locale [4], et le rapprochement de la Junon Argienne est favorable à cette opinion. Il est probable qu'Homère lui-même ne l'entendait point autrement. Mais, au fond, pour le lieu comme pour la déesse, c'est l'origine qu'il faut voir. La Minerve *Alalcoménéenne* est celle qui persévère dans le combat,

---

[1] Hemsterhuis, à l'endroit déjà cité, n'a rien laissé à dire sur ce sens poétique de l'épithète dont il s'agit. On peut voir encore le Lexique d'Apollonius, publié depuis, p. 208, éd. Toll. — Sur cette épithète et les autres surnoms caractéristiques de Minerve, auxquels tiennent ses attributs essentiels et les différens points de vue de son idée fondamentale, il faut consulter la note 14 sur ce livre, fin du volume, qui présente en abrégé les résultats des recherches récentes d'O. Müller, de Welcker et autres. (J. D. G.)

[2] Iliad. IV, 8. Ἥρη τ' Ἀργείη καὶ Ἀλαλκομενηῒς Ἀθήνη.

[3] IX, Bœot., 33.

[4] Heyn. Observ. ad Iliad. *l. l.*, p. 556, et *ibi* Strab. IX, p. 413 Cas.

CH. VIII. PALLAS-ATHÉNÉ OU MINERVE. 749

ou qui combat avec un courage persévérant [1]. *Alalcomènes* est la citadelle de la déesse forte. Long-temps avant le combat spirituel d'Éleusis (la cité de la discorde), des guerres s'étaient livrées vers Alalcomènes; guerres physiques, combats élémentaires, où la force desséchante du feu dut conquérir le sol sur les puissances neptuniennes, sur les géans, c'est-à-dire sur les eaux, qui, au temps d'Ogygès et de son fameux déluge, occupaient la Béotie entière et l'avaient changée en un vaste lac. Aussi Alalcoméné, déesse ou ville, s'appelle-t-elle fille d'Ogygès.

Ces combats antiques de l'Athènes béotienne d'Ogygès [2] se reproduisirent dans la nouvelle Athènes d'Érechthée. Vraisemblablement aussi cette nouvelle Athènes eut une porte appelée Itonienne, du nom d'une Minerve de Béotie ou de Thessalie, et qui dut exister au voisinage du tombeau de l'amazone Antiope [3]. Mais, dans l'Attique, ce nom fit bientôt place à d'autres, tandis que, dans les religions de la Thessalie et de la Béotie, il se montre avec des caractères d'autant plus remarquables.

---

[1] Ἀλκῇ μένει. *Voy.* Etymol. M., p. 56 Heidelb., p. 51 Lips., et encore p. 546 ou 495, coll. Apollon. Lex. Hom., p. 86 Toll.— C'est tout simplement, par dérivation du participe moyen de ἀλάλκω, redoublé de ἄλκω, *la déesse qui protége et défend*, telle que la représentaient armée les antiques Palladiums. Cf. O. Müller, *Archæol.*, p. 481, et la not. 14 s. c. l., fin du vol.   (J. D. G.)

[2] *Cf.* p. 712, not. 1; et p. 716 sq. *ci-dessus.*

[3] Æschin. Axioch., § 3, p. 113 Fischer., p. 108 Bœckh., où l'on maintient avec raison la leçon ταῖς Ἰτωνίαις.

VI. Minerve Itonienne en Thessalie et en Béotie, mythes représentant la lutte de la lumière et des ténèbres; Minerve Sitonienne en rapport avec Cérès et avec Hermès-Trophonius : conceptions à la fois agraires, cosmogoniques et mystérieuses.

Minerve était adorée sous le nom d'*Itonienne*[1] à Coronée, en Béotie, ainsi qu'en Thessalie, dans un temple situé entre Phères et Larisse[2]. Là fut une ville d'*Iton*, appelée également *Siton*, et connue d'Homère[3]. C'était un culte fort ancien, et déjà Hécatée de Milet en avait fait l'objet de ses recherches. On lui donnait pour auteur *Itonus*, fils d'Amphictyon[4]. De même que la confédération antique des Amphictyons s'était placée sous la protection d'une Minerve Pronæa[5], de même la Minerve Itonienne de Coronée protégeait la confédération des Béotiens ou la Pambéotie[6]. Les deux cultes de Béotie et de Thessalie étaient, au reste, l'un avec l'autre, dans un

---

[1] Ἰτωνία, ou encore Ἰτωναία, Ἰτωνιάς, Ἰτωνίς. *Voy.* Steph. Byz., p. 429 sq. Berkel., sans parler d'une foule d'autres passages que l'on trouvera réunis sous le mot ἄγαλμα, dans l'édition anglaise du Thesaurus de H. Estienne, p. 319-321.

[2] Sa position est décrite par Strabon, IX, p. 438 Cas.

[3] Iliad. II, v. 696, *ibi* Eustath. et Heyn. Observ., p. 373. On trouve à la fois Ἴτων, Ἰτών et Σιτών, et ce nom, au moins dans sa première forme, se rencontrait non-seulement en Béotie et en Thessalie, mais en Épire, en Thrace, près du mont Hémus, en Italie et en Lydie. *Cf.* Steph. Byz. *ibid.* et Berkel. not.

[4] Schol. Apollon. Rhod. I, 551 et 721; il faut comparer les schol. de Paris, p. 43 Schæfer, et Pausan. IX, 34, *ibi* Siebelis.

[5] *Cf.* l'art. XII, *ci-après*.

[6] *Voy.* sur cette confédération, Strab. IX, p. 411 Cas.; Pausan. IX, 34.

CH. VIII. PALLAS-ATHÉNÉ OU MINERVE. 751

rapport généalogique, appartenant aux Cadméens, qui occupaient ces deux contrées [1].

Si maintenant nous recherchons quelles idées peuvent avoir servi de base à cette branche de la religion qui nous occupe, nous sommes de nouveau ramenés et par les généalogies et par les mythes à la Minerve Tritonis. Itonus, dit l'un de ces mythes, avait deux filles, Athéné et Iodama. Luttant l'une contre l'autre au jeu périlleux des armes, elles devinrent subitement ennemies, et Iodama fut tuée par Athéné [2]. On reconnaît ici le combat d'Athéné et de Pallas, sur les bords du lac Triton; et déjà l'on soupçonne que Iodama ou Iodamie pourrait bien n'être aussi qu'un des noms de la déesse, opposée à elle-même, pour mieux manifester son caractère par cette opposition même. C'est toujours le même fond d'idées, toujours la déesse vigilante et pure, austère, sage et belliqueuse. Avec chaque légende nouvelle se renouvelle aussi la guerre, le grand combat de la lumière et des ténèbres. Un second mythe en fournit la preuve. Iodamie, dit-on, vint une nuit dans le temple de Minerve, pour y remplir les fonctions du sacerdoce, quand soudain Athéné lui apparut en personne. Sur la tunique de la déesse était la tête de Méduse, l'une des Gorgones. Iodamie la vit et fut changée en pierre. Depuis ce temps,

---

[1] *Cf.* Raoul Rochette, Hist. des Colon. Grecq., tom. II, p. 235 sqq.

[2] Simonid. Genealog. in Etymol. M., p. 479 Heidelb., p. 435 Lips. Cet auteur, ainsi que Tzetzès qui le copie (in Lycophr., v. 355), écrit Ἰοδάμα; Pausanias (IX, 34), selon la formation ordinaire, Ἰοδάμεια, quoique le Ms. de Moscou retienne l'autre forme.

une femme apporte chaque jour du feu sur l'autel d'Iodamie, et prononce trois fois, en idiome béotien, les paroles suivantes : « Iodama vit et désire du feu [1]. » Voilà donc une métamorphose causée par une vision terrible. Il n'en était point en effet de plus terrible ni de plus funeste que celle de la Gorgone. Persée, nous l'avons vu, la vainquit, et sa tête était devenue le redoutable ornement de la cuirasse de Minerve [2]. Il vainquit aussi les deux sœurs de Méduse, car les Gorgones étaient trois comme Minerve Tritogénie est triple. L'infatigable héros du soleil, sous les auspices de la déesse de toute lumière, combat les trois temps périssables [3]. Si Persée était le soleil, Minerve était aussi la lune, mais la lune qui luit et éclaire [4]. Ce que cet astre a de ténébreux appartient à

---

[1] Pausan. Bœot., *ibid.*

[2] Γόργειον, Γοργόνειον, de Γοργώ d'où Γοργόνη. Ce masque affreux aux joues pendantes, et qui tire la langue, est décrit par Cornutus de N. D. 20, p. 186 Gal., et Pollux Onomast. X, 167. Tel on le voit encore sur d'anciens monumens; mais plus tard il fut adouci, et enfin complétement idéalisé. *Cf.* Eckhel D. N. V., tom. I, p. 98; Mionnet, Supplém. III, pl. 7, 5 ; Böttiger, *über die Furienmaske*, p. 107-112, 128; E. Q. Visconti, Mus. Pio-Clem. I, p. 92 sq.; — et nos pl. CLX, CLXI, CLXX, 609-612, 612 *a*, rapprochées des pl. XCIII et XCIV, 341 *d*, 343, 342, 347, 350, etc., avec l'explicat. (J. D. G.)

[3] *Cf.* l'art. précéd., p. 746, et liv. IV, chap. V, art. I, p. 160 sqq., avec l'explicat. du beau monument représenté pl. CLX, 612.
(J. D. G.)

[4] « Athéné est dans la lune, dit Porphyre (ap. Euseb. Præp. Ev. III, 11, coll. Arnob. IV, 25), ce qu'Apollon est dans le soleil. La lune, en tant qu'Athéné, est l'image de la lumière. » — En tant que Gorgo ou la Gorgone, pourrait-on ajouter, d'après le dogme orphique rapporté dans Clément d'Alexandrie (*Cf.* p. 162, not. 2, *ci-dessus*), elle est l'image des ténèbres.   (J. D. G.)

la Gorgone ou aux Gorgones; car il est triple comme elles et comme Minerve; il a trois phases et deux aspects, l'un obscur, l'autre lumineux. Naturellement ami des ténèbres et du désordre, il lui faut un esprit de lumière et d'ordre pour le purifier et le diriger, le dompter et le soumettre à la règle [1]. Il lui faut une véritable *Iodamie*, capable de dompter *Io*, la génisse errante de la lune, de veiller sur elle et de conduire ses pas [2]. C'est ce que ne sut pas faire la fausse Iodamie: elle aussi, elle voulut sacrifier à la lumière; mais le courage lui manqua pour consommer son œuvre; elle ne put vaincre le ténébreux égarement qui s'empara de ses sens; elle ne put soutenir le regard affreux de la Gorgone et devint une froide pierre. La matière l'emporta sur l'esprit, l'obscurité sur la lumière. Iodamie, semblable à la lune ténébreuse, n'est plus qu'un corps opaque, incapable de se régler lui-même. Mais jusque dans sa triste métamorphose, elle conserve son premier penchant pour la lumière, elle la demande, elle l'obtient [3].

Voilà donc une doctrine de lumière et de purification par le feu, cachée sous le voile transparent des fables et des cérémonies relatives au culte béotien de la Minerve Itonienne. On y remarque encore plusieurs traits qui rappellent les religions de la Perse, par exemple, Chry-

[1] *Cf.* liv. V, sect. I, chap. II, p. 298, *ci-dessus*.

[2] Ἰώ fut primitivement un nom de la lune, et l'on saisit son rapport avec celui de Ἰοδάμεια, analogue à Ἱπποδάμεια.

[3] On peut comparer les mythes analogues de Diorphus, né d'un rocher, et des vaches de Mycenès, liv. II, chap. V, p. 371 du tom. Ier; liv. IV, chap. V, p. 160 sq. de ce tome.

saor, l'homme au glaive d'or, qui, avec le cheval ailé Pégase, naît de la tête de Méduse, au moment où la Gorgone succombe sous les coups de Persée [1]. Si Minerve elle-même n'a point un glaive d'or, du moins un ancien poète lui donne une cuirasse d'or, un autre un casque d'or [2]. Nul doute qu'ici l'éclat des armes, comme le feu qui dans Homère resplendit de l'armure de Diomède, de ce héros chéri de Minerve qui dissipe les ténèbres répandues sur ses yeux ; nul doute, disons-nous, que cet éclat et ce feu, pareils au glaive flamboyant de l'Écriture, n'expriment la splendeur invincible, immortelle de l'esprit, qui lutte et combat incessamment pour faire prévaloir la lumière [3].

Plutarque nous a conservé un récit bien propre à jeter un nouveau jour sur le caractère antique et mystérieux de la Minerve qui nous occupe. Un certain Phocus, Béotien, avait une fille nommée Callirrhoé, dont la sagesse n'était pas moins remarquable que la beauté. Elle était recherchée à la fois par trente des principaux jeunes

---

[1] Hesiod. Theogon., v. 277 sqq. *Cf.* liv. IV, p. 161, *ci-dessus.* — Tout ce mythe si antique et si profondément symbolique de Persée et de la Gorgone, déjà touché au liv. IV et dans la not. 11, § 1, sur ce livre, à la fin du volume, sera repris et développé au liv. VIII, sect. I. Quant aux rapports de la Gorgone avec Minerve, et au surnom de *Gorgo* donné à cette déesse, il faut voir les éclaircissemens nouveaux de la not. 14 sur le présent livre.   (J. D. G.)

[2] Bacchylid. ap. Dionys. Halic. de Compos., p. 400 Schæfer, et in Fragm., p. 33 Neue ; Procl. in Minerv., v. 4.

[3] Interpr. vet. ad Iliad. V, 124 sqq. (in Leon. Allat. Excerpt. Rom. 1641, p. 42, avec les correct. de Bast, d'après le Ms., in Bredow. Epistol. Paris., p. 55), coll. Philon. de Cherub., tom. I, p. 144 Mangey.

gens de la Béotie. Irrités des prétextes que Phocus opposait sans cesse à leurs désirs, ceux-ci lui donnent la mort et se mettent à la poursuite de sa fille. Mais cachée dans des blés par des laboureurs compatissans, Callirrhoé échappe à ses persécuteurs, et attend, pour venger son père, la fête solennelle qui devait réunir toute la nation des Béotiens. Alors elle se rend à Coronée, s'assied suppliante au pied de l'autel de Minerve Itonienne, et dénonce au peuple les meurtriers de Phocus. Ceux-ci s'enfuient, et repoussés d'Orchomène, ils sont reçus par les habitans d'Hippotæ. Mais les Thébains vont mettre le siége devant cette place, s'en emparent, et réduisent en esclavage ses habitans, après avoir lapidé les fugitifs, auxquels ils avaient osé donner asile. On dit que la nuit même qui précéda la prise d'Hippotæ, l'esprit de Phocus apparut sur le mont Hélicon, s'écriant : Me voici. Et le jour où furent lapidés les prétendans, du safran, ajoute-t-on, coula du tombeau de leur victime vengée.[1].

Peut-être n'a-t-il manqué à cet autre massacre des prétendans qu'un Homère, pour en faire un pendant de l'Odyssée. Comme dans ce poème l'on y remarque divers traits d'un fond symbolique, appartenant à une religion de la nature. Le nombre des prétendans, trente, est un nombre calendaire. Le safran rappelle le vêtement safrané donné aux Muses[2], également habitantes de l'Hélicon, et le voile couleur de safran dont se pare l'Aurore,

---

[1] Plutarch. Amator. narrat. IV, p. 106 sqq. Wyttenb.
[2] Alcman. fragm. ed. Welcker, p. 23.

Les noms même de Phocus et de Callirrhoé font allusion à la mer et aux eaux. Quant à Minerve, elle joue ici le rôle de vengéresse du crime; elle s'identifie avec Praxidicé, désignée ordinairement comme sa nourrice et comme la fille d'Ogygès, et qui appartient aux religions de la Béotie et de l'Attique. C'est elle qui donne la victoire aux Thébains, car elle est aussi la déesse de la victoire [1]. Enfin, si la jeune fille se cache dans les blés pour échapper à ses poursuivans, c'est que le blé était également sous la protection de Minerve Itonienne, qui paraît en avoir reçu un autre surnom, celui de *Sitonienne* [2]. Cérès s'appelait de même, et plus naturellement peut-être, *Sito*. Du reste, nous ferons voir ailleurs que, dans les mystères d'Éleusis, Minerve se rapprochait singulièrement de Cérès et de sa fille Proserpine [3]. Par cela même, elle devait être dans une liaison étroite avec Hermès.

En effet, tout près de Coronée, à Lébadée, en Béotie, était la fameuse grotte avec l'oracle de Trophonius [4]. Trophonius, c'est comme qui dirait *Sitonius* ou le nourricier. Or nous savons que ce Trophonius, selon la doctrine enseignée dans les mystères, et depuis produite au grand jour, n'était pas autre que Hermès ou Mercure [5].

---

[1] Sur Minerve comme Victoire (Νίκη) et comme Praxidicé, ou vengeresse des droits, il faut voir les développemens du liv. VIII, sect. I.

[2] Σιτωνία. *Voy.* le commencement de cet article et les citations de la not. 3, p. 750.

[3] *Cf.* liv. VIII, sect. I, *ibid.*

[4] Pausan. IX, 37, coll. Schol. Aristoph. Nub., v. 508.

[5] *Cf.* liv. V, sect. I, chap. III; et liv. VI, chap. VI, p. 328 et 674 *ci-dessus.*

Dans les religions de la Béotie et de l'Attique, Hermès-Trophonius accompagnait Athéné-Itonia, absolument comme dans le culte égyptien de Saïs Hermès-Anubis accompagnait Isis-Neith. Les conceptions que Minerve formait dans les profondeurs de son esprit, Hermès était chargé de les réaliser au dehors. C'est lui, c'est ce ministre divin qui porte à la lune et à la terre les lois organiques données d'en haut, qui doivent présider à leur action. Sans la participation de cette lumière et de ce feu suprêmes, la lune demeurerait ténébreuse et froide; elle ne saurait ni concevoir les germes des plantes et des animaux, ni les communiquer à la terre. Toute force serait en pure perte si l'essor n'en était réglé et dirigé. Or, le principe de cette direction c'est Minerve; Mercure ne fait qu'en poursuivre l'application. Elle est *Sitonia* et lui *Trophonius*. En eux réside la source de tout organisme et de tout bien.[1]

VII. Famille des enfans de la lumière en Attique; Érechthée, Cécrops et ses filles, le serpent, le crocodile, le hibou, le cerf, le feu éternel, personnifications astronomiques et physiques, ou attributs significatifs rattachés à Minerve Poliade, avec trait à la première culture et à la première civilisation du pays.

Ces dogmes enseignés dans les mystères du sacerdoce pélasgique et que nous avons déjà trouvés à Samothrace, furent mis, en Béotie et en Attique, sous la forme de généalogies, conformément à l'usage universel du monde ancien. De là ce vaste tableau représentant toute la famille des enfans de la lumière, à la tête duquel figure

---

[1] Mêmes livres, p. 297 sq. et 673.

Ogygès et que termine Érechthée. Homère fait allusion à cette généalogie dans le second chant de l'Iliade; il connaît Érechthée, qu'il célèbre comme un autochthone, un fils de la terre, et le favori de Minerve [1]. Une autre tradition parle d'un autre Érechthée, nommé encore Érichthonius, qui serait né de la terre et de Vulcain [2]. Ailleurs, cet Érechthée est présenté comme le premier homme, comme le premier enfant de l'Attique [3]. Minerve le reçut à sa naissance, et le confia, enfermé dans un coffret, aux filles de Cécrops à la double nature [4]. Quand celles-ci ouvrirent le coffret, elles trouvèrent un serpent à côté de l'enfant. En effet, ce reptile était le fidèle compagnon de Minerve. Dans un de ses temples d'Athènes, vers l'époque de la guerre des Perses, l'on nourrissait encore le serpent gardien de la maison [5], titre donné à cet animal, auquel des gâteaux de miel étaient servis tous les mois. Le serpent demeura, sous des rapports soit agraires, soit médicaux, un attribut constant de la déesse,

---

[1] Il. II, 546 sqq.

[2] Pausan. I, Attic., 14. *Cf.* l'art. II de ce chapitre, p. 717 *ci-dessus*, les interprètes d'Homère sur le passage cité, et Meursius de Regno Athen. II, 1.

[3] Apollodor. III, 14, 16, p. 358 Heyn.; Schol. Aristid. Panathen., t. III, p. 44 Dindorf.

[4] Κέκροψ ὁ διφυής, c'est-à-dire aux pieds de serpent, forme qui est également donnée à Érichthonius. C'est un hiéroglyphe symbolique qui, dans l'origine, avait trait à l'agriculture, et qui depuis reçut les interprétations les plus diverses, comme on peut voir dans les Meletem. I, p. 63. Nous y reviendrons plus loin.

[5] Οἰκουρὸς δράκων ou ὄφις. Herodot. VIII, 41, avec la remarque de Valckenaer.

ainsi que le prouvent nombre de ses statues [1]; c'est un nouveau vestige du culte des animaux importé d'Égypte en Grèce. Le serpent, comme le crocodile dont nous avons parlé plus haut, et comme bien d'autres fétiches, suivit aux rivages de l'Attique la primitive Athéné de Cécrops, cette Minerve *Poliade* ou protectrice de la cité [2], qui prit sous sa garde la citadelle, premier établissement des Cécropides. C'est dans le temple de Minerve Poliade que l'on montrait aussi cet olivier sacré, miraculeux, indestructible, qui avait été brûlé dans la guerre des Perses, et le lendemain, disait-on, avait déjà grandi d'une coudée de haut [3] : tradition qui reposait sur l'idée de la force immortelle de Minerve, ainsi que l'usage d'entretenir dans le même temple une perpétuelle lumière [4]. Homère sans doute fait allusion à ces croyances et à ces rites antiques, lorsque, dans l'Odyssée, il nous présente la déesse éclairant Ulysse et Télémaque avec sa lampe d'or, parce que, remarquent les anciens interprètes, Minerve est l'esprit et la sagesse [5]. En effet, toute cette religion a pour

---

[1] Par ex. celle de la galerie Giustiniani. — *Cf.* notre pl. XCII, 346, avec l'explication. (J. D. G.)

[2] Πολιάς, Πολιοῦχος. *Cf.* Hemsterh. ad Aristoph. Plut. 772. Il en dut être de même à la Cadmée de Thèbes, si l'on en juge par les légendes relatives à la fondation de cette ville, rapportées dans les fragmens d'Hellanicus, p. 65 et 82 sqq. Sturz. — Sur le temple de Minerve Poliade, son culte et ses représentations, aussi bien que sur les traditions qui s'y rattachent, il faut voir le résultat des recherches neuves et pleines d'intérêt d'O. Müller, Gerhard, Brôndsted, dans la not. 16 s. c. l., fin du volume. (J. D. G.)

[3] Herodot. VIII, 55; Pausan. I, 27.

[4] Pausan. I, 26; Strab. IX, p. 606. *Cf.* Meursii Cecropia, cap. 21.

[5] Odyss. XIX, 33 sqq., *ibi* Schol.

base des intuitions semblables, où la nature et l'esprit ne sont point encore distingués; et la branche qui nous occupe actuellement se fonde en particulier sur un culte du feu et de la lumière. Plusieurs personnifications de cet ordre se rencontrent dans la généalogie, citée plus haut, de l'antique maison royale de l'Attique. Cécrops a pour épouse une certaine Aglaure, dont le nom exprime la clarté; une de leurs filles porte le même nom, que prend assez souvent Minerve elle-même [1]. Céphale et l'Aurore, Tithon et Phaëthon viennent ensuite, et, comme nous l'avons observé ailleurs [2], unissent les religions de l'Attique avec celles de l'île de Cypre. Mais on se tromperait beaucoup si l'on croyait que, soit en Cypre, soit en Attique, ces religions elles-mêmes aient toujours brillé d'une pure lumière. Il n'en fut point ainsi aux siècles antiques des Pélasges. Nous savons qu'à Salamine de Cypre un homme était immolé tous les ans en l'honneur d'Aglaure [3]. Pareillement, le mythe d'Aglaure, de Hersé et de Pandrose se donnant la mort de leurs propres mains [4], semblerait indiquer un caractère non moins terrible des cultes primitifs de l'Attique. Il est vrai que cette

[1] Ἄγλαυρος ou Ἄγραυλος. Les deux formes étaient également usitées à Athènes. *Voy.* Rhœr. ad Porphyr. de Abstin. II, 54, p. 198. D'autres établissent une distinction entre Agraule, fille de Cécrops, et Aglaure, fille d'Érechthée; par ex., Larcher, sur Hérodote, VII, 53, p. 471 sq. *Cf.* Meursii Lect. Attic. II, 13, p. 1816 Gronov.

[2] Liv. IV, chap. VI, art. I, p. 210 sqq. *ci-dessus.*

[3] Porphyr. *ubi sup.*, coll. Theodoret. Therap., lib. VII, p. 894, ed. Schulz.

[4] Hygin. fab. 166, p. 282; Poet. Astron. XIII, p. 446 sq. Staver.; Aristid. Panathen., p.118 Jebb., *ibi* Schol, t. III, p. 110 sqq. Dindorf.

tradition, examinée de plus près, pourrait bien aussi s'expliquer dans un sens symbolique, ainsi que nous nous en convaincrons plus loin.

Des cérémonies remarquables étaient célébrées à Athènes en l'honneur des filles de Cécrops. Aglaure avait un temple sur l'Acropolis, et la fête annuelle des purifications lui était consacrée [1]. Celle des Herséphories l'était pareillement à Hérsé, qui jadis, assure-t-on, avait séduit Hermès par sa beauté, dans une procession solennelle, et avait eu de lui Céphale, tige de divers autres génies de lumière [2]. Pandrose enfin possédait une chapelle attenante au temple de Minerve Poliade, où étaient soit un seul, soit plusieurs oliviers sacrés [3]. N'oublions pas qu'Aglaure et Pandrose avaient en outre à Athènes leurs mystères communs.

A tous ces rites, à tous ces attributs divers, viennent maintenant se lier les représentations des médailles athéniennes. On sait que les plus anciennes portent la tête de Pallas, le hibou, le croissant de la lune, et à côté un

[1] Les Plyntéries, τὰ πλυντήρια. *Voy.* Herodot. VIII, 53, *ibi* Wesseling.; et Meursius de Regib. Attic. I, 11, p. 1048 Gronov.

[2] Apollodor. III, 14, p. 354 Heyn.; Ovid. Met. II, 708 sqq. — On croit retrouver la scène de Hersé et Hermès sur les bas-reliefs du Parthénon. *Cf.* Bröndsted, Voyag. et rech. dans la Grèce, livrais. II, pl. 47, not. 14.   (J. D. G.)

[3] On l'appelait le Pandrosium. Sur l'olivier ou les oliviers sacrés, appelés μορίαι, ou encore ἀσταί et πάγκυφοι, *voy.* Apollodor. *ibid.*, p. 352; et Philochor. cité dans les Commentat. Herodot. I, p. 232. *Cf.* Meurs. Cecropia, 22, p. 942 Gronov.; — et le savant Mémoire sur les vases Panathénaïques par Bröndsted, Paris, 1833, p. 14 sqq.   (J. D. G.)

rameau d'olivier; d'autres, sous le hibou ont la diote, petit vase à deux anses, et tout près un cerf [1]. L'olivier, disent les anciens, donne la matière de la lumière; et la lumière, nous le savons, est l'essence de Minerve. Cette divinité, dans l'esprit de cette antique religion de la nature, dominante en Attique, était mise en rapport avec deux autres, Jupiter et Apollon. Jupiter est le ciel qui embrasse toutes choses; Apollon est le soleil; Minerve est la lune, ou plutôt le génie lumineux de cet astre [2]. Or, le cerf, attribut bien connu de Diane, était lui-même mis en rapport avec la lune dans les allégories de l'antiquité : à ce titre donc il appartenait aussi à Minerve [3]. En général le culte des planètes se retrouve presque à chaque instant dans les religions pélasgiques, et ce n'est pas sans raison que les anciens rattachent en particulier à ce sabéisme grec les *Skiraphies*, espèce de jeu de dés qui se jouait à certains jours, hors de la ville, près du temple de Minerve *Skirade*. Nul doute que ce jeu représentait originairement l'apparition et la disparition des cinq planètes [4].

[1] Eckhel D. N. V. II, 209 sq. *Cf.* Sestini *Descr. d. Stateri antichi*, tab. IX, n° 26, avec sa remarque, p. 109 sq.;—et nos pl. LXXXVII, 341 *a*; XCIV, 341 *b*, 341 *c*, coll. XCI, 410, avec l'explic.
(J. D. G.)

[2] D'où Zeus πολιοῦχος, Apollon πατρῷος, Athéné ἐπώνυμος ou patrone d'Athènes. *Cf.* Meursius, Lect. Attic. V, 5, p. 1889, et Ath. Attic. II, 12, p. 123 Gronov.

[3] Pl. XCIV, 341 *c*. Sur cette classe de médailles athéniennes appelées γλαῦκες, à cause du hibou, il faut consulter le Schol. d'Aristoph., Av., v. 1106, coll. Philochor. fragm. p. 83.

[4] Clearch. ap. Eustath. ad Odyss. I, v. 107, p. 28 Bas. Plus tard,

Les généalogies et allégories physiques développées plus haut se combinent à merveille avec ces allégories astronomiques dans le culte de Minerve et dans les vieilles traditions religieuses de l'Attique. Le nom d'Aglaure fait allusion à la splendeur des astres; Hersé et Pandrose étaient des personnifications de la rosée, soit de la nuit, soit du matin. Cranaüs, ce roi prétendu qui vient ensuite, représentait le sol aride de l'Attique, et l'on peut bien s'attendre à trouver aussi une Minerve *Cranaenne* [1]. Cependant Hersé et Pandrose abreuvent cette terre altérée, bienfait que rappelait la diote (vase à deux anses) placée auprès du hibou nocturne sur les médailles d'Athènes [2]; et le divin Hermès, épris des attraits de la fille du ciel Hersé, lui communique sa vertu génératrice et formatrice. C'est maintenant que le fils de la terre, Érichthonius, aux pieds de serpent, peut cultiver avec espoir le sol natal. Héphæstus ou Vulcain, son père, échauffe pour lui le sein de la terre dans les profondeurs de laquelle il réside, tandis que, du haut des cieux, les divinités lumineuses, dominatrices du soleil, de la lune et des planètes, Apollon, Hermès, Minerve,

---

ce jeu dégénéra, comme on le voit par Isocrate, Aeropag., cap. 18, *ibi* Bergmann, p. 143. Le brigand *Skiron* précipité par Thésée, rapproché de Héméra, la lumière du jour, ravissant Céphale, dans le Céramique d'Athènes (Pausan. I, 3), présente un contraste analogue. A l'épithète Σκιράς, donnée à Minerve (Strab. IX, p. 393 Cas.), se rattachent par une idée commune les *Skirophories*, fête de la déesse où les Étéoboutades portaient un parasol blanc (σκίρον), au mois *Skirophorion. Cf.* liv. VIII, sect. II, chapitre des Thesmophories.

[1] Pausan. X, Phocic., 34.
[2] Pl. XCI, 410; coll. XCIV, 341 c.

répandent sur ses champs et la lumière et la rosée. Mais il faut que plusieurs Érichthonius se succèdent sur la terre ingrate et stérile de l'Attique, pour qu'enfin triomphe la loi de Cérès. C'est seulement alors que l'on voit paraître divers personnages évidemment agricoles, et d'abord ce fameux *Bouzygès* qui, le premier, attela les bœufs à la charrue [1]. Un usage consacré perpétua la mémoire de ce héros : l'on traçait trois sillons autour d'un champ en invoquant son nom avec des cérémonies solennelles, ce qui montre son identité avec *Triptolème*, dont le nom, sous un point de vue, exprimait la même opération [2]. Les Athéniens rapportaient à Bouzygès diverses formules de malédiction contre la barbarie antique, et même des préceptes d'une morale sublime, par exemple celui-ci : « Faites à autrui ce que vous voudriez qui vous fût fait. » Aussi donnait-on encore à Bouzygès le nom d'*Épiménide* [3]. Ce héros, qui le premier accoupla les bœufs sous le joug, était aussi regardé, d'après une allégorie familière aux anciens, comme le fondateur de l'institution du mariage, comme celui qui le premier réunit les époux sous le joug de l'hymen. Bouzygès, Triptolème, Épiménide, ce sont là autant de personnifications mythiques, destinées à marquer les divers rapports et les degrés successifs de l'agriculture et de la vie sociale. Les premiers agriculteurs, aussi bien que les dieux dont ils descendaient, passaient pour de véritables sauveurs, dans

---

[1] Hesych., *v.* Βουζύγης, I, p. 748 Alb.
[2] Τρὶς πολεῖν.
[3] *Cf.* Creuzer. Orat. de Civit. Athen., p. 11, et not. p. 50, edit. sec.

le sens le plus étendu de ce mot. De même que Jacchus, pendant la défaite des Perses, apparut près d'Éleusis, au milieu des transports d'une solennelle allégresse; de même l'homme de la charrue, *Échetlus*, autre héros de l'agriculture, avait, dit-on, prêté son puissant secours aux Athéniens dans le combat de Marathon [1].

VIII. Athéné Héphæstoboula ou Hygie en rapport avec Pan, Esculape, et divers autres dieux de la médecine; Minerve-Medica.

Nous venons de voir Minerve, sous le point de vue agricole, environnée de trois compagnes entre lesquelles elle partage son pouvoir; elle en a trois aussi sous un point de vue médical, *Panacée*, *Iaso* et *Hygie*. A Oropos, qui d'abord appartint à la Béotie et ensuite à l'Attique, Pausanias dit avoir vu un autel du dieu Amphiaraüs jadis englouti dans le sein de la terre, autel dont une face était consacrée à Vénus, aux trois déesses de la santé, compagnes de Minerve, et à cette grande déesse elle-même surnommée *Pæonia*. Les quatre autres faces étaient dédiées à une série entière de divinités de la lumière, des eaux, de la terre et de la médecine, dont on peut voir l'énumération dans Pausanias [2]. L'une de ces divinités était Apollon *Pæon*, si rapproché d'Esculape [3]. Hermès

---

[1] En combattant avec la charrue (ἐχέτλη) dont il portait le nom (Ἔχετλος ou Ἐχετλαῖος, qui se trouvent l'un et l'autre dans Pausan. I, 15, coll. I, 32). Winckelmann (*Monumenti*, p. 75 de l'édit. allem.) et Zoëga (*Bassirilievi*, tab. 40, et l'explic., p. 304 de la trad. allem. de Welcker) le reconnaissent sur un bas-relief de la villa Albani.

[2] I, Attic. 34.

[3] *Voy.* liv. V, sect. I, chap. III, art. II *passim*, surtout p. 337, coll. 125, *ci-dessus*.

y figurait aussi à côté d'Amphiaraüs, dieu souterrain avec qui, sous son nom de Trophonius, il se trouve dans un rapport plus intime encore. Or, l'un des Esculapes passait pour frère d'Hermès-Trophonius [1]. Cette alliance d'Hermès et d'Esculape, c'est-à-dire de Cadmilus et d'Esmun, nous révèle le côté phénicien de ces religions béotiennes, tandis que le côté égyptien ressort dans une autre alliance, celle du même Hermès avec Pan également invoqué sur l'autel d'Oropus. Mais Pan lui-même avec Héphæstoboula, suivant les doctrines égyptiennes, avait donné le jour à Asklépius-Imouthès, l'inventeur de la poésie et le disciple d'Hermès [2]. Nous savons que l'Isis d'Égypte passait pour l'inventrice des médicamens, et qu'elle indiquait des remèdes, par le moyen de l'incubation dans ses temples, à ceux qui venaient implorer son secours [3]. L'incubation, nous l'avons vu ailleurs [4], était aussi employée dans l'antre de Trophonius, à Lébadée en Béotie; et Minerve à Athènes guérissait de même les malades par des songes. Dans les idées égyptiennes, selon Porphyre, la médecine dérivait naturellement d'Athéné, Esculape étant le génie de la lune, comme Apollon celui du soleil [5]. Iamblique, au contraire, plus fidèle à l'analogie qui existe entre ces deux

---

[1] Cic. de N. D. III, 22, p. 607 sq., coll. p. 612, ed. Creuzer.

[2] Hermes ap. Stob. Sermon. I, p. 930-932, et p. 1092, ed. Heeren. — *Cf.* nos Éclaircissemens sur le liv. III, p. 830, 833, 835, 856 du tom. Ier. (J. D. G.)

[3] Diodor. I, 25, *ibi* Wesseling.

[4] Éclaircissemens du tom. Ier, p. 562, coll. p. 329 *ci-dessus*.

[5] Porphyr. ap. Procl. in Plat. Tim. I, p. 49.

divinités, et se rapprochant davantage du dogme phénicien, ne séparait point Esculape de l'astre du jour[1]. Quoi qu'il en soit, si l'on réfléchit qu'en Grèce Pan avait un sanctuaire à la citadelle d'Athènes[2]; que, dans les antiques religions de cette ville, Minerve était considérée comme la mère d'Apollon, lui-même père d'Esculape[3]; qu'enfin cette déesse, dans les mêmes religions, était associée à Vulcain en qualité d'épouse, et surnommée *Boulæa*, c'est-à-dire la déesse du conseil[4]; on sera porté à penser avec nous que l'Héphæstoboula égyptienne, c'est-à-dire la Conseillère de Vulcain, épouse de Pan et mère d'Esculape, n'est autre que Minerve elle-même. Suivant la doctrine de l'antique Hermès, Pan, l'esprit du monde, s'unissant avec Athéné, l'esprit femelle de lumière, avait mis au jour Esculape, le dieu de la médecine et de la musique. De là peut-être encore cette Minerve *Musica*, armée de la Gorgone, dont les serpens répondaient aux accens de la cithare[5], pour exprimer sans doute que ces redoutables ministres du monstre, antique symbole de la matière rebelle, s'adoucissaient sous la main puissante de la déesse de la médecine et de la musique, au point de se soumettre à la salutaire harmonie de l'intelligence.

[1] Iamblich., *ibid. Cf.* liv. V, article indiqué.
[2] Pausan. I, 28.—*Cf.* notre pl. LXXXVII, 341 *h*, et son explication. (J. D. G.)
[3] Cic. de N. D. III, 22, p. 599 et 612. *Cf.* l'art. II, p. 714 *ci-dessus*.
[4] Cic. *ibid.*, et l'art. II de ce chapitre, *ibid.*, avec l'art. III du chap. I, p. 564 *ci-dessus*.
[5] Plin. H. N. XXXIV, 8, 19. — De l'épithète *Musica* on peut rapprocher le surnom ἀηδών, le rossignol, donné à Minerve en Pamphylie (Hesych. I, p. 121).

Quant au titre de Conseillère de Vulcain, il veut dire que le dieu du feu terrestre ne saurait agir sans le concours de cette suprême puissance ignée qui a produit le soleil, qui a donné leur lumière à la lune et aux étoiles. C'est Minerve qui, selon Pisandre, avait fait jaillir aux Thermopyles ces sources d'eaux chaudes dont Hercule fut recréé [1]. Vulcain, en effet, put en fournir les matériaux ; sa compagne céleste leur communiqua seule cette vertu salutaire. En Égypte, Phthas-Héphæstos, esprit mâle du feu, brûlant d'un éternel amour pour Neith-Isis, la lumière femelle, était censé co-exister avec elle dans toutes les parties de l'univers.

Voilà les origines de cette Minerve intimement unie à Esculape, et à qui les anciens Athéniens avaient élevé un autel sous le nom d'*Hygie* [2]. Une statue placée devant le Céramique la représentait aussi comme *Pæonia*, c'est-à-dire *Médicale* [3] ; et, sur la citadelle, se trouvait un temple d'Athéné *Salutaire* [4]. Non pas que ce dernier surnom ne soit employé souvent dans un sens général : mais il est certain que la reconnaissance de ceux qui rapportaient à la déesse la guérison de leurs maladies, l'invoqua fréquemment sous ce titre ainsi que sous d'autres non moins généraux [5]. Il est certain que les Égyptiens, dans

---

[1] *Cf.* liv. V, sect. I, chap. III, p. 348 et not. 3, *ci-dessus*.

[2] Aristid. in Min., t. I, p. 14 Jebb.; p. 22 Dindorf.

[3] Pausan. I, 2.

[4] Ἀθηνᾶς τῆς Σωτείρας. Lycurg. Orat. adv. Leocrat., cap. 6, *ibi* Coray, p. 48. Ce temple paraît avoir été commun à Jupiter, sous le titre analogue de Σωτήρ, et à Minerve.

[5] Par ex, ceux de Παλλάς et de *Memor. Voy.* Diogen. Laërt. in

la conception primitive de leur Isis-Neith, et les Phéniciens dans celle de leur Onka, avaient compris la puissance de guérir. Par une conséquence inévitable du système d'émanation qui se retrouve au fond de toutes les religions anciennes, cette puissance, d'abord conçue comme résidant au sein de la divinité suprême, et tout au plus représentée par une simple épithète, se personnifia bientôt à part et devint un génie propre, ayant une existence individuelle. Ainsi Pausanias vit dans un temple de l'Attique la statue d'une Hygie, fille d'Esculape, et tout à côté celle de Minerve surnommée Hygie [1]. Ainsi nous avons vu nous-mêmes dans l'article précédent, une Minerve-Aglaure, et une Aglaure fille de Cécrops. Minerve-Hygie n'était pas autre que la grande déesse qui présidait à la cité d'Athènes et répandait ses bienfaits sur cette ville du haut de l'Acropolis. Elle-même elle avait pourvu, par une cure miraculeuse, à l'achèvement du temple magnifique qu'elle y occupait [2]. Un bas-relief très remarquable, découvert à Athènes, nous offre la déesse dans l'exercice même de l'art de guérir. Armée du casque et du bouclier, elle étend sa main droite qui tient un bouquet de plantes médicinales, en face de trois infor-

---

vit. Aristot., § 16. *Cf.* entre autres, Paciaudi Monum. Peloponn. II, p. 158; Thorlacius, Prolus. Academ., p. 141 sqq.

[1] Pausan. I, 23.

[2] *Voy.* dans Plutarque (vit. Pericl., cap. 13, p. 29 Coray) l'anecdote de Périclès, guérissant son architecte Mnésiclès, par le moyen de l'herbe murale que Minerve lui avait indiquée en songe. Aussi cette herbe fut-elle appelée depuis *l'herbe de la Vierge* (Παρθένιον). *Cf.* Plin. H. N. XXXII, 17, 20, p. 272 Hard. — C'est, suivant Sprengel, le *Polygonum dumetorum* Linn.

tunés qui l'implorent, et qui sont affligés de trois infirmités différentes [1]. A Rome, Minerve fut également adorée sous le nom de *Medica* [2]. Elle avait en cette qualité un temple dans le quartier Esquilin, et on la trouve sur divers monumens avec des épithètes analogues et l'attribut caractéristique du serpent, symbole de la santé [3].

IX. Minerve-Ergané ou l'Ouvrière, déesse du travail, inventrice et protectrice des arts, particulièrement de l'art des tissus; point de vue supérieur de cet ordre d'idées; Minerve-Pacifique, représentations figurées.

Sur l'autel d'Amphiaraüs, Vénus, ainsi qu'on l'a vu au commencement du précédent article, était associée à Minerve-Hygie et à ses compagnes. Parmi les images des dieux révérés à Thespies, ce sanctuaire de l'Amour chez les Béotiens, Pausanias énumère successivement celles de Dionysus, de Tyché ou la Fortune, d'Hygie, d'Athéné-Ergané et de Plutus [4]. C'est une chaîne d'allégories dont le sens frappe les yeux les moins exercés: la nature, le bonheur, la santé, une sage activité et la richesse. De même Proclus, dans son hymne à Minerve [5], implore de cette déesse la santé d'abord, puis les autres biens qui

---

[1] Pl. XCII, 352.— Cette explication, comme à O. Müller (*Archæol.*, p. 487), nous paraît fort douteuse. *Cf.* l'Explicat. des pl., n° cité.
(J. D. G.)

[2] Cic. de Divin. II, 59, *ibi* Creuzer.; Ovid. Fast. III, 809, 827 sq.

[3] *Cf.* Gudii Inscript., p. LI, n°s 5, 7; Montfaucon, Diar. Ital., cap. VIII, p. 122; Paciaudi II, p. 156 sq.; Thorlacius, p. 140 sqq., 146; — et notre pl. XCII, 346, où Minerve semble se présenter à la fois comme *Polias* et comme *Hygie* ou *Hygiée*. (J. D. G.)

[4] Pausan. IX, 26.

[5] V. 43 sqq.

CH. VIII. PALLAS-ATHÉNÉ OU MINERVE. 771

entretiennent et embellissent la vie. *Athéné-Ergané* était la protectrice de tous les travaux qui exigent de l'adresse, et l'inventrice des arts[1], particulièrement à Athènes et à Samos[2]. Le nom d'*Ergané* exprima d'abord le travail lui-même, la tâche journalière, et paraît s'être appliqué primitivement, comme épithète de Minerve, à la protection spéciale que cette déesse était censée accorder aux occupations des femmes[3]. Sous ce point de vue, le coq lui était consacré: quand le chant de cet oiseau annonce le retour de l'aurore, il nous appelle tout à la fois au culte de Minerve-Ergané et de Mercure-Agoræus, c'est-à-dire aux travaux de l'industrie et du commerce[4]. Cette industrieuse Minerve apparut d'abord en Grèce, dans les contrées qu'habitèrent les Telchines et les Dédales, dans les îles de Rhodes et de Samos, et dans la cité d'Athènes. Il va sans dire qu'alors elle avait visité des long-temps l'Égypte et la Phénicie, où les arts avaient pris naissance. Là fut le premier esprit, le premier maître et le premier écrivain, Thoth-Hermès, ministre de Neith-Isis, qui, comme lui, communique sa puissance à divers

---

[1] Photii Lex. gr. v. Ἐργάνη. Coray (ad Ælian. V. H. 1, 2, p. 283) lisant Ἐργάτιν ἕτεροι λέγουσιν, à l'article suivant, en tire la forme Ἐργάτις également usitée, et le rattache au précédent.

[2] Suidas in Ἐργ., vol. I, p. 850 Kust.

[3] Hesych. s. v., I, p. 1417 Alb., *ibi* Hemsterh. ex Clem. Alex. Pædag. III, 4, p. 269, coll. Pausan. I, 24.

[4] Plutarch. Conviv. Disp. III, 6, p. 666 Wyttenb. Le coq surmontant le casque d'une Minerve à Élis est expliqué dans ce sens par Pausan. VI, Éliac. (II). 26. — Il se trouve fréquemment, comme emblème des combats et de l'activité guerrière, aux côtés de la déesse, sur les vases de prix Panathénaïques. *Voy.* notre pl. XCIV, 342.   (J. D. G.)

49.

génies du travail et des arts. Elle-même, nous venons de le voir, en qualité d'Héphæstoboula, elle est le génie et le conseil de Vulcain, surnommé Dédale [1] et chef des Dédalides de la Crète et de l'Attique. Minerve, suivant une tradition, avait instruit Dédale, et les Dédalides lui rendaient des honneurs à Samos et à Athènes [2]. Longtemps auparavant, elle avait inspiré les Telchines, les premiers de tous les artistes. Avec eux commença pour l'humanité une nouvelle période. Ils mirent à mort Apis, c'est-à-dire que le culte des animaux dut céder à celui des idoles d'airain. Et pourtant c'est des animaux qu'ils apprennent les procédés des arts. Le plongeon leur enseigna la structure et l'usage des vaisseaux à rames. En effet, l'esprit inventeur est né du principe de vie qui réside au sein des eaux : Minerve elle-même ne se cache-t-elle pas sous le symbole du plongeon [3]? Cette déesse, à Égine et ailleurs, présidait à la navigation; le sacré Palladium, son image, décorait les proues des vaisseaux [4]. Sur la terre de Cécrops, Athéné transmettait son pouvoir à une race entière de génies et de héros de l'agriculture en même temps que de la médecine; cette dernière attribution se perpétuait ensuite dans une famille d'enfans d'Esculape. Mais, d'un autre côté, le premier fils de

---

[1] C'est l'inscription qu'il porte sur le curieux vase représenté pl. CXLII, 275.

[2] Hygin. fab. XXXIX, p. 101 sq. Staver. *Cf.* Müller, Æginet., p. 97.

[3] Etymol. M. v. Αἴθυια, *Fulica*, le plongeon, et l'une des épithètes de Minerve. *Cf.* Lycophron., v. 359, p. 88 Bachmann, et Tzetz. Schol. ad *h. l.* (J. D. G.)

[4] Aristoph. Acharn., v. 546, *ibi* Schol. *Cf.* Millin, Descript. des Tomb. de Pompeï, p. 90, et pl. VII, 1 et 4.

l'Attique, le mystérieux Érichthonius, aux pieds de serpent, inspiré de Minerve, avait inventé le char à quatre chevaux, bienfait en mémoire duquel il fut placé au nombre des constellations célestes, sous le nom de Cocher[1]. D'autres rapportaient cette utile invention à Minerve elle-même[2], ce qui est tout-à-fait conforme à l'antique doctrine de l'émanation, selon laquelle l'acte d'une puissance première se personnifie continuellement dans une puissance individuelle et secondaire. Ainsi encore, à en juger par certains passages des anciens, il semble qu'à côté de Minerve-Ergané ait existé une déesse *Ergané*, considérée à part, et à laquelle, entre autres services rendus aux mortels, on faisait hommage de l'art de tisser[3]. Tout de même, ici se représente cette grande opposition, cette lutte qui nous a paru caractéristique dans le culte dont il s'agit. Nous avons vu, sous l'aspect astronomique, une Pallas et une Iodamie, d'abord dévouées et bientôt contraires à la déesse : ici c'est Arachné qui répond par l'orgueil aux bienfaits dont l'avait comblée Minerve, et trouve sa perte dans son orgueil[4]. C'était là sans doute un mythe antique de la Phrygie et de la

---

[1] Ἡνίοχος, *Auriga*. Eratosth. Cataster. 13; Hygin. poet. Astron. II, 13; Virgil. Georg. III, 113, *ibi* interpret.

[2] Cic. de N. D. III, 23, p. 624 sq. — *Cf.* les figures du fronton occidental du Parthénon, parmi lesquelles se voit Minerve domptant le premier couple des coursiers créés par Neptune, et les assujettissant au joug; Érichthonius accompagne la déesse. Monum. de l'art antique par O. Müller et Ch. Oesterley, 1re suite, pl. XXVII, 121. (J. D. G.)

[3] Ælian. V. H. I, 2; coll. H. A. I, 21.

[4] Ovid. Metam. VI, 5 sqq.

Lydie, par où vinrent aux Grecs les précieux tissus fabriqués à Babylone et dans le reste de la Haute-Asie. La Phénicie et l'Égypte des Pharaons possédaient le même art depuis un temps immémorial, et il est certain que cette dernière contrée honorait sa Neith comme en ayant été le premier auteur [1]. Comment donc, surtout quand Samos, d'autres îles et Athènes, où Ergané fut d'abord adorée, entretenaient un commerce si ancien avec l'Égypte et la Phénicie, comment pourrait-on avancer que cette attribution de l'habile ouvrière en tissus ait été donnée à la déesse dans les temps postérieurs [2] ? N'en doutons pas: dès l'origine, cette attribution joua un grand rôle dans la religion d'Athéné; elle y reçut même un sens profondément symbolique; nous en trouverons par la suite des preuves nombreuses et décisives. En attendant, qu'il nous suffise de citer la Minerve *Machanitis* d'Arcadie, ainsi surnommée, dit Pausanias [3], parce que cette déesse avait imaginé toute sorte de procédés et d'artifices. Elle s'appela d'abord dans le même sens la déesse de la *sagesse*, alors que ce mot comprenait tous les arts, toutes les habiletés du corps [4]. C'est que la conception primitive de l'Orient, passée dans la religion naturelle des anciens Grecs, présentait Minerve comme le principe du feu, de la lumière et de l'esprit. Associée à Vulcain

---

[1] *Voy*. Creuzer. Commentat. Herodot. I, § 4, p. 46 sqq.;—Champollion le jeune, Panthéon égyptien, explication de la planche 6 *ter*.
(J. D. G.)

[2] C'est ce qu'a fait O. Müller, Æginet., p. 97, not. x.

[3] VIII, Arcadic., 36.

[4] Dionys. Perieget., v. 432, où σοφί est expliqué par Eustathe, ἐργάνη.

et à Mercure ou Hermès, elle avait en commun avec ce dernier les attributs du bélier, du coq et du serpent; plus tard même ces deux divinités se réunirent dans le groupe idéal de l'*Hermathène*, analogue à l'Hermaphrodite [1].

Les principales fonctions de Minerve-Erganè sont parfaitement résumées dans le passage suivant d'Artémidore [2] : « Minerve est favorable aux artisans, à cause de son surnom de l'Ouvrière; à ceux qui veulent prendre femme, car elle présage que cette femme sera chaste et attachée à son ménage; aux philosophes, car elle est la sagesse née du cerveau de Jupiter. Elle est encore favorable aux laboureurs, parce qu'elle a une idée commune avec la terre; et à ceux qui vont à la guerre, parce qu'elle a une idée commune avec Mars. » Ainsi Minerve-Erganè, dans le plus grand développement de ses attributions, a sous sa garde tous les artisans et tous les artistes en tout genre [3]. Voilà pourquoi, dans un hymne en l'honneur d'Athéné, un Orphique l'invoque comme la mère bienfaisante des arts; et à la fin, lorsqu'il lui demande la paix, la santé et le bonheur, il y revient encore et la nomme l'Inventrice des arts [4]. Ces idées et ces vœux nous rappellent les statues symboliques de Thespies, que nous citions d'après Pausanias, en commençant cet article. On voit aussi que la Minerve *Pacifique*, ordinairement repré-

---

[1] *Cf.* chap. VI, p. 690 *ci-dessus.*
[2] Oneirocrit. II, 35, p. 126, p. 204 Reiff.
[3] *Cf.* Graevii Lect. Hesiod., cap. X, p. 558, ed. Lösner (ad Hesiod. Op., v. 430); Lambin. ad Horat. art. poet., p. 407 et 456.
[4] Hymn. Orphic. XXXII (31), v. 8 et 14 sqq.

sentée avec un flambeau renversé et sans lance, rentre dans la même conception générale [1]. Minerve-Ergané se révèle également à nos regards dans quelques monumens de la sculpture que l'on trouvera gravés dans nos planches [2].

X. Minerve Coryphasia, Coria et les Corybantes, ou la vierge pure et purifiante, née de la tête de Jupiter; mythe de Céphale et de l'Aurore, ou Procris, et autres analogues; rapports d'Athéné-Cora avec Apollon, Artémis, Proserpine et les Corybantes.

Nous avons vu que le point du jour, ainsi que le coq, était consacré à Minerve. Or, dans la généalogie allégorique déjà commentée plus haut, nous trouvons la déesse environnée d'un chœur de personnages où figurent des conceptions tout-à-fait analogues. Entre celles-ci est Céphale, fils d'Hermès et de Hersé, la rosée de la nuit, lequel s'unissant à l'Aurore met au jour Tithon, père de Phaëthon [3]. Les noms seuls porteraient à penser qu'au fond Céphale et l'Aurore ne sont qu'une reproduction de Cécrops et d'Aglaure. Ce qu'il y a de certain, c'est que *Céphale* est un homme, un héros *de la tête*, et cette tête dont il s'agit ne peut être qu'une tête sidérique, atmosphérique et physique. Céphale apparaît au faîte des cieux, et l'Aurore, le point du jour, s'unit à lui. Il est donné encore pour le fils de Déion et de Dioméde [4]. Sans

---

[1] Pl. XCIII, 350, avec l'inscription Ἀθηνᾶ Εἰρηνοφόρος, coll. 350 *a*.

[2] CXCVIII, 639, coll. CLXX, 639 *a* (elle est ici associée à Hermès); CXLI, 546 (ici à Vulcain); XCV, 351, avec l'explication.

(J. D. G.)

[3] Apollodor. III, 14, p. 354 Heyn. *Cf*. liv. IV, chap. VI, art. I, p. 210 sq. *ci-dessus*.

[4] Apollodor. I, 9, 3; III, 15, 1, p. 365.

rechercher le sens intime de ces noms, nous apprenons par un auteur que Déion n'est autre qu'Hermès [1]. Alors, en suivant l'analogie, Procris, autre épouse de Céphale, devrait être identique avec l'Aurore. Toute cette allégorie religieuse a pour base le combat de Minerve et de Neptune, d'Athéné et de Poseidon-Érechthée; car nous savons que tel était le surnom de ce dieu à Athènes [2]. C'est du sein des eaux que se lèvent les étoiles, et Procris est en effet la fille d'Érechthée. Mais ces étoiles, ces déesses lumineuses, qui devancent et annoncent le jour, appartiennent à Minerve aussi bien qu'à Neptune. L'antique querelle est conciliée, et l'olivier prend place dans l'Érechthéum, près du lac d'eau salée [3].

Dans la description des peintures du Lesché de Delphes, Pausanias dit qu'auprès de Thyia, amante de Neptune, on voyait Procris, fille d'Érechthée, et après celle-ci Clymène, mais lui tournant le dos. Cette Clymène était fille de Minyas, fut mariée à Céphale, fils de Déion, et lui donna Iphiclus, lorsque Procris, sa première femme, eut péri de la main de son époux [4]. Phaëthon, petit-fils de Céphale, est aussi donné comme le petit-fils du Soleil et le fils de *Clymenus*, c'est-à-dire de *celui qui*

---

[1] Hygin. fab. CCXLI, p. 350 Staver. — Tel n'est pas précisément le sens du texte (*Cephalus Deionis sive Mercurii filius*), d'où il résulte que cette assimilation et la suivante sont un peu hasardées.
(J. D. G.)

[2] Hesych. *s. v.* Ἐρεχθ. *Cf.* l'art. I *ci-dessus*.

[3] L'*Erechtheum* était un autre nom du temple de Minerve-Poliade. *Cf.* pl. XCIII, 339, et la not. 16 s. c. l., fin du vol. (J. D. G.)

[4] Pausan. X, Phocic., 29. *Cf.* Verheyk ad Antonin. Liber. XLI. p. 272 sq.

règne sous la terre, ainsi que l'appelait l'antique Lasus d'Hermioné dans un de ses hymnes[1]. Céphale est donc placé entre le royaume de la nuit et celui de la lumière, entre Clymène et Procris. Et, en effet, dans une autre représentation, Héméra ou le Jour paraissait enlevant le beau Céphale[2]. Quant à l'histoire de Céphale et de Procris, elle n'est pas moins significative, telle surtout que l'avait rapportée Phérécyde dans sa primitive simplicité. Après avoir éprouvé la fidélité de son épouse, qu'il était venu trouver sous un travestissement, paré et portant des flambeaux dans ses mains, tous les jours Céphale se rendait sur la cime des montagnes. A son tour, Procris est en proie à la jalousie, surtout quand elle apprend que chaque fois il appelle une certaine Néphélé. Elle veut s'en convaincre par elle-même, se cache sur la montagne, et elle entend en effet celui qu'elle croit infidèle s'écrier : O Néphélé, viens à moi! mais à l'instant la jalouse Procris tombe sous la propre flèche de son époux[3]. Céphale avec sa parure et ses flambeaux est le soleil du matin que ravit l'Aurore, qui aspire aux faveurs de Néphélé ou de la Nue, et qui, vers le soir, s'unit avec la reine de la nuit, Clymène; mais déjà la belle Procris ou l'Aurore a péri sous ses flèches, c'est-à-dire sous les rayons du soleil ascendant. Un trait qui complète l'allégorie, c'est que Céphale, dit-on, fut le premier qui se précipita du ro-

---

[1] Hygin. fab. CLIV, p. 266 Staver.; Athen. X, p. 170 Schweigh. *Cf.* liv. VIII, sect. I, chap. II, tome suivant.

[2] Pausan. I, Attic., 3. — *Cf.* notre pl. LXXXI, 335, avec l'explication. (J. D. G.)

[3] Pherecyd. fragm., p. 116 sq. ed. sec. Sturz.

cher de Leucade [1]. Le soleil, en effet, se couche pour les Grecs derrière les montagnes de cette île occidentale, aujourd'hui Sainte-Maure.

Maintenant nous pouvons comprendre les causes naturelles de l'épithète de *Coryphasie*, donnée à Minerve, et le côté naïf du mythe qui fait naître cette déesse de la tête de Jupiter. Rappelons-nous seulement que l'intuition mythologique en général voit dans les astres, les montagnes, les fleuves et les mers autant de divinités vivantes. Minerve est l'esprit de lumière et de vie qui réside dans le soleil et dans la lune. Ces deux flambeaux du jour et de la nuit, dieux l'un et l'autre, sortent du sein de la mer et se lèvent à nos yeux sur le sommet des montagnes. Jupiter, le corps vivant de la nature, non-seulement a son trône sur la cime des monts, mais encore, dans les cultes locaux des diverses contrées, il se transforme en une montagne sacrée [2]. Le soleil et la lune, dans leurs différentes positions, se reproduisent sous autant de personnifications différentes. C'est ainsi que nous trouvons une *Coryphé*, fille de l'Océan, de laquelle Jupiter eut la quatrième Minerve [3]. Cela veut dire que du corps de la nature, Jupiter, que du faîte de la montagne sacrée qui la représente, semblent naître le soleil et la lune, et avec eux Minerve, le principe de lumière qui luit et brille en eux. Voilà notre déesse naissant du sommet ou, ce qui est la même chose, de la tête de Jupiter [4]. La première

[1] Ptolem. Hephæst. ap. Photii Bibl. Cod. CXC.
[2] *Cf.* chap. I, art. IV, p. 576 sqq., 583 *ci-dessus*.
[3] Cic. de N. D. III, 23, p. 624, *ibi* Creuzer.
[4] Ἐκ Διὸς κορυφῆς ou κεφαλῆς, Hesiod. Theogon. 923; Hom. Hymn.

expression de cet hiéroglyphe astronomique produisit, sous le prisme de l'épopée naturelle, la nymphe *Coryphé;* la seconde engendra le beau *Céphale*, ce guerrier plein d'ardeur, dont les flèches, c'est-à-dire les rayons, percent à travers la nue (*Néphélé*), qui les avait obscurcis un instant, comme Athéné radieuse et brandissant sa lance fait éruption du cerveau de son père, en dissipant les ténèbres et toutes les impures vapeurs. Les anciens Crétois prétendant que la déesse était née dans leur île, se représentaient sa naissance sous une image exactement semblable et d'une simplicité tout-à-fait naïve. Minerve, disaient-ils, était cachée dans un nuage épais; Jupiter rompit la nue et la déesse parut à la lumière [1]. Ce phénomène se répétait chaque jour sur toutes les montagnes de la Grèce : il put donc s'opérer tout aussi bien sur le promontoire *Coryphasium*, en Messénie, d'où l'on veut que Minerve ait pris son surnom de *Coryphasie* [2]. Les montagnes sont divines, elles sont la divinité même, du faîte de laquelle s'élancent des héros et des héroïnes sidériques qui parcourent la carrière des cieux et en font le théâtre de leurs exploits guerriers. Leur corps est une émanation de l'eau; leur vie et leur force découlent de Jupiter, la vie universelle; leur lumière et leur intelligence procèdent d'Athéné. Voilà pourquoi Coryphé est

---

in Min. XXVII, 5; in Apollin., v. 309. *Cf.* Næke ad Chœril. Sam., p. 142; Hermann et Creuzer, *Homer. Brief.*, p. 203; Hermann, *über das Wesen der Mythol.*, p. 115.

[1] Schol. Pindar. Olymp. VII, 66.

[2] Pausan. IV, 36, coll. Næke ad Chœril., p. 143.

CH. VIII. PALLAS-ATHÉNÉ OU MINERVE. 781

appelée fille de l'Océan ou de Poséidon [1]; pourquoi un autre mythe introduit Palémon, dieu marin, fendant la tête de Jupiter, afin que Minerve soit produite au jour [2]. Jupiter lui-même n'est-il pas le principe de la vie corporelle qui réside au sein des eaux; et Athéné Tritogénie ne doit-elle pas naître des ondes ou près des ondes du lac Triton, du *lac de la tête*[3], pour que les planètes et le soleil entre autres puissent, à leur tour recevoir d'elle la lumière et la direction? Il y a plus, c'est que sous un point de vue entièrement physique, *Métis*, ou la déesse du conseil[4], était considérée comme la profondeur impénétrable des eaux primitives. Mais cette divine Métis ne demeure point à jamais ensevelie sous les eaux. Lumière ou intelligence cachée, elle se révèle dans une fille ardente, belliqueuse et législatrice. Cette fille est Minerve Coryphasie. Ces allégories si antiques et si riches de sens se présentent dans leur développement sous toute sorte d'aspects, naïvement corporels, physiques, moraux et spéculatifs. Le peuple d'Athènes songeait à Céphale, à

---

[1] Harpocration. *v.* Ἱππία Ἀθηνᾶ, coll. Cic. de N. D., *l. l.*

[2] Schol. Pind., *ibid. Cf.* Hemsterh. ad Lucian. Dial. Deor., t. II, p. 275 Bip. — Ce *Palæmon* n'est pas autre que *Palamaon*, *l'adroit des mains*, dont il est question chez Pindare, à l'endroit cité, c'est-à-dire Héphæstus ou Vulcain, appelé encore *Dædalos*, *l'habile ouvrier*. Ailleurs c'est Prométhée ou Hermès qui remplissent cette fonction. *Cf.* Welcker, *Æschyl. Trilogie*, p. 279. (J. D. G.)

[3] *Cf.* art. I, p. 712 *ci-dessus.*

[4] *Consa*, analogue à *Consus*, le même que Neptune (chap. III, p. 638). Sur *Métis*, mère mystique de Minerve et son prototype idéal, nommée aussi *Thémis*, il faut voir les mythes divers cités par Ruhnken, dans son Epist. Crit. I, p. 100 sq. (p. 185 ed. Lugd. Bat. 1808). *Cf.* Welcker, p. 278. (C.R et J. D. G.)

Phaëthon, à Minerve mère du Soleil, quand il apercevait sur ses montagnes l'astre de Jupiter, et que brillait sur leurs sommets le soleil du matin. Les habitans de la Messénie se rappelaient Minerve Coryphasie et la nymphe Coryphé, quand sur les hauteurs du Coryphasium ils voyaient luire l'astre du jour, la lune et les étoiles. Ils révéraient pieusement la lumière virginale et incorruptible, principe de toutes ces lumières. Les Arcadiens adoraient avec les mêmes sentimens leur Minerve *Coria*, c'est-à-dire vierge pure, dont le temple était situé sur le sommet d'une montagne [1].

Peu à peu, lorsque Jupiter eut été complètement personnifié, se formèrent les conceptions les plus diverses, relativement à la naissance de Minerve, les uns prétendant qu'elle avait eu une mère, soit Métis, soit Thémis; les autres, qu'elle était sans mère, et que Jupiter l'avait engendrée de lui-même [2]. Il serait long et superflu de rapporter ici toutes les différentes interprétations que les philosophes grecs donnaient de cette naissance, toujours plus ou moins miraculeuse [3]. Nous en citerons deux seulement, qui sont propres à marquer les deux termes extrêmes, entre lesquels toutes les autres peuvent trouver place. Selon le stoïcien Chrysippe, Minerve était la pa-

---

[1] Pausan. VIII, 21, *fin.*, coll. Creuzer. ad Cic. de N. D., *l. l.*, p. 624-626.

[2] De là l'épithète de ἀμήτωρ donnée à la déesse, et celle de αὐτοτόκος à son père. Euripid. Phœn. 670, *ibi* Schol. et Valcken.; Nonni Dionys. VIII, 81; XXVII, 62. *Cf.* Wesseling. Observ. lib. II, cap. X, p. 177 sqq.

[3] Les principaux passages sont indiqués dans 'es Meletem. I, p. 45, coll. Creuzer. ad Cic. de N. D. I, 15, p. 71.

role raisonnable, émanée de la bouche de Jupiter, et le mythe expliqué de la sorte n'était encore pour lui qu'une allégorie de la pensée humaine, élaborée dans les profondeurs de l'âme et produite au-dehors par la parole[1]. Ainsi ce philosophe regardait les mots *sommet*, *tête*, employés dans la fable, comme des figures poétiques. Galien, au contraire, s'attachant à ces mots, prétendait trouver dans sa physiologie leur véritable sens et celui de la fable entière. La connaissance, disait-il, après avoir été conçue dans les parties inférieures du corps, prend sa maturité dans la tête et surtout dans le sommet de la tête, dans la plus profonde cavité du crâne[2]. Un autre physicien complète cette interprétation, en voyant dans Vulcain qui assiste Jupiter en travail, cette plus subtile évaporation du sang, qui, par le moyen des veines et des artères, met en action la tête et oblige le cerveau de produire les idées, c'est-à-dire d'enfanter Minerve[3].

Philostrate nous a laissé, d'un tableau qui représentait la naissance de Minerve, une description beaucoup plus poétique que les explications des philosophes. On y voyait Jupiter respirant profondément, mais avec joie, comme un homme sorti heureux d'une lutte pénible,

---

[1] Chrysipp. ap. Galen. de Hippocrat. et Platon. placit. III, 8, p. 273 sq. Bas., p. 130 sq. ed. Charter. — Là sont rapportés des vers de la Théogonie d'Hésiode, sur Métis et sur la naissance de Minerve, qui forment une double variante, extrêmement remarquable, du passage de ce poème que nous avons encore sur le même sujet. *Cf.* Ruhnken et Welcker, déjà cités, et Heyne ad Apollodor. I, 3; 6. (J. D. G.)

[2] Galen., *ibid.*

[3] Ap. Creuzer. Meletem. I, p. 43.

mais immortelle. Il contemple l'enfant de son cerveau et se félicite sur sa naissance. Du reste nous ne rappelons cette description qu'on peut lire tout entière dans l'auteur même [1], que parce qu'elle fait allusion à une promesse qui avait précédé la venue de Minerve au monde. Hélios ou le Soleil avait annoncé aux habitans de Rhodes et d'Athènes, que ceux-là posséderaient à jamais la déesse nouvellement née, qui, les premiers, lui offriraient un sacrifice. Les Rhodiens se hâtèrent davantage, mais ils oublièrent le feu; tandis que Cécrops, à Athènes, fit fumer l'autel de Minerve. Pallas habita donc chez les Athéniens comme chez les plus sages. Cependant Jupiter fit descendre Plutus dans un nuage d'or sur la cité des Rhodiens, parce qu'ils avaient également rendu hommage à sa fille. Aussi voyait-on dans le tableau décrit par Philostrate, le dieu de la richesse, sous la forme d'un génie ailé et resplendissant de l'éclat de l'or, planant les yeux ouverts au-dessus de la citadelle de Rhodes [2]. On reconnaît dans ce tableau et dans le mythe qui l'explique, des allusions évidentes au culte antique rendu par les Rhodiens à Minerve et au Soleil [3]; à la beauté de leur

---

[1] Icon. II, 27, p. 852 sq. Olear; — p. 96 Jacobs et Welcker, avec leurs remarques, p. 543 sqq.

[2] Philostrat. ibid., coll. Schol. Pindar. Ol. VII, 71.

[3] *Voy.* art. IV, p. 732 *ci-dessus.* Les principales familles de Rhodes avaient la prétention de descendre des Héliades, et par elles de Hélios. On y célébrait des Jeux du Soleil, Ἀλίων ou Ῥοδοναλείων ἀγῶνες. *Cf.* Cic. de N. D. III, 21, *ibi* annot., p. 595-598 Cr. — Les cultes de l'île de Rhodes ont été l'objet de recherches spéciales, dont nous avons déjà parlé (*ibidem*), et sur lesquelles nous reviendrons plus d'une fois dans la suite. (J. D. G.)

climat, aux avantages naturels de leur sol, et à l'habileté avec laquelle ils surent profiter de l'heureuse situation de leur île. Mais primitivement toute cette allégorie était dérivée des intuitions naturelles de la lumière, du soleil et de leurs bienfaits. Une pluie d'or éclate sur l'île de Rhodes, parce que Jupiter sait gré à ses habitans d'avoir reconnu la divinité de Minerve : c'est-à-dire que la lumière vivifiante et fécondante du soleil est une émanation de la pure lumière de Pallas. Cette déesse s'élance avec des armes d'or de la tête de son père, elle est elle-même appelée *Chrysé* (*Aurea*), pour exprimer son essence intelligible, immatérielle et sans tache [1].

C'est pour la même raison que Minerve portait le nom de *Coré* ou *Cora*, la jeune fille, la vierge pure [2]. Sur le promontoire de Brasies, en Laconie, Pausanias vit trois petites statues de bronze, qui n'avaient pas plus d'un

---

[1] Proclus in Plat. Cratyl., p. 25 Boisson. Indépendamment de l'épithète générale de χρυσῆ, la Minerve de Rhodes avait parmi ses noms celui de Χρύση. *Cf.* Meletem. Creuz. I, p. 24; — et *ci-dessus*, p. 735. On sait que la naissance de Minerve et sa première apparition parmi les dieux avaient été sculptées par Phidias, au fronton oriental du Parthénon, d'après la description de l'hymne homérique XXVIIIᵉ (Pausan. I, 34). Elles sont également représentées sur des vases du plus vieux style, sur des patères, des bas-reliefs et des pierres gravées. *Voy.* notre pl. XCIII, 337, coll. XCII, 336, avec l'explication. (J. D. G.)

[2] On a révoqué la chose en doute et l'on a contesté ce nom à Minerve, même comme simple épithète (Tib. Hemsterh. ad Polluc. IX, 6, 74, p. 1074); mais *voy.* Aristoph. Thesmoph. 1147-1150; Galen. lib. laud. III, 8, p. 274; et le Thesaur. ling. gr. de H. Est., ed. Valpy, I, 3, p. 295, où l'Athéné-*Coria* est justement rapprochée.

pied de haut et qui étaient coiffées du piléus. Il ne peut nous dire si on les appelait *Dioscures* ou *Corybantes ;* tout ce qu'il sait, c'est qu'elles étaient au nombre de trois et qu'une quatrième représentait Minerve [1]. Déjà nous avons remarqué que, d'après une généalogie, les Corybantes passaient pour fils du Soleil et de Minerve. Nous savons que cette déesse, à Athènes, était regardée comme la mère d'Apollon, et nous avons vu un Apollon appelé fils de *Corybas* [2]. Maintenant nous allons voir Minerve *Coryphasie* et *Cora* en rapport avec Apollon, avec Diane et avec Proserpine ; ou, en d'autres termes, les trois vierges, les trois *Corés*, dans leur mutuelle relation [3]. Nous allons voir aussi comment les trois *Corybantes* ou *Curètes* se rattachent à Minerve, à leur père commun Jupiter et à leur fils Apollon. Laissons parler les anciens interprètes. « De même, est-il dit, que le royal Apollon, dans la simplicité de son idée, est en connexion avec le Soleil ; de même Athéné tirant de lui son essence, étant son idée accomplie, lie en un tout unique, avec ce roi de l'univers, avec le Soleil, les dieux qui roulent autour de lui. C'est elle qui distribue la vie incorruptible et pure, depuis le point culminant du ciel, à travers les sept sphères, jusqu'à la lune, astre qui, se trouvant le dernier des corps sphériques, est pénétré d'intelligence par la déesse. Par elle, la lune contemple d'un côté les

---

[1] Pausan. III, 24. *Cf.* liv. V, sect. I, chap. II, art. IV, p. 309 *ci-dessus*.
[2] Liv. IV, chap. IV, p. 120, not. 4.
[3] Les rapports de Proserpine avec Minerve seront l'objet de développemens approfondis dans le liv. VIII, sect. I, tome suivant.

essences intelligibles qui sont au-dessus du ciel, et d'un autre côté décorant de formes idéales la matière qui est au-dessous d'elle, l'épure de tout ce qu'elle avait d'animal, de confus et d'irrégulier [1]. » Maintenant, dans cet œuvre d'union et de purification apparaissent les Curètes et les Corybantes, qui, au nombre de trois, comme nous l'avons vu, sont associés à Pallas-Athéné, en qualité de satellites et de ministres. « Les Curètes, dit un autre philosophe, sont les modèles primitifs de tout mouvement bien ordonné. Ils ont pour adversaires les Titans, types de la multiplicité et du désordre. Voilà pourquoi les Titans déchirent Bacchus enfant (c'est-à-dire que, par le soulèvement des puissances terrestres, se dissout et périt ce principe d'unité que la nature physique ou Bacchus devait à Jupiter son auteur). Mais intervient Pallas, la vierge divine Athéné, l'intelligente formatrice des mœurs, qui sauve et porte au sein de Jupiter, son père et celui de Bacchus, le cœur encore palpitant du jeune Zagreus (c'est-à-dire qu'elle recueille dans l'éternelle unité créatrice le germe de la vie multiple de la nature). Non-seulement Orphée et Platon parlent de l'ordonnance formée par les Curètes, mais encore ils citent la souveraine Minerve comme leur unité véritable; car c'est d'elle que toute l'ancienne théologie fait dépendre ces êtres.... d'elle, la reine de la vie toujours florissante, et de l'idée élevée à sa plus haute puissance. En effet, les suprêmes Curètes ne sauraient appartenir qu'à la déesse intelligible; ils sont les ministres

---

[1] Julian. Imp. Orat. IV, p. 449, ed. Spanheim.

et les satellites de la déesse cachée¹. » Voulons-nous constater maintenant le rapport d'Athéné-Cora avec Artémis. Après avoir remarqué que Cora, considérée comme antérieure à l'ordonnance cosmique, portait chez Orphée le nom d'Athéné; le même philosophe passe à Cora proprement dite, c'est-à-dire à Proserpine, et s'exprime en ces termes : « C'est par Artémis et par Athéné, qui résident en elle, que Cora demeure vierge. Mais en vertu de la puissance génératrice que possède Proserpine, elle s'unit au troisième Démiurge, à Pluton, et a de lui neuf filles². » Un autre ajoute : « L'âme rassemblant ses forces et prenant son essor sous les auspices d'Apollon et de Minerve Salutaire, se purifie dans l'étude de la véritable philosophie³. »

Voilà Minerve auteur du salut spirituel, voilà Cora-Athéné purifiant et formant l'intelligence. Ajouter un seul mot serait faire injure à la pénétration du lecteur. Rien de plus facile que de saisir le rapport de ces dogmes philosophiques avec les symboles, les allégories, les mythes et les représentations figurées qui ont été développés ou rappelés plus haut⁴.

[1] Proclus, Theol. Platon., p. 322 et 372, ed. Hamburg; coll. Hymn. in Min., v. 11 sq.

[2] Procl. in Plat. Cratyl., p. 100 Boisson., coll. p. 112.

[3] Olympiodor. ms. in Plat. Phædon. Pareillement Proclus, dans l'hymne à Minerve (v. 33, 34), prie la déesse d'accorder à son âme la pure lumière, la sagesse et l'amour.

[4] Ce rapport, tel qu'il fut et dut être établi aux siècles du Néo-Platonisme, a été très ingénieusement développé par M. Creuzer; mais il reste à savoir s'il exista rien de pareil dans la religion primitive et populaire des Grecs; si du moins l'Athéné *Coryphasia*, *Coria*

XI. Différentes Minerves du Péloponèse; Minerve-Aléa ou Hippia, sauvant à la guerre, soit par la fuite, soit par la résistance; asile éthéré, refuge pour tous les dangers.

Avant de nous occuper de Minerve-*Aléa*, asile et refuge céleste, où nous conduisent naturellement les idées précédentes, jetons un coup d'œil sur les diverses autres Minerves adorées dans le Péloponnèse. Près de la ville d'Aséa, en Arcadie, l'on voyait un Athénéum, c'est-à-dire un temple avec une statue de Minerve [1]. Il est aussi question d'une colline d'Athéné consacrée à la déesse par Diomède, qui lui bâtit un sanctuaire en ce lieu au retour de la guerre de Troie [2]. Nous trouvons une Minerve *Larisœa*, ainsi nommée d'un fleuve Larisus, sur les limites de l'Achaïe et de l'Élide, ce qui réveille l'idée de l'Athéné *Panachaïs*, protectrice de tous les Achéens [3]. Sur le mont Bouporthmos, près d'Hermioné, la déesse avait un temple sous le nom de *Promachorma* [4]. Ce nom nous rappelle la Minerve *Area* ou Martiale, dépeinte comme la protectrice du bon droit, et qui nous rappelle à son tour l'Athéné *Stratia* ou Militaire [5]. Un nouveau temple de

et *Cora*, supposé que le rapprochement de ces trois épithètes soit légitime, ne se présente pas originairement sous un aspect beaucoup plus simple. C'est ce que nous verrons dans la note 15 s. c. l., fin du volume, où ce point de vue transcendental de Minerve est examiné.
(J. D. G.)

[1] Pausan. VIII, 44.
[2] Plutarch. de Fluminib. XVIII, 12, p. 1036 Wyttenb.
[3] Pausan. VII, 17, coll. 20.
[4] Προμαχόρμα. Pausan. II, Corinth., 34. *Cf.* W. Gell, *Argolis*, p. 126.
[5] Ἄρεια, στρατία. Cornutus de N. D. 20, p. 188; Pausan. I, 28. *Cf.* Creuz. Meletem. I, p. 24.

Minerve se voyait à Cléones, sur la route d'Argos[1], et les Trézéniens en avaient un autre, dédié à Athéné *Apatouria*[2]. Æthra, disait-on, l'avait fondé lorsqu'elle fut devenue l'amante de Neptune; elle y avait institué l'usage en vertu duquel les jeunes filles, avant de se marier, consacraient leur ceinture à Minerve. Quant au surnom d'*Apatouria* donné ici à la déesse, on le traduit ordinairement par *trompeuse*[3]; mais il paraît avoir eu quelque chose de mystérieux et des sens fort divers. De plus, l'alliance de Poseidon, d'Æthra et d'Athéné suppose des conceptions physiques tout-à-fait analogues à celles que nous avons déjà vues. On disait encore que Minerve avait lutté avec Neptune pour la possession de la ville de Trézène, comme autrefois pour celle d'Athènes. Jupiter décida que Trézène appartiendrait en commun aux deux divinités, que Neptune y porterait le titre de Roi, et Minerve ceux de *Poliade* et *Sthéniade*, ou déesse de la cité et de la force. Les médailles de cette ville ont immortalisé la mémoire de ce double patronage[4]. A Sicyone était un temple de Minerve appelée *Colocasia*[5], du nom d'une plante marécageuse originaire de l'Égypte. A Argos, la déesse avait

---

[1] Pausan. II, 15, *init.*; W. Gell, p. 19.

[2] Pausan. II, 33; W. Gell, p. 135.

[3] Ἀπατουρία de ἀπατᾶν. — Peut-être, comme on l'a entrevu (Heffter, *die Götterdienste auf Rhodus*, II, p. 14, not. 39), ce surnom avait-il rapport à la séduction de l'amour, dont la déesse n'avait pas défendu les vierges placées sous sa protection. Welcker (*Æschyl. Trilog.*, p. 288 sq.) l'explique tout différemment, l'identifiant avec φρατρία, épithète de Minerve à Athènes, *ci-dessus*, p. 564, 717. (J. D. G.)

[4] Pausan. II, 30, *ibi* Siebelis, coll. W. Gell, p. 120.

[5] Athen. III, p. 72, p. 285 Schweigh.

un autre temple sous l'invocation de *Salpinx*, mot qui veut dire trompette. Elle portait ce surnom, assure-t-on, parce que le fondateur du temple, Hégéléon, était fils de Tyrsénus, inventeur de l'instrument ainsi appelé. On ajoute que cet Hégéléon en avait enseigné l'usage aux Doriens [1]. Ce qu'il y a de sûr, c'est que son nom signifie le *chef du peuple* ou de l'armée; et en effet de vieux souvenirs de l'histoire de la guerre et des arts semblent consignés dans ces épithètes. Les Tyrrhéniens étaient célèbres dans l'antiquité à cause de leurs ouvrages en bronze, et particulièrement comme inventeurs des trompettes ainsi que de différentes armes d'airain [2]. D'un autre côté, la consécration des trompettes et des armes, qui se faisait tous les ans à Rome au mois de mars, est rapportée par quelques écrivains anciens à la religion de Mars et de Minerve. La déesse que l'on invoquait dans cette cérémonie, se nommait en langage sabin *Nériné*, que l'on a expliqué *la Valeur*, en la rapprochant de Minerve. D'autres ont vu dans cette Nériné une Vénus; car, dans la religion de Samothrace, Mars et Vénus sont époux; à l'un est consacré le mois de mars, à l'autre le mois d'avril; et Vénus, chez des peuplades belliqueuses, s'associait ainsi naturellement au dieu de la guerre [3]. Dans ce cercle d'allégories physico-martiales doit trouver place la Minerve *Chalinitis*, ainsi nommée par ce qu'elle avait dompté et soumis au frein pour le héros corinthien Bellérophon, le

---

[1] Pausan. II, 21; Gell, p. 60.
[2] Plin. H. N. XXXIV, 7. *Cf.* Bœttiger, *Andeut. zur Archæol.*, p. 28 sq.
[3] *Cf.* liv. V, sect. II, chap. V, art. I et III, p. 496 et 514 *ci-dessus*.

cheval ailé Pégase [1]. Mais à la Minerve *Salpinx* ou *trompette* se rattache plus intimement encore la Minerve *Chalciœcus* ou *à la demeure d'airain*, de Sparte [2]. Dans l'Eurotas, et dans ce fleuve seulement, se trouvait, dit-on, une pierre merveilleuse, un caillou appelé *brave* et *lâche*, dont la figure ressemblait à celle d'un casque. Sitôt que se faisait entendre le son de la trompette guerrière, ce caillou s'élançait vers la rive; mais il retombait au fond des eaux dès qu'on nommait les Athéniens. Or, l'on voyait un grand nombre de ces cailloux dans le temple d'Athéné à la maison d'airain, immuable gardienne de la citadelle de Sparte [3]. Ce temple lui-même était une espèce de citadelle, un asile respecté qui garantissait sûreté et protection à quiconque pouvait s'y réfugier, même sous le poids d'une condamnation capitale [4]. Toute la jeunesse spartiate s'y rendait solennellement en armes à certains jours de fête, et les Éphores y remplissaient les fonctions de sacrificateurs. Les Lacédémoniens, dans un de leurs cantons, adoraient encore une

---

[1] Χαλινίτις. Pausan. II, 4.

[2] Χαλκίοικος, la même qui était encore appelée Πολιοῦχος. Le premier de ces surnoms lui venait certainement de son temple, quoiqu'on ait voulu l'expliquer d'une autre manière. *Voy.* Pausan. III, 17, X, 5, coll. Schol. Thucyd. I, 128; interpret. ad Thucyd. I, 134; Perizonius ad Ælian V. H. IX, 12; interpret. ad Nepot. in Pausan. V, 2; Leopold ad Plutarch. Lycurg. V, 4, p. 186; et interpret. ad Athen. XIII, p. 574 (Animadv., t. VII, p. 109 Schweigh.). *Add.* Creuzer. Meletem. I, p. 25.

[3] Nicanor ap. Plutarch. de Flumin. XVII, 2, p. 1030 Wyttenb.

[4] Polyb. IV, 35, p. 88 Schweigh., coll. Nep. et Plutarch. *ubi sup.*

Minerve *Pitanatis*, et sur la route de Sparte pour aller en Arcadie, l'on voyait une statue de Minerve *Parea* [1].

Dans toutes ces épithètes, images, allégories et traditions se retrouve plus ou moins l'idée de l'immuabilité et de la stabilité célestes, avec trait à la loyauté civile et à la persévérance dans les travaux de la guerre. Il ne nous sera pas difficile de comprendre maintenant la Minerve *Aléa*, si fameuse par tout le Péloponèse. On la rencontrait dans plusieurs villes de cette contrée, par exemple à Mantinée, à Tégée, à Manthyrée et dans la cité de son nom Aléa [2]. Pausanias rapporte que les Manthyréens avaient appelé la déesse *Hippia* ou *Équestre* parce que, dans la guerre des Géans, elle avait poussé ses chevaux avec son char contre Encelade et l'avait ainsi renversé. Cependant prévalut plus tard, parmi les Péloponésiens et dans le reste de la Grèce, le nom d'*Aléa*. Le même voyageur raconte qu'à Tégée le temple de Minerve-Aléa était desservi par un enfant, mais seulement jusqu'à l'âge de puberté. Il cite ensuite deux espèces de jeux célébrés près du temple, les jeux *Aléens* en l'honneur de la déesse, et les *Halotiens* en mémoire d'une bataille où les Tégéates avaient fait prisonniers un grand nombre de Lacédémoniens. Pausanias rapporte encore que l'ancien temple de

---

[1] Πιτανᾶτις de Πιτάνη, bourgade et tribu laconiennes (*voy*. Toup., Emendat. in Suid. III, p. 419 Lips.); Παρεία (Pausan. III, 20).

[2] Pausan. VIII, 9, 23, surtout 46 et 47 coll. 45, et Stephan. Byz. *v.* Μανθυρέα; W. Gell, p. 70 et 78 sq. Sur les monumens de Tégée, il faut voir en outre Quatremère-de-Quincy, le Jupiter Olympien, p. 179; Thiersch *über die Epochen der bild. K.*, p. 48, 2ᵉ édit.; Tölken *über das Bas-relief*, p. 73 sq.

la même ville, auquel en avaient succédé deux autres dont le dernier était le plus grand et le plus beau de tous les temples du Péloponèse, avait été bâti par un roi nommé *Aléus*. Quant à l'ancienne statue de Minerve-Aléa, faite d'ivoire et ouvrage d'Endœus, elle fut transportée à Rome par Auguste, après sa victoire sur Antoine, et les Tégéates la remplacèrent par celle qu'avaient d'abord possédée les Manthyréens et qu'ils appelaient *Hippia*. Aux deux côtés de cette Minerve à Tégée, on voyait Esculape et Hygie debout. Or, Esculape, comme nous l'avons vu plus d'une fois, était un être solaire [1]. Remarquons maintenant que le prétendu roi Aléus avait une fille nommée *Augé*, c'est-à-dire *clarté*, devenue amante d'Hercule, le héros du soleil. L'enfant de leurs amours, Téléphe, fut, dit-on, enfermé avec sa mère dans un coffre et précipité dans les flots : mais il revint à la lumière et manifesta par ses hauts faits sa céleste origine [2]. Ce jeune héros et sa mère ont donc le même sort que Danaé et Persée son fils [3]. D'un autre côté, le sanglier de Calydon, ce symbole antique de l'hiver, était loin d'être étranger à ces religions; car ses dents étaient conservées à Tégée dans le temple de Minerve-Aléa. Sans doute on conservait aussi dans le temple du rempart, que Minerve possédait dans la même cité sous son titre connu de *Poliatis*, cette boucle des cheveux de Méduse dont la déesse avait fait présent à Céphée, fils d'Aléus, comme d'une sauve-

---

[1] *Cf.* art. VIII, p. 765, *ci-dessus*.
[2] Pausan. VIII, 4, d'après Hécatée. *Cf.* Hecatæi Milesii fragm. in Fragm. historic. gr. antiquiss. ed. Creuzer., p. 48 sq.
[3] *Cf.* liv. IV, chap. V, p. 159 sqq. *ci-dessus*.

garde pour sa ville [1]. C'était la même boucle que Persée, le lumineux vainqueur, avait ravie à la terrible Gorgone, emblême de la lune ténébreuse, lorsqu'il lui donna la mort [2]. Suivant une autre tradition, la seule vue de cette boucle de cheveux, donnée à Céphée par Hercule qui la tenait de Minerve, devait mettre en déroute les ennemis des Tégéates [3]. Ici se présentent naturellement ces jeux Halotiens, célébrés à Tégée en mémoire des ennemis faits prisonniers. Si c'étaient là des fêtes guerrières, il est au moins probable, d'après tous les rapprochemens établis plus haut, que les autres jeux nommés Aléens étaient une fête solaire, célébrée en l'honneur du héros du soleil, et analogue à celle des jeux Haliens ou Rhodonaliens dans l'île de Rhodes [4]. Le souvenir d'Hercule et de son éclatante Augé, celui d'Aléus dont la cité gardait comme un Palladium les cheveux de la ténébreuse Gorgone, enfin celui de Minerve-Aléa elle-même, se perpétuèrent longtemps dans ces solennités antiques de l'Arcadie.

Minerve-Aléa, assure-t-on, s'appela d'abord *Hippia* : nous avons vu déjà une des traditions qui avaient pour but d'expliquer ce surnom. Suivant d'autres légendes, cette fille de Poseidon et de Coryphé, fille de l'Océan, fut surnommée *Hippia* ou *Équestre* parce qu'elle inventa l'usage des chars, ou bien parce qu'elle s'élança de la tête de Jupiter dirigeant un quadrige, ou enfin parce qu'Adraste, dans sa fuite de Thèbes, arrêta ses chevaux

---

[1] Pausan. VIII, 46 et 47.
[2] *Cf.* art. VI, p. 752 sq. *ci-dessus*.
[3] Pausan. *ibid.*, coll. Apollod. II, 7, 3, p. 213 Heyn.
[4] *Cf.* art. X, p. 784, not. 3, *ci-dessus*.

à Colone, monticule et bourg de l'Attique¹. Quant aux deux premiers de ces mythes, nous pouvons renvoyer le lecteur aux développemens donnés dans le précédent article, sur Athéné, principe de la lumière du soleil qui se lève du sein de la mer pour apparaître au sommet des montagnes. Du reste, la tradition qui attribue à notre déesse l'invention de l'art de conduire les chars et lui donne pour père Neptune, nous ramène à la Libye et au lac Triton. En effet, les habitans de Barcé se vantaient d'avoir appris de Poseidon à élever les chevaux, et d'Athéné à les dompter en les soumettant au joug². A Olympie, dans l'Hippodrome, se trouvaient les autels de Neptune équestre, de Minerve équestre et des Dioscures³. Là se célébrait par des courses de chars, en présence de l'assemblée des Hellènes, la fête du soleil arrivé au terme de sa carrière et la recommençant. A Rome, le premier jour de janvier, le consul, vêtu d'une toge blanche, montait au Capitole sur un cheval blanc, cérémonie observée en l'honneur de Jupiter considéré comme le soleil, et qui avait pour but de célébrer cette fameuse guerre des

---

¹ On trouve les deux formes ἱππία et ἱππεία. *Voy.* sur ce nom comme sur les légendes qui tendent à l'expliquer, H. St. Thesaur. ling. gr. III, p. 238 ed. Valpy; Montfaucon Bibl. Coisl., p. 604; Schow Specim. nov. ed. Lexic. Photii, p. 113 sq.

² Stephan. Byz. v. Βάρκη.

³ Pausan. V, Eliac. (I), 15. Aux Dioscures, comme l'on sait, sont donnés des chevaux blancs, d'où leurs épithètes de Λευκόπωλοι, Λεύκιπποι, ce qui nous rappelle et les Leucippides de Sparte, filles d'Apollon, leurs amantes, et Leucippe au blanc coursier, de la même famille. *Cf.* liv. IV, chap. VI, p. 217, 218; et liv. V, sect. I, chap. II, p. 309 *ci-dessus.*

géans, où le dieu avait triomphé de Briarée aux cent bras, c'est-à-dire de l'hiver [1]. Minerve, nous l'avons vu, dans cette même guerre, avait foulé Encelade aux pieds de ses chevaux; et cette victoire était une des raisons que l'on apportait de son surnom d'Équestre. Le nom d'*Encelade* veut dire *le bruyant*: fils du Tartare et de la Terre, ce personnage analogue à Briarée paraît être une personnification du fracas des ouragans d'hiver et du bruit des torrens se précipitant du haut des montagnes. Nous voilà donc ici encore enfermés dans l'éternel cercle des allégories de la nature et de l'année. Au centre ou au point culminant réside la vierge incorruptible, Minerve Coryphasie ou Hippia, prêtant au soleil à la fois son char et sa lumière. C'est Poseidon, le souverain de l'élément humide, qui nourrit ses coursiers; car c'est du sein de la mer que le soleil, la lune et les étoiles se lèvent pour reprendre avec une vigueur nouvelle leur céleste carrière. Dans les fables de cette religion de la lumière, nous reconnaissons, outre les élémens libyques et égyptiens déjà constatés, d'autres élémens qui appartiennent évidemment à la Perse. Non-seulement Persée, vainqueur de la ténébreuse Gorgone, atteste cette origine; mais ici, comme chez les anciens Perses, le cheval est manifestement un animal pur et sacré. Reste à expliquer la dernière légende, suivant laquelle Minerve Hippia aurait reçu son surnom des chevaux d'Adraste. Ce mythe nous ramène à la terre et au théâtre où les héros grecs s'illustrèrent par maint exploit. Adraste, seul des sept chefs

---

[1] J. Lyd. de Mens., p. 58 Schow., p. 150 Rœther.

devant Thèbes, dut son salut à un coursier merveilleux nommé Arion et de race divine. Mais il n'en fut assuré que sur le sol consacré à Minerve, sur la *colline du cheval*[1], où régnaient de concert cette déesse et Neptune, tous deux ayant le cheval pour attribut. Minerve portait le cheval sur son casque aussi bien que le bélier et avec un sens analogue. Tandis que le serpent, enfant de la terre, symbole de l'agriculture et de la médecine, enlace près de la base la statue de la déesse, souveraine de l'intelligence terrestre, l'ardent coursier qui traîne le char du soleil décore sa tête et nous la représente au faîte des cieux, comme source et dispensatrice éternelle de la pure lumière[2].

Le nom de Minerve *Aléa* se rencontre deux fois dans Hérodote[3], et les éditeurs à cette occasion n'ont pas manqué de rechercher l'origine de cette épithète; on ne pouvait guère en effet s'en tenir au rapprochement d'Aléus, fondateur du premier temple de la déesse, quoiqu'il paraisse avoir existé un héros de ce nom révéré par les Arcadiens, ainsi que le prouvent leurs généalogies et leurs monnaies[4]. Wesseling explique *Aléa* par *Aleè* qui, dans Homère, semble exprimer le salut résultant de la

---

[1] Κόλωνος ἵππειος. *Voy.* les passages réunis chez Meursius, R. Attic., cap. VI; et surtout les interprètes de l'Iliade, XXIII, 346; Pausan. VIII, 25.

[2] *Voy.* notre pl. XCII, 346, coll. XCIII, 347.   (J. D. G.)

[3] I, 66; IX, 70. Une foule d'autres passages sont rassemblés dans l'édit. angl. du Thesaurus H. St. III, p. 317 sq.

[4] *Cf.* Eckhel D. N. V. II, p. 299, et Pausanias cité plus haut.

fuite [1], et cette interprétation a été adoptée et développée par Larcher. Elle est parfaitement d'accord avec le rôle attribué à Minerve dans les traditions du combat des géans et surtout de la fuite d'Adraste. Dans la première, le salut vient plutôt encore de la résistance et du courage; mais cette idée était également essentielle au culte de Minerve-Aléa, comme le montre l'action des Tégéates suspendant dans son temple les chaînes que les Lacédémoniens avaient apportées pour les conduire en esclavage, après avoir défait ces ennemis orgueilleux [2]. Il est donc très vraisemblable que l'épithète d'*Alea* s'appliquait en général à Minerve sauvant des périls de la guerre. Maintenant ce serait abuser de la patience des lecteurs, d'entreprendre de leur démontrer, après tout ce qui précède, que Jupiter chef des armées, et Minerve guide des coursiers [3], sont avant tout et principalement des divinités de la nature, et qu'en conséquence leurs victoires ne sont pas originairement autre chose que le triomphe de l'ordre sur le désordre physique, du soleil et des autres astres sur les ténèbres, en un mot l'œuvre de l'extension de la lumière, de la vie et de la chaleur. Toutes ces idées et spécialement la dernière étaient comprises à la fois dans le mot *Alea* [4]. Elles dérivent d'une

---

[1] Ἀλέη, interprété ἔκκλισις, ὑπάλυξις, Iliad. XXII, 301. — *Cf.* les notes de Bæhr sur Hérodote, t. I, p. 169 sq. de son édition. (J. D. G.)

[2] Herodot. I, 66.

[3] Ζεὺς στράτιος, Ἀθηνᾶ ἱππία. *Cf.* chap. I, p. 583 *ci-dessus*.

[4] Hesych. *s. v.*, vol. I, p. 220 et 222 Alb.; Orion ad calc. Etymol. Gudian., p. 620; Apollon. Lexic. Hom., p. 84 Toll.

source commune avec les précédentes, c'est-à-dire des intuitions naturelles d'une primitive religion de la lumière, où les dieux qui triomphent des ténèbres et du froid engourdissant, des monstres de l'abîme et des émanations du Tartare, image et débris de l'antique Chaos, qui créent et répandent la lumière, la vie et la chaleur, l'ordre et le salut, sont considérés en même temps comme sauveurs et appuis secourables dans toute espèce de dangers et de besoins. La carrière du soleil et les sphères célestes étaient personnifiées dans cette religion. Jupiter y représentant l'éther, Minerve en était comme le point central et pour ainsi dire le cœur. Là se trouvait un refuge assuré pour tous les bons, pour tous les infortunés. L'accès de cette Pallas si pure et si sage était difficile à l'impur et au méchant ; mais ce même esprit de lumière, de chaleur et de vie qui anime et conserve le monde physique, récrée et protège quiconque a besoin d'appui. Ainsi se retrouve dans Minerve-Aléa cette grande idée de la Dourga indienne, de la déesse de difficile accès, que nous avons vue jusqu'ici, à travers les imaginations locales les plus diverses, s'unir constamment à l'idée de Pallas-Athéné [1].

---

[1] On trouvera dans la not. 14 s. c. l., fin du volume, le résultat des recherches de MM. Völcker et Gerhard, sur Minerve *Alea* et *Hippia*, qu'ils ont envisagée, l'un et l'autre, sous un point de vue assez différent de celui de M. Creuzer.   (J. D. G.)

XII. Minerve Pronæa et Pronœa, gardienne des temples et Providence.

De même que nous venons de trouver dans le Péloponèse une Athéné panachaïque, nous avions déjà vu plus haut une Minerve amphictyonique, déesse tutélaire de cette antique confédération des tribus grecques. C'était, nous l'avons déjà dit, Athéné *Pronœa* ou *la prévoyante* [1]. Minerve portait ce titre, qui nous rappelle *Pronoos*, fils de Deucalion comme Amphictyon lui-même [2], à Delphes et en plusieurs autres lieux, par exemple dans un canton de l'Attique [3]. A Delphes, elle avait sous ce nom un temple magnifique, voisin de celui d'Apollon [4]. Elle y porta aussi le surnom de *Pronœa*, parce que sa statue était placée au-devant de ce dernier temple [5]. Pour la même raison, elle prenait ce titre à Thèbes, où son image en pierre se voyait également en avant de l'entrée du

---

[1] *Cf.* art. VI, p. 750, *ci-dessus*, et le passage de Pausanias cité là même, où il faut lire avec tous les manuscrits Προνείας, du nominatif Πρόνοια.

[2] Πρόνοος. Hécatée, cité dans une scholie d'un ms. de Thucydide de la bibliothèque de Munich.

[3] *Voy.* plus bas.

[4] C'est ce que Lennep (ad Phalarid. epist., p. 143-147) a mis hors de doute par une discussion approfondie. Aux passages concluans qu'il a rapportés, on peut ajouter celui de Démosthène in Aristogiton., p. 779 sq. Reisk.

[5] Προναία, ioniquement Προνηίη. Herodot. I, 92; VIII, 37, *ibi* Wesseling, Schweighæuser et Bæhr. Lennep a été trop loin en méconnaissant l'autorité du texte d'Hérodote, d'où résulte ce point aussi incontestable que le précédent.

temple d'Apollon Isménien[1]. Ainsi les deux épithètes de *Pronœa* et de *Pronœa*, si souvent confondues l'une avec l'autre[2], se trouvaient par le fait naturellement rapprochées, exemple entre mille de cette coutume antique des Grecs, qui aimaient à désigner les objets les plus révérés par des dénominations équivoques et à formes changeantes.

Un ancien dit en parlant de Minerve : « Athéné est l'intelligence de Jupiter, elle est identique à cette providence (ou à cette prescience) qui habite en lui ; c'est pourquoi des temples étaient élevés en l'honneur d'Athéné-Pronœa[3]. » Voilà Minerve prévoyante, d'abord simple attribut de Jupiter, puis distinguée de lui et individualisée à part. Voilà Minerve et Jupiter intimement unis l'un à l'autre. D'autres témoignages dont nous avons déjà cité plusieurs, mettent notre déesse en rapport avec beaucoup d'autres divinités, particulièrement avec Apollon. Dans les religions amphictyoniques, Athéné-Pronœa était associée à Latone, à Apollon et à Diane tout à la fois[4]. Il en

---

[1] Elle y était appelée Πρόναος, qui revient à Προναία. Pausan. X, Phocic., 31.

[2] Cette confusion se rencontre dans Harpocration, au mot Πρόνοια; Bekker. Anecdot. gr. I, p. 293; Phot. Lex. gr., p. 337, et ailleurs. Elle a contribué à induire en erreur Meursius, Wesseling, Larcher et d'autres critiques, qui ne veulent pas reconnaître la Minerve Πρόνοια de Delphes.

[3] Cornutus de N. D. 20, p. 184 Gal. Lennep. (*lib. laud.*, p. 147) fait très bien remarquer qu'il ne s'agit nullement ici de la divine Providence au sens philosophique ou chrétien. Πρόνοια, ici et dans les passages qui précèdent, est synonyme de προμήθεια. *Cf.* Etymol. Gudian., p. 481; Zonaræ Lex. gr., p. 1579.

[4] Æschin. contra Ctesiph., p. 449, coll. p. 502 Reisk.

était de même dans le canton de l'Attique appelé *Zoster*, parce que, dit Pausanias[1], Latone y avait détaché sa ceinture, prévoyant son prochain enfantement. Or, cette prévoyance était l'ouvrage de Minerve-Pronœa, sous la conduite de qui Latone franchissant le promontoire de Sunium, prit terre à Délos où elle mit au jour Apollon et Diane[2]. C'était même la raison précise que l'on donnait de l'épithète de *Providence* appliquée à Minerve[3]. Le service que cette déesse avait rendu à Latone, elle le rendit aussi à d'autres, par exemple à Danaüs et à ses filles qu'elle conduisit à Rhodes, dans l'île des enfans du soleil. Elle leur montra le chemin ainsi qu'elle fit dans la suite à Ulysse, qui, pour ce motif, la surnomma, dit-on, *Céleuthie*, ou celle qui montre la route[4]. La direction de cette route qu'elle indiqua à Latone, était du nord-ouest à l'est, de l'Occident à l'Orient. La vierge prévoyante, née du sein des eaux, guida Latone, la Nuit en travail, dans l'île de la révélation, à Délos, où les flambeaux du jour et de la nuit apparurent, et avec eux l'abondance et la richesse. Ainsi, parce que Rhodes avait

[1] I, Attic., 31. Il ne donne pas à Minerve l'épithète de *Pronœa*, mais il la suppose évidemment, et l'auteur que nous allons citer l'articule.

[2] Aristid. Panath., t. I, p. 97 Jebb.; p. 157 Dindorf. — Remarquons en passant qu'à Sunium Minerve avait un temple, d'où elle tenait le surnom de *Sunias*. *Voy.* Odyss. III, 278, *ibi* Eustath.; Pausan. I, 1. *Cf.* Nibby *Saggio sopra Pausania*, p. 14.

[3] Schol. Aristid., tom. III, p. 27 Dindorf, coll. Macrob. Sat. I, 17, p. 295 Bip. Suivant ce dernier auteur, Athéné-Pronœa aurait eu un temple à Délos.

[4] Κελευθεία. Pausan. III, Lacon., 12.

témoigné du zèle pour le culte de sa fille, Jupiter fit descendre sur cette île, dans un nuage d'or, Plutus, le dieu de la richesse, et Plutus doué de la vue, car, est-il dit, il y vint avec prévoyance [1], à cause de Minerve et par elle. C'est de Jupiter, le grand dispensateur, le corps de la nature et la source de vie, que découlent tous les biens ; que procèdent et Minerve, la déesse de la Providence, et les célestes flambeaux qui éclairent à la fois et fécondent la terre. En lui, avec la source de vie, réside la source de lumière et d'intelligence. Si, d'après les dogmes antiques, il ne différait point du soleil, c'est également d'après ces croyances héréditaires que Minerve-Pronœa passait pour la pure émanation de son essence, et qu'à Delphes aussi bien qu'à Thèbes elle régnait avec Apollon, son fils en Attique [2].

Voilà les élémens d'une religion solaire fort ancienne et commune à l'Attique, à la Béotie et à la Phocide. Ce sont les conditions de toute existence, personnifiées à trois degrés divers. A la tête de cette généalogie cosmogonique figure Jupiter, la vie en soi, indéfinie et indéterminée, laquelle se divise bientôt en source de lumière et en puissance qui préside à la naissance, c'est-à-dire à la révélation de cette lumière (Latone, ou la Nuit, et Minerve-Pronœa qui favorise son enfantement). La Providence divine ayant fait naître la lumière du sein de la nuit, vers les régions de l'Aurore, cette lumière se révèle à Delphes, lieu où se rendent les oracles. Là doit se diriger quicon-

---

[1] Philostrat. Imag. II, 27. *Cf.* p. 784, *ci-dessus*.
[2] *Cf.* Julian. Imp. Orat. IV, p. 149 Spanh.

que veut apprendre à connaître la bonne Pronœa aux célestes regards [1]. Nous-mêmes nous comprenons maintenant l'alliance de Minerve-Pronœa et Pronæa avec Apollon. Elle se tient devant son temple, parce que la prévoyante déesse annonce la venue du dieu et veille incessamment sur lui. Sans cette présence, cette prévoyance et cette protection salutaire, point de lumière, d'inspiration, ni de révélation des choses à venir [2]. Sans Minerve point d'Apollon.

XIII. Idées des Philosophes sur Minerve et leurs rapports avec les croyances populaires ; récapitulation des attributs de cette divinité, suivant la foi des derniers Païens.

On sent bien que, parmi les Grecs, les penseurs ne pouvaient demeurer attachés à la glèbe des antiques intuitions de la nature, lorsque Platon eut commencé à faire entendre cette solennelle parole d'une *Providence de Dieu* [3]. Toutefois les Stoïciens donnèrent les premiers à cette notion un caractère positif, en associant à leur Démiurge, artisan de la matière, une *Providence* proprement dite, dogmes sur lesquels ils étaient en débat avec les Épicuriens [4]. Les théories des philosophes relativement à Minerve n'en furent que plus diverses. Quelques-

---

[1] Orph. ad Mus. (Hymn. I, v. 30), coll. Demosth. *l. l.* et poët. ap. Julian. *ibid.*

[2] Sophocl. Trach. 825 (836), *ibi* Schol. et Musgrave.

[3] Πρόνοια θεοῦ. Tim., p. 26 Bekker. *Cf.* Proclus in Tim., p. 126, et Favorin. ap. Diog. Laërt. III, § 24.

[4] Plutarch. de Isid., p. 511 Wyttenb., coll. Cic. de N. D. I, 8, p. 31 et 774 Creuz., *ibi* annot.

uns voyaient en elle l'intelligence qui pénètre l'univers entier [1]; et Celse approuvait ceux qui adoraient dans le Soleil et dans Minerve la divinité suprême, tandis qu'Origène donnait à cette croyance un sens figuré et niait l'existence indépendante de cette déesse [2].

C'est à l'histoire de la philosophie qu'il appartient de suivre dans leur développement ces opinions différentes. Pour nous, terminons ce chapitre en recherchant comment les Grecs éclairés, mais restés fidèles à la religion de leurs aïeux, concevaient leur grande Athéné. Elle ne cessa pas d'être pour eux le fruit merveilleux du sein maternel ou de la tête de son père. « Jupiter, dit un croyant des derniers temps du Paganisme, ne pouvant trouver aucun être digne d'elle qui concourût avec lui à la produire au jour, l'engendra et l'enfanta à la fois, après s'être replié sur lui-même.... Aussi est-elle inséparable de lui. Elle habite en son père, intimement unie à son essence; elle respire en lui... elle est sa compagne et sa conseillère. Elle s'assied à sa droite; elle reçoit, ministre suprême, les ordres de son père pour les dieux; et la foudre de Jupiter elle-même ne saurait lui nuire, parce que Minerve est plus forte qu'elle [3]. »

[1] Athenagor. Legat., cap. XIX, p. 86, coll. Iamblich. de Myst. Ægypt. VIII, 5, p. 161.

[2] Origen. c. Celsum, VIII, p. 422.

[3] Aristid. in Minerv. I, p. 9 Jebb.; p. 12 sqq. Dindorf. Ces expressions, *après s'être replié sur lui-même*, et toute cette manière de concevoir la naissance et l'essence de Minerve, ont une couleur singulièrement indienne. Quant à la place de cette déesse, assise à la droite de Jupiter, l'on se rappelle que Junon occupait la gauche du dieu (chap. I, p. 554 *ci-dessus*). Quelques-uns, parmi les anciens,

« Les théologiens, ajoute maintenant un Néo-Platonicien qui va frayer la voie au résumé général des attributs de Minerve, où nous retrouverons le savant et éloquent auteur que nous venons de citer, les théologiens célèbrent principalement dans notre souveraine Athéné deux puissances, la puissance qui garde et celle qui achève : l'une qui maintient pure et sans mélange l'ordonnance de l'univers, et qui la défend des atteintes de la matière ; l'autre qui remplit toutes choses d'une lumière intellectuelle, et les ramène à leur propre cause. Voilà pourquoi Platon dans le Timée célèbre Athéné à la fois comme amie de la guerre et de la sagesse. Cette déesse a trois sphères distinctes : l'une qui tient à sa source et à l'intelligence, selon laquelle elle réside en son père, sans sortir jamais de cette haute région ; l'autre, celle des principes ou des causes, selon laquelle elle s'unit à Cora (Proserpine), détermine son évolution tout entière et la ramène en elle-même ; la troisième, celle de séparation, selon laquelle elle achève l'ordre de l'univers, le garde et l'environne de ses propres forces.... Aussi Socrate désigne-t-il la puissance conservatrice par le nom de Pallas, la puissance perfectrice par celui d'Athéné [1]. »

Voilà comment les philosophes religieux de cet âge

expliquaient physiquement le rapport de ces trois divinités, voyant dans Minerve le sommet de l'éther, dans Jupiter son centre, et dans Junon l'air inférieur avec la terre (Macrob. Sat. III, 4).

[1] Proclus in Plat. Cratyl., p. 117 sq. Boissonad., coll. Creuzer. Meletem. 1, p. 25. « Comme puissance conservatrice, ajoute le philosophe, elle se nomme *Pallas*; comme puissance protectrice, *Athéné*. »

développaient dans leur système l'antique symbole de Minerve. Voici, pour terminer, la récapitulation des principales fonctions de notre déesse, telle que la présentait à ses compatriotes, dans un discours public, conformément aux principes de la croyance nationale, le rhéteur érudit que nous avons cité plus haut. « Athéné, poursuit Aristide [1], est l'auteur de la vie sociale et civilisée, tant pour la guerre que pour la paix. C'est elle qui a donné aux hommes l'olivier, les moyens de recouvrer la santé ; c'est elle qui a trouvé l'usage des vêtemens, tant pour la conservation que pour l'ornement du corps, les armes pour l'homme, l'art de former des tissus pour la femme, les citadelles et les villes. Aussi est-elle appelée gardienne des cités [2]. Les lois sont dues à cette bienfaisante déesse... et c'est sa puissance qui procure la victoire. Elle enseigna la construction des vaisseaux pour la guerre et pour le commerce; elle apprit à Bouzygès la manière d'atteler les bœufs à la charrue. Elle est l'amie des hommes, elle est dévouée à Esculape, et les anciens Athéniens lui élevèrent des autels sous le nom d'Hygie. Elle n'est pas moins affectionnée à Neptune équestre et marin, aussi bien qu'à Mercure. Apollon, Bacchus, les Grâces et les Muses lui rendent hommage. C'est sous son inspection que les Dioscures conduisent leurs danses. Elle est la protectrice et le guide des héros, de Belléro-

---

[1] *Ibid.*, p. 11-16 Jebb.; p. 16-27 Dindorf.

[2] On sait dans combien de villes Minerve était adorée sous le titre de *Poliouchos. Cf.* Neuscheler Θεοὶ πολιοῦχοι, p. 17-20, Lugd. Bat. 1721, in-4°

phon et de Persée, d'Hercule et d'Ulysse [1]. Elle s'appelle Nicé (la victoire), Ergané (l'ouvrière) et Pronœa (la prévoyance). Elle est la purificatrice, et c'est elle qui veille sur les moyens les plus parfaits de conjuration et d'expiation. Elle pacifie la guerre qui est en nous, elle subjugue ces ennemis perpétuels qui sont inhérens à notre nature, et par là fait fleurir toutes les vertus. Les œuvres de Jupiter et celles de Minerve sont communes, et ce n'est pas sans justesse qu'on pourrait nommer cette déesse *l'énergie de Jupiter.* »

Il serait difficile en effet de mieux caractériser Minerve, telle que nous l'avons montrée jusqu'ici, qu'en répétant avec Aristide : Elle est la puissance ou l'énergie de Jupiter [2]. Nous avons vu plus haut que Jupiter ne saurait se passer de Minerve, et que celle-ci, d'un autre côté, respire en Jupiter. Ainsi, c'est dans Pallas-Athéné que subsiste invariablement la vie de l'univers. Elle est le foyer lumineux du monde régulièrement ordonné, le lien lumineux qui rattache toutes les choses finies à l'être des êtres et assure leur permanence au sein de l'éternité. Elle est la divine étincelle qui allume et nourrit l'enthousiasme dans l'âme des héros ; et en présentant à toutes les créatures le type primitif de leur être, elle les conduit à réa-

---

[1] *Cf.* nos pl. CLVII, 617 ; CLX, 612, coll. CLXI, 610 ; CLXX, 609 a; CLXXXVIII, 676 a; CXCII, 658, etc.   (J. D. G.)

[2] Διὸς δύναμις, ou, dans un style plus antique, Διὸς μένος ; ou encore, pour appliquer à une conception qui rappelle si fort celle de l'Inde une expression hindoue, la *Sacti* de Jupiter (*Cf.* t. I, liv. I, chap. II, *passim*). Proclus, dans l'hymne εἰς Ἀθηνᾶν πολύμητιν, découvert depuis quelques années, se place au même point de vue.

liser ce modèle idéal. Elle est en un mot, au physique et au moral, la puissance de lumière invincible et sans tache. Jusqu'à présent nous nous sommes surtout efforcés de découvrir et de constater, dans les cultes locaux de la Grèce, tous les faits de détail d'où résulte cette grande idée de Minerve; mais nous ne saurions nous empêcher de remarquer encore une fois, en terminant, combien ici la croyance grecque témoigne d'affinité avec les dogmes antiques de la Perse, quelle que soit du reste la première patrie de notre déesse, l'Inde ou l'Égypte.

XIV. Temple, représentations figurées et fêtes de Minerve à Athènes; les Panathénées et leurs cérémonies, procession du Péplus, idée constamment dominante du combat de la lumière contre les ténèbres.

Ce fut la ville d'Athènes qui consacra à sa divinité tutélaire la demeure la plus digne et la plus noble image. A la citadelle, où Minerve aimait surtout à résider, conduisaient les Propylées[1]. En sortant de cette magnifique avenue, on voyait à droite, sur la citadelle même, le nouveau temple, appelé *Parthénon* ou *la demeure de la*

---

[1] On veut qu'ils aient été imités de ceux qui conduisaient au temple de Neith à Saïs (Herodot. II, 175, coll. Jomard, dans la Description de l'Égypte, Antiq., vol. I, p. 3; II, p. 207 sqq.). *Cf.* Plutarch. Pericl., cap. XIII; Philochori fragm., p. 55 Siebelis; Stuart, *Antiq. of Ath.* II, cap. V, pl. III, IV; Bœttiger, *Andeutungen*, p. 77. — Sur la Citadelle, ou *Acropolis*, ses monumens et ses environs, il faut voir Herodot. VIII, 52, *ibi* interpr.; Eurip.id. Hippolyt. 31 sqq., *ibi* Valckenaer; Leake, *Topograph. of Athen.*; et l'explication de nos pl. LXXXVII et XCIV, 341, *h* et *i*.

(C. R et J. D. G.)

Vierge [1], et dans ce temple la statue d'or et d'ivoire de Minerve *Poliade* ou *Vierge*, portant la Victoire sur sa main droite. La Pallas de Velletri et celle de la galerie Giustiniani passent pour être des copies de cette fameuse statue, ouvrage de Phidias. Ce grand artiste était auteur de plusieurs autres images de la déesse à Athènes, par exemple de celle de la Minerve *Protectrice*, ayant le hibou sur son piédestal, et de celle de la Minerve de Lemnos, dite *aux belles formes*. Nous avons déjà cité la Minerve *Porte-clef* du même ciseau [2].

Les temples bâtis sur la citadelle d'Athènes étaient le but de ces processions solennelles qu'offrent encore aujourd'hui à nos yeux les bas-reliefs apportés par Choiseul-Gouffier et lord Elgin [3]. Ces processions avaient lieu

---

[1] Παρθενών, de Παρθένος, épithète caractéristique de Pallas (*ci-dessus*, p. 720). Sur cet admirable chef-d'œuvre de l'architecture grecque, il faut voir Plutarch. *ibid.*; Bœttiger, *Andeut.*, p. 73 sq.; Stuart, *Antiq.* II, cap. I, et les planches; Wilkins, *Atheniensia*, p. 93; Leake, *Topogr.*, chap. VIII; et, quant aux sculptures, dont on voit aujourd'hui à Paris, et surtout à Londres, de si précieux fragmens, les écrits cités principalement p. 168 sqq. de l'ouvrage capital de M. Bröndsted (Voyages dans la Grèce, livrais. II, 1830, in-4°), qui complète si dignement cette série importante de recherches archéologiques.

[2] Art. V, p. 744 *ci-dessus*. — Sur les représentations tout-à-fait distinctes de Minerve Πολιάς et Παρθένος, qu'il ne faut pas confondre, sur celles de la Πρόμαχος et de la Καλλίμορφος, on trouvera tous les éclaircissemens, rapprochemens et renseignemens nécessaires, avec les renvois aux monumens, dans notre not. 16 s. c. 1., fin du volume. (J. D. G.)

[3] C'est une portion de la frise de la Cella du Parthénon, dont sept figures se trouvent au Musée du Louvre, n° 82 (*voy.* Musée de sculpture, par M. le comte de Clarac, pl. CCXI, n° 35), et une

surtout aux grandes et aux petites *Panathénées*, deux fêtes de Minerve, établies, suivant la tradition, par Érichthonius, plus de 1500 ans avant notre ère [1]. Les petites se célèbraient tous les ans, les grandes tous les cinq ans seulement. Des jeux gymniques, des luttes musicales, des courses de chars, une autre lutte appelée la *course aux flambeaux* [2], un sacrifice public où l'on immolait un bœuf, étaient les principales cérémonies qui distinguaient ces fêtes, mais avec plus de solennité aux grandes Panathénées. Les Rhapsodes y chantaient les poèmes homériques, et une grande procession composée de tous les citoyens d'Athènes avec tous les étrangers domiciliés, et d'une multitude de personnes de tous les âges et de tous les sexes, classées en rangs divers, se rendait à la citadelle, portant les instrumens sacrés et tout ce qui était nécessaire à la consommation du sacrifice [3]. Des danses armées accompagnaient cette procession, représentations mimiques de la guerre des Géans, où Minerve avait fait éclater

---

suite, qui comprend presque la moitié de la frise entière, au Musée Britannique. *Cf.* Monum. de l'art antique, par O. Müller et Oesterley, première suite, pl. XXIII-XXV. (J. D. G.)

[1] Τὰ Παναθήναια, d'abord Ἀθήναια. *Voy.*, pour cette chronologie fictive, les marbres de Paros. Ep. VI et X, p. 4 et 27, ed. Wagner. *Cf.* Meursii Panathenæa, cap. I; Corsini, Fasti Att., t. I, p. 30; II, p. 357; III, p. 91 sq.

[2] Λαμπαδοῦχος ἀγών, λαμπαδοφορία. Meursius Panath., cap. VIII, coll. Hermia in Plat. Phædr., p. 78; Schol. ad Plat., p. 57 Ruhnken.; Tischbein, *Vasengemälde*, t. II, fig. 25; III, fig. 48.

[3] C'est ce que l'on nommait θαλλοφορία, κανηφορία, σκαφηφορία. *Cf.* les bas-reliefs du Parthénon indiqués plus haut, où plusieurs de ces scènes se trouvent représentées.

CH. VIII. PALLAS-ATHÉNÉ OU MINERVE.   813

sa valeur, qui lui mérita le surnom de *meurtrière des Géans* [1]. C'est ici le lieu de parler d'un des symboles essentiels de cette grande solennité, du *Péplus*, que les matrones athéniennes portaient en pompe aux Panathénées. Il faisait partie du costume complet de Minerve, composé en outre de la tunique et de l'égide, c'est-à-dire de cette espèce de cuirasse à écailles ou en cuir, à laquelle était attachée la tête de la Gorgone avec la chevelure de serpens [2]. Le mot *Péplus*, qui s'applique ordinairement à un voile, désigne ici, comme en plusieurs autres rencontres, un manteau ou un vêtement de femme en manière de manteau, que portait la Minerve pacifique, surtout à titre de déesse de la médecine et de la musique, mais que déposait la belliqueuse Pallas, quand elle marchait au combat [3]. Les petites Panathénées avaient aussi leur Péplus, sur lequel on voyait représentée la victoire des Athéniens, nourrissons de Minerve, sur les Atlantes venus des portes de la nuit [4]. Selon d'autres, la fête entière avait été instituée par Érichthonius, fils d'Amphictyon, pour éterniser le souvenir de la défaite du géant *Aster* ou *Astérius* [5]. Il est à croire que c'était là un simple

---

[1] Cornut. de N. D., cap. XX, p. 189 Gal.; coll. Tzetz. in Lycophr., v. 63, *ibi* Müller, p. 359 sqq.

[2] Πέπλος, χιτών, αἰγίς, γοργόνειον. — *Cf.* notre pl. XCIV, 341, 342, avec l'explication.

[3] Iliad. V, 736. *Cf.* Visconti, Museo Pio-Clem. I, p. 93; et nos pl. XCII-XIV, n° 343 et suiv. (J. D. G.)

[4] Schol. Plat., p. 143 Ruhnken. C'est vainement que Meursius a voulu nier ce second Péplus.

[5] Schol. Aristid. Panathen., p. 323 Dindorf; Meursii Panath., cap. XVIII; A. Gellii Præfat. ad Noct. Att., p. 4 sq., *ibi* Gronov.

épisode du combat des dieux contre les géans, figuré en entier sur le Péplus des grandes Panathénées. Nous pensons aussi avec Bôttiger, que les scènes diverses de ce combat occupaient seulement le bord de ce dernier Péplus, probablement divisé en douze compartimens, comme celui du fameux torse de la Pallas de Dresde, et peut-être d'après le nombre même des acteurs divins de ce drame symbolique [1]. Quant au milieu, un savant profond a conjecturé qu'il devait représenter le monde visible [2]. Nous adopterons également sa pensée en l'interprétant et en supposant que ce monde était le *Cosmos,* le monde de lumière ordonné. De la guerre des géans dépendait en effet la conservation ou la ruine de cette céleste ordonnance. Rappelons-nous le bouclier d'Homère avec le firmament au milieu, et tout autour des scènes de la terre, figurées aussi dans des espèces de compartimens. Rappelons-nous surtout le ciel étoilé, sculpté et peint avec le zodiaque au plafond des temples égyptiens. Minerve n'était-elle pas la première épiphanie de ce monde céleste et lumineux dont nous parlons? Ne voyons-nous pas dans les antiques généalogies plus divines qu'humaines des Athéniens, à côté de principes bienfaisans personnifiés, tels que Hersé, Aglaure et Pandrose, un Érysichthon maudit, espèce de Typhon, de génie malfaisant, dont l'idée sera développée ailleurs [3]. Cet Érysich-

---

[1] Böttiger, *Andeutung.,* p. 58, coll. Fischer ad Plat. Euthyphron., cap. VI, p. 27; Becker, *Augusteum*, I, tab. 9; — et notre pl. XCIV, 341, avec l'explication. (J. D. G.)

[2] Cudworth Systema intell., p. 396, 398 ed. Mosheim.

[3] Liv. VIII, sect. I, tome suivant.

thon, nommé encore *Æthon* ou *le brûlant*, se rapproche naturellement du géant *Astérius*, dont la défaite était retracée sur le Péplus des petites Panathénées, et qui paraît avoir été une personnification de l'influence funeste des astres. Tout nous porte-donc à croire que ces solennels vêtemens de Minerve étaient destinés à représenter le firmament avec ses puissances bonnes et mauvaises, ou, en d'autres termes, la lutte de la lumière et des ténèbres. Tandis que, sur le grand Péplus, cette lutte avait pour acteurs les dieux et les géans, sur le petit c'étaient les Athéniens qui, disciples fidèles de leur divinité tutélaire, combattaient à leur tour pour le triomphe de la lumière et de l'ordre.

Le Péplus des grandes Panathénées, durant une partie de la cérémonie, était fixé en guise de voile à un vaisseau que l'on faisait mouvoir sur la terre par le moyen de machines [1]. On peut jusqu'à un certain point s'expliquer cet usage, soit comme une allusion à la réconciliation de Minerve et de Neptune sur le sol desséché de l'Attique, soit parce que ces deux divinités présidaient ensemble à l'agriculture et à la marine des Athéniens, soit enfin comme une allégorie de l'éducation religieuse de ce peuple, que ses antiques instituteurs tournaient à la vertu avec la même facilité qu'un pilote dirige son navire au moyen du gouvernail [2]. Sitôt que la procession, en sortant du Céramique, et en passant devant l'Éleusinium et le Pélasgicum, était parvenue au temple d'Apollon Pythien,

[1] Schol. Aristid. Panath., p. 342 sq. Dind.
[2] Plat. Crit., p. 150 Bekker.

on détachait le Péplus, et les premières matrones de la ville le portaient dans le temple de Minerve sur la citadelle [1]. On en couvrait, à ce qu'il paraît, la statue de la, de la déesse, placée sur un lit de fleurs [2].

XV. Minerve à Rome, ses temples, ses images, ses épithètes caractéristiques, relation étroite avec Jupiter-Capitolin.

Les écrivains grecs nous parlent aussi de *Panathénées romaines*. C'est ainsi qu'ils nomment la fête des *Quinquatries* [3], comparable en effet aux petites Panathénées. Cette fête tombait le 19 mars et s'appelait ainsi de *Quinquatrus*, le cinquième jour depuis les Ides. Elle se borna vraisemblablement d'abord à ce seul jour; puis elle se prolongea cinq jours durant, jusqu'au 23 mars. C'est cette fête nouvelle que suit Ovide dans son calendrier poétique, et de là l'erreur de quelques-uns sur l'origine des mots *Quinquatrus* et *Quinquatria* [4].

---

[1] Philostrat. Vit. Sophist. II, p. 550; Heliodor. Æthiopic., p. 15, ed. Coray.

[2] Hesych. v. πλακίς; Pollux, Onomast. VII, 13. Cf. Meurs. Panath., cap. XIX.

[3] *Quinquatria.* Cf. Dio Cass. LXVII, 1, p. 1100, *ibi* Reimar. On sait que l'empereur Domitien, qui avait voué à Minerve un culte tout spécial, célébrait cette fête avec une grande solennité. Il se donnait même pour un fils de la déesse, c'est-à-dire, au sens oriental, pour un soleil. Les médailles de ce prince fournissent, aujourd'hui encore, la preuve sensible de sa dévotion envers Pallas. *Voy.* Sueton. Domitian., cap. IV, p. 274 Wolf.; Philostrat. Vit. Apollon. VII, 24. Cf. Eckhel, D. N. V. VI, p. 375; Veesenmeyer de Min. a Domit. superstitiose culta, Ulm. 1802; et notre pl. XCIII, 349, avec l'explicat.

[4] Varro de L. L. V, 3 (VI, 12, p. 78 ed. O. Müller.); Festus

CH. VIII. PALLAS-ATHÉNÉ OU MINERVE.

Nous avons déjà remarqué que, sur le Capitole, la statue de Minerve était associée à celles de Jupiter et de Junon, et qu'elle était placée à la droite du dieu, tandis que Junon occupait sa gauche. Minerve avait aussi un temple sur le mont Aventin [1]. Cette déesse appartenait aux Pénates de la ville, c'est-à-dire à ces divinités tutélaires que Rome avait héritées des vieilles religions pélasgiques. De là ce culte antique du Palladium, que nous avons expliqué au long [2]. Observons en passant qu'un écrivain dérive le collége des Pontifes à Rome, de l'institut sacerdotal des Géphyréens, voués à ce même culte du Palladium chez les Grecs [3]. Les Romains célébraient, au jour appelé Quinquatrus, la naissance de Minerve, sortie de la tête de Jupiter. C'est à cette croyance que plusieurs rapportaient le nom mystérieux de *Capta*, que la déesse prenait à cette fête; ils l'interprétaient aussi par *Capitalis*, celle qui domine par la force de tête, par la puissance intellectuelle, tandis que d'autres préféraient d'autres étymologies [4]. Le jour de la solennité, c'est-à-dire le 23 mars, tombait la Consécration des trompettes ou le

---

v. Quinquatrus; Gell. N. A. II, 21, p. 167, *ibi* Gronov.; Ovid. Fast. III, 809 sqq.; J. Lyd. de Mens., p. 84 sq. Schow., 204 Rœther.

[1] Un promontoire de Campanie tirait encore son nom de celui de Minerve; Polybe (XXXIV, 11, 5) l'appelle Ἀθήναιον.

[2] *Ci-dessus*, art. III, p. 719 sqq., coll. liv. V, sect. II, chap. II, p. 415 sq.

[3] J. Lydus de Mens., *ibid.* Ce rapprochement important sera développé à l'occasion du γεφυρισμός des Éleusinies, liv. VIII, sect. II.

[4] Ovid. Fast. III, 837 sqq., coll. Fest. *s. v.* J. Lydus traduit Κεφαλαία, dans le sens de la première étymologie. On se rappelle ici les traditions romaines sur l'origine du nom du Capitole, *Capitolium* de *Caput*, comme *Capta* (*Capita, Capitalis*).

Tubilustrium, dont nous avons parlé ailleurs [1]. Nous finirons par une remarque sur la coutume en vertu de laquelle, chez les Romains, soit tous les ans, soit dans les malheurs publics, le Dictateur enfonçait un clou dans la paroi droite du temple de Jupiter Capitolin, du côté par où il avoisinait celui de Minerve. On rapporte vulgairement l'origine de cette cérémonie à des troubles civils, à une épidémie, à la crainte d'un dérangement d'esprit devenu contagieux. Cependant des témoignages prouvent qu'elle se renouvelait aussi tous les ans, à l'époque du solstice d'hiver [2]. Elle rappelait l'étroite alliance de Minerve avec son divin père. En effet, nous avons vu cette déesse désignée comme la fidèle compagne de Jupiter, comme son intelligence et sa force toute-puissante. Nous l'avons vu également, sur les tables votives des malades, invoquée avec le titre de *Memor*, c'est-à-dire comme celle qui se souvient des infirmes et des faibles. Quelle que soit donc l'origine véritable de cette antique solennité, un simple calcul de l'année ou la commémoration d'un fléau public, il est à croire que les Étrusques et les Romains, en la célébrant, élevaient leurs cœurs vers la compagne sage et forte, immuable et secourable, du grand roi Jupiter, vers Minerve *Memor* et *Medica*.

---

[1] *Ci-dessus*, art. XI, p. 791, coll. liv. V, sect. II, p. 496.
[2] Livius, VII, 3, coll. VIII, 18.

FIN.

www.ingramcontent.com/pod-product-compliance
Lightning Source LLC
Chambersburg PA
CBHW071415150426
43191CB00008B/922